D1717306

hänssler

GÜNTER KRALLMANN

Von der Begabung zur Befähigung

10 Schlüssel zur geistlichen Leiterschaft

Günter Krallmann PhD studierte Anglistik sowie Philosophie und war mehrere Jahre im gymnasialen Schuldienst tätig. Seit 1978 steht er mit seiner Frau Ulrike im vollzeitlichen Missionsdienst, der sie u.a. über 9 Jahre ins südliche Afrika führte. Seit Ende 1993 leben sie mit ihren Kindern Michael und Simone in England.
Günter promovierte mit einer Studie zur Leiterschulungsmethode Jesu Christ. Als Bibellehrer übt er einen internationalen Dienst aus. Zahlreiche Fassungen seiner Bücher zu den Themen Erweckung, Jüngerschaft, Leiterschulung und Tieferes Leben in Christus fanden in über 100 Ländern Verbreitung.

Übersetzt aus dem Englischen von Brita Becker
Originaltitel: From Potential to Power

hänssler-Paperback
Bestell-Nr. 393.482
ISBN 3-7751-3482-4

© Copyright 2000 by Hänssler Verlag,
D-71087 Holzgerlingen
Titelfotos: Beate Binder und Michael Pawlitzky
Umschlaggestaltung: Ingo C. Riecker
Satz: AbSatz, Klein Nordende
Druck und Bindung: Ebner Ulm
Printed in Germany

Dieses Buch ist
in großer Dankbarkeit dem Andenken
an

GORDON LEGG
(1912-1997)

gewidmet,
einem Missionarspionier, Bibellehrer, Mentor,
Vater in Christus,
dessen Leben mich mehr als jedes andere beeinflusst hat
Christus immer ähnlicher zu werden,

und
mit besonderer Zuneigung

MICHAEL

meinem geliebten Sohn,
dessen Engagement zu einem vor Gott gerechten Leben
mich mit Hoffnung erfüllt
auf eine Generation frommer Leiter

VORWORT

Es fehlt uns heute nicht an Büchern für Leiter, Manager und Führungskräfte. Wir haben auch keinen Mangel an Seminaren für diese Personengruppe. Was uns aber fehlt, sind mehr Leiter, deren Charakter von christlichen Werten bestimmt ist. Wenn wir die Gesellschaft betrachten, entdecken wir einen großen Mangel an solchen Leitern. Sowohl in der Politik und Wirtschaft, als auch in der Gemeinde, Mission und Familie.

Günter Krallmann hat gerade auf dem Gebiet der Leiterschaftsschulung hervorragende Arbeit geleistet. In dem vorliegenden Buch macht er deutlich, dass wir als Nachfolger Jesu zur Leiterschaft befähigt sind. Diese Befähigung ist je nach Typ in unterschiedlichem Maß vorhanden. Die Herausforderung besteht aber darin, sie zu leben, indem wir die geistlichen Werte in unserem Leben zur Entfaltung bringen. Wenn wir die biblischen Prinzipien ignorieren, können wir uns nicht zu effektiven Leitern entwickeln. Krallmann will mit „Von der Begabung zur Befähigung« aufrütteln. Die Prioritäten Jesu müssen auch die Prioritäten der Leiter sein. Seine Jünger haben etwas bewegt, weil Jesus ihren Charakter geformt hat.

Dieses Buch hat im Anhang praktische Anleitungen zu 40 Schulungseinheiten und bildet damit eine ausgezeichnete Ausgangsbasis für Gruppenarbeiten. Zu allen Zeiten hat Gott Leiter, Vorbilder, Männer und Frauen befähigt und gebraucht, um radikale Veränderungen zu bewirken. Möge dieses Buch auch heute in Kirche und Gesellschaft dazu einen Beitrag leisten.

Unsere Welt wartet auf Leiter, die bereit sind, ihren Führungsanspruch durch einen vorbildlichen Charakter unter Beweis zu stellen. Haben wir den Mut, uns fordern zu lassen!

Fritz Schuler,
Missionsleiter Operation Mobilisation Deutschland

DANKSAGUNG

Zu einem großen Teil ist die Fertigstellung dieses Manuskripts das Ergebnis einer Gruppenarbeit. Darum ist es mein besonderer Wunsch, meinen tiefen Dank zu sagen an:

- Sheridan Rashbrook für ihre freundliche Hilfsbereitschaft und ihr ungebrochenes hervorragendes Engagement während der vielen Stunden am Computer,

- Peter Bunton für seine wertvollen redaktionellen Anregungen,

- das Leiterschulungs-Team von ›*Youth with a Mission*‹ in Harpenden und zahlreichen Verwandten und Freunden für ihre Unterstützung im Gebet,

- meine liebe Familie – Ulrike, Michael und Simone – für ihre liebevolle Unterstützung meiner Arbeit durch ihr konstantes Interesse, ihre Ermutigung und Gebete.

Aber ganz besonders bin ich Gott überaus dankbar für das Privileg, dass ER mir dieses Projekt anvertraut hat und mir die Offenbarung, Kraft und Gnade hat zukommen lassen, damit ich diese Aufgabe mit einer solch wunderbaren inneren Bereicherung vollenden durfte.

INHALT

EINFÜHRUNG

Es ist schon mehr als zwei Jahrzehnte her, als Gott mich in den hauptamtlichen Dienst für Christus berufen hat. Seitdem hatte ich das Privileg, in zahlreichen Ländern der Welt zu dienen und vielen Christen und Leitern aus einer Vielzahl von Kulturen zu begegnen. Überall wo ich hinging, musste ich feststellen, dass es in allen Bereichen der Gesellschaft an kompetenten Leitern mangelte.

Ganz besonders jedoch im Bereich der Kirche und der Mission habe ich nicht nur einen auffälligen Mangel an reifen Leitern beobachtet, sondern auch eine beunruhigende Ignoranz hinsichtlich den biblischen Forderungen nach einer gottgefälligen Leiterschaft. Es scheint mir, dass vielerorts die göttliche Strategie von einer reinen Geschäftigkeit abgelöst wurde, Streben nach Heiligkeit wurde zunichte gemacht von der Sorge um Effektivität, übernatürliche Übertragung von Kraft von menschlichen Anstrengungen verdrängt.

Über den Herrn Jesus lesen wir: »Und als er das Volk sah, jammerte es ihn; denn sie waren verschmachtet und zerstreut wie die Schafe, die keinen Hirten haben« (Mt 9, 36). Durch mein Engagement bei der Ausbildung von Leitern aus vielen Teilen der Welt wurde mir diese Last, qualifizierte Leiter zu finden, die das Volk Gottes zu ihrer Bestimmung in IHM führen, mehr und mehr zum Anliegen.

Mit Blick auf die Frage, wie man die dringende Aufgabe lösen kann, mehr und bessere Leiter für das Werk Gottes heranzuziehen, bin ich von der Bedeutung der Warnung überzeugt, die Asa Mahan (1799-1889), der frühere Präsident des Oberlin-Colleges in Ohio, ausgesprochen hat: »... wenn wir versuchen, eine bestimmte Aufgabe zu erfüllen, die Gott uns zugewiesen hat, müssen wir uns, wenn wir nicht bei der Erfüllung dieser Aufgabe scheitern wollen, strikt an das von Gott offenbarte Muster und Seine Arbeitsmethode halten.«[1] Das göttliche Vorbild und Seine Strategie zur Ausbildung von Leitern wurde ein für alle Mal in der vollendeten Schulung der Schützlinge des Herrn Jesus demonstriert.

Während ich noch in der Missionsarbeit in Südafrika engagiert war, verbrachte ich etwa zwei Jahre damit, ein Spektrum überkultureller Leitungsgrundsätze nach dem Beispiel von Jesus Christus zu erforschen, und habe im Jahr 1992 meine Ergebnisse in dem Buch »Mentoring for Mission« herausgebracht. Die wirklich bemerkenswerte internationale Anerkennung ermutigte mich sehr. Nachdem ich in den letzten Jahren Hunderte von Leitern aller Kontinente über Leiterschaft nach Jesu Vorbild gelehrt habe, habe ich jedoch eine weitere Perspektive entdeckt, die näherer Untersuchung bedurfte, und die in »Mentoring for Mission« nicht tiefgehend genug behandelt wurde: Welche praktischen Einsichten kann man aus der Schulung der Jünger von Jesus durch ihren Meister gewinnen, um in den Leitern von heute einen Charakter nach dem Abbild von Jesus Christus zu entwickeln?

Diese Frage brachte mich dazu, dass ich die Schulung der Zwölf durch den Herrn Jesus noch einmal untersuchte, und mich dieses Mal auf Lektionen konzentrierte, die man aus der besonderen Förderung Seines ersten Schützlings, Simon, lernen konnte.

Von ihm wissen wir mehr als von jedem anderen Jünger. Er scheint der am meisten Greifbare der Gruppe zu sein. Er ist liebenswert trotz seiner Fehler; ja, sowohl seine Schwächen als auch seine Stärken sprechen uns an. Irgendwie spüren wir, dass jeder von uns einen Platz an seiner Seite hat auf seinem Weg der Entwicklung von Unbeständigkeit zur Standhaftigkeit, von Feigheit zum Mut, von Schwächen und Fehlern hin zu hervorragenden Eigenschaften, vom Scheitern zur Fruchtbarkeit. In Simons Gesellschaft verzweifeln wir nicht, sondern wir bekommen neue Hoffnung auf die erwünschten Veränderungen in uns selbst; im Spiegel seiner Fortschritte erlangen wir das Vertrauen, dass auch wir mit Gott vorankommen können.

Für einen einfachen Fischer ist die Lebensgeschichte von Simon eine der bemerkenswertesten, die jemals aufgeschrieben wurde, als er sich zu einem hervorragenden Leiter und Pionier für den christlichen Glauben und damit zu einem der einflussreichsten Persönlichkeiten in der Geschichte wandelte. Die Grundlage all dieser Veränderungen war, dass Christus ihm dabei half etwas zu werden, das er sonst niemals geworden wäre, dass er ihn von der guten Anlage zur Kraft Gottes führte.

Ich habe keinesfalls den Versuch unternommen, eine Biographie über Simon zu schreiben, andere haben bereits diese Aufgabe übernommen (siehe Bibliographie). Aber ich habe versucht, wesentliche Entwicklungserfahrungen herauszuarbeiten, die er während des Prozesses der Ausbildung zu einer zukünftigen herausragenden Leiterschaft durchlaufen hat. Wenn wir seiner faszinierenden Suche nachgehen und uns ausbilden, ermutigen, herausfordern, inspirieren, ernüchtern und warnen lassen, werden wir feststellen, dass seine Suche zu der unseren wird, hin zu größerer Reife und geistlicher Kompetenz, hin zu mehr göttlicher Kraft und größerer Ähnlichkeit mit Jesus Christus.

Eine falsche Sichtweise von geistlicher Leiterschaft ebnet den Weg für eine falsche Praxis. Zu einer Zeit, wo sich weltliche Konzepte und Modelle für Leiterschaft den Leib Christi durchsetzt haben, tun wir gut daran, der biblischen Ermahnung Beachtung zu schenken: »Seht zu, dass euch niemand einfange durch Philosophie und leeren Trug, gegründet auf die Lehre von Menschen und auf die Mächte der Welt und nicht auf Christus« (Kol 2, 8). Wenn wir die Absicht haben, die Bedrohung effektiv zu bekämpfen, dass gottesfürchtige Leiter zu einer ›gefährdeten Art‹ werden, müssen wir das wichtigste Ziel wiederentdecken und übernehmen, das der Herr Jesus bei der Schulung Seiner Männer verfolgte, wie auch Sein größtes Anliegen nach Heiligkeit und Rechtschaffenheit, anstatt nach Effizienz und Erfolg zu streben.

Im Grunde ist dieses Manuskript größtenteils aus der großen Sorge entstanden, dass es erforderlich ist, die wesentlichen Grundsätze neu aufzuzeigen, die die Entwicklung eines gottesfürchtigen Charakters bestimmen. Darum wurden zusätzlich zu den grundlegenden Aussagen, die aus dem Ausbildungsansatz des Meisters abgeleitet wurden, zahlreiche Einsichten und Erfahrungen von Menschen mit aufgenommen, die sich durch besondere Gottesfurcht auszeichnen.

Ich bete darum, dass die Wahrheiten, die auf den folgenden Seiten dargelegt sind, jeden Leser dazu bringen, mehr in der Leiterschule von Christus zu lernen, mehr auf die Ausrüstung des Heiligen Geistes mit Kraft zu setzen und mehr zur Verherrlichung Gottes beizutragen durch die Anwendung und Verbreitung einer Leiterschaft nach dem Vorbild Jesu Christi.

Günter Krallmann

WIE DIESES BUCH ZU BENUTZEN IST

Das vorliegende Buch wurde nicht so sehr als Sammlung von Daten entworfen, die leicht nachzulesen sind, sondern als Quelle von Grundsätzen, die in Tiefe erforscht werden sollen. Über die reine Information hinaus versucht das Buch, biblische Offenbarungen zu vermitteln, und damit diese verinnerlicht werden können, erfordert es Ernsthaftigkeit, Gebetsbereitschaft, Lernbereitschaft und Gehorsam.

Im Idealfall sollte dieses Buch als Schulungshandbuch verwendet werden. Nachdem der Leser das Material sorgfältig gelesen hat und die erkannten Wahrheiten auf sein eigenes Leben angewendet hat, ist das Ziel die Schaffung einer Mentorenbeziehung mit einem Schützling oder einer Gruppe von angehenden Leitern. (Über die Schlüsselprinzipien, die eine solche Lerngruppe beherrschen sollte, siehe Abschnitt 9.2).

Dann kann jeweils ein Abschnitt als Grundlage für die Vorbereitung des Mentors und seines Schützlings für die wöchentlichen Treffen dienen, so dass hieraus ein Lernprogramm über einen Zeitraum von 40 Wochen werden könnte.

Um die inhaltliche Orientierung dieser Treffen weiter zu vereinfachen, wurden 160 Leitgedanken/Fragen vorgeschlagen; sie sind im Anhang zu finden. Zum schnelleren Auffinden wurden außerdem wichtige Gedanken und Grundsätze durch Fettdruck hervorgehoben.

Auf diese Art versucht das Buch, zahlreiche Mentoren und Schützlinge in die Lage zu versetzen, persönliches Wachstum in Gottesfurcht zu erfahren und zu einer Verbreitung von Leiterschaft nach dem Vorbild Jesu zu kommen.

Lieber Vater,

was ich nicht sehe
was du aber willst, dass ich erkenne,
das zeige mir bitte;

was ich nicht verstehe
was du aber willst, dass ich begreife,
das lehre mich bitte;

was ich nicht habe
was du aber willst, dass ich bekomme,
das gewähre mir bitte;

was ich nicht schaffe
was du aber willst, dass ich erreiche,
das erleichtere mir bitte;

was ich nicht lebe
was du aber willst, dass ich werde,
das mache bitte aus mir.

Dies erbitte ich,
im Namen des Herrn Jesus,
zu deiner Ehre und deinem Wohlgefallen.

Amen.

Kapitel 1

Veranlagung

»Als Jesus ihn sah, sprach er: Du bist Simon,
der Sohn des Johannes; du sollst Kephas heißen,
das heißt übersetzt: Fels.«
(Johannes, 1, 42)

Noch nie zuvor hatte jemand so etwas zu ihm gesagt. Mit diesen
Worten wurde ein neues Kapitel in seinem Leben aufgeschlagen.

Zuvor war Simon, ein Fischer aus Betsaida in Galiläa, dem
Drängen seines Bruders Andreas gefolgt, mitzukommen und sich
den neuen Rabbi Jesus anzusehen. Zweifellos war Andreas tief beeindruckt von den Stunden, die er mit dem Mann aus Nazareth verbracht hatte. Diese Begegnung hatte seinen Bruder zu der Überzeugung veranlasst, dass der Rabbi kein anderer als der lang ersehnte
Messias war. Andreas war so tief beeindruckt, dass seine erste Reaktion war, seinen Bruder zu holen, damit er den Christus auch kennen
lernen sollte.

Als Simon kam, so berichtet uns Johannes, »sah ihn Jesus«.
Dies sagt uns nicht nur, dass der Lehrer aus Nazareth Simon aussonderte, indem ER seine Aufmerksamkeit auf ihn konzentrierte.
Vielmehr eröffnet uns die Verwendung des griechischen Wortes
»*emblepsas*« durch den Evangelisten, dass der Messias in den Fischer
hineinsah, seinen Charakter erforschte, indem ER bis auf den Grund
seines Herzens vordrang. ER sah in Simon, was kein anderer jemals
gesehen hatte.

Mit Seinem wissenden und verstehenden Blick nahm Jesus alle
Details aus Simons Vergangenheit auf, die Facetten seiner Gegenwart, die Möglichkeiten seiner Zukunft. Er legte die Stärken, Talente

und schlummernden Qualitäten, seine Hoffnungen und Wünsche offen, aber auch seine unerfüllten Erwartungen, Enttäuschungen, Begrenzungen und Schwächen, seine Unsicherheiten, Ängste und schmerzliches Scheitern, was dem Galiläer nur allzu gut bewusst gewesen sein muss. Wie oft mag er sich gefragt haben, ob sein Temperament, und insbesondere seine Neigung zu impulsiven Ausbrüchen, sich wohl einmal zum Besseren wenden könnte?

Und dann hatte der Rabbi die Initiative ergriffen und erklärt, dass er, der sprunghafte Simon, eines Tages den aramäischen Namen »Kephas« tragen würde – was »Stein, Fels« bedeutet – und damit ausdrückte, dass er eigentlich eine verborgene Veranlagung zu Beständigkeit und Stabilität besaß!

Durch die Gegenüberstellung der beiden Aussagen: »Du bist Simon«, mit »Du sollst Kephas heißen«, hatte der Lehrer aus Nazareth einen Teil Seiner Vision für den Fischer zum Ausdruck gebracht, hatte ihm ein bedeutsames Wachstum prophezeit, verhieß ihm eine Zukunft, und zeigte ihm eine neue Bestimmung. Jesus sah solch eine drastische Veränderung für Simon voraus, dass ER es sogar als angemessen betrachtete, Seine Überzeugung zu unterstreichen, indem ER Simon einen anderen Namen gab.

Der Fischer begegnete der plötzlichen Ankündigung mit Schweigen. Da war viel, worüber er nachdenken musste. Während die Worte des Messias ihn gefreut und mit neuer Hoffnung erfüllt haben mussten, hatten sie aber auch vor ihm eine neue Herausforderung aufgebaut, an der er wachsen musste, und darüber hinaus ein neues Entwicklungsprogramm, das es zu akzeptieren galt.

1.1 Werden Leiter geboren oder gemacht?

Um diese grundlegende Frage zu beantworten, haben verschiedene Lehren mit den Jahren eine Vielfalt an Theorien hervorgebracht.

Beispielsweise sind einige darunter davon ausgegangen, dass eine große Zahl hervorragender Leiter in der Geschichte nur deshalb nach oben gekommen sind, weil sie einen reichen Schatz an Leitungsgaben geerbt hatten. Andere waren der Überzeugung, dass ein

20

gewisses gesellschaftliches Klima Führungskraft zunächst verlangt und dann produziert. Eine andere Gruppe vertrat die Auffassung, dass das Geheimnis für effektive Leiterschaft in der Auswahl und Ausbildung der Anwärter liegt, die die viel versprechendsten Anlagen zur Leiterschaft tragen. Wieder andere meinten, dass eine erfolgreiche Führung von dem erfolgreichen Zusammenspiel zwischen einem Anführer, seinen Nachfolgern und dem gegebenen Umfeld abhängt.

Keine dieser Positionen scheint jedoch eine zufrieden stellende Erklärung für die Komplexität einer guten geistlichen Leiterschaft zu sein.

Seit Gott den Menschen nach Seinem Ebenbild geschaffen hatte und ihm den Auftrag gegeben hatte zu herrschen (vgl. 1. Mose 1, 27, 28), war der Mensch mit der Gabe zu leiten ausgestattet worden.

Die Tragödie war allerdings, dass nur eine kleine Anzahl Menschen ihr von Gott gegebenes Potenzial jemals angestrebt haben und bereit waren, den notwendigen Preis an Hingabe, harter Arbeit und Opferbereitschaft zu zahlen, um Gottes Willen anzunehmen und Seinen Plan mit ihnen in die Tat umzusetzen. Tatsächlich **kann man potenzielle Leiter finden, effiziente Leiter müssen allerdings ausgebildet werden**; und während die angeborene Fähigkeit zu führen von Vorteil und wünschenswert ist, hängt ihre tatsächliche und reife Ausprägung immer wesentlich vom persönlichen Engagement ab.

Mose gehörte zu den Menschen, die ihr von Gott gegebenes Potenzial zur Perfektion brachten und ihr von Gott zugedachtes Schicksal annahmen. Als junger Mann war er dem Zeitplan Gottes voraus, als er versuchte, die Befreiung der Israeliten aus der ägyptischen Unterdrückung zu beschleunigen (siehe 2. Mose 2, 11-15). Da stellte Gott ihn vierzig Jahre lang beiseite nach Midian, damit sich sein Charakter dort weiterentwickeln sollte.

Als ER Mose am Ende dieses Zeitraums am Berg Horeb dazu berief, Führer Seines Volkes zu werden, vermittelte Gott ihm Seine Sicht über die Verbindung zwischen der Praxis geistlicher Führerschaft und dem Handeln nach Gottes Willen, als ER die Zusammenarbeit von Mose und seinem Bruder Aaron mit den bemerkenswerten Worten charakterisierte: »... er soll dein Mund sein, und du sollst für ihn Gott sein« (2. Mose 4, 16). In ähnlicher Weise hob Gott die Ehrfurcht gebietende Position von Mose noch einmal hervor, indem ER zu ihm sagte: »Siehe, ich habe dich zum Gott gesetzt für den Pharao ...« (2. Mose 7, 1). Und deshalb ist es nicht überraschend, wenn wir Bibelstellen finden, die davon reden, dass Gott Sein Volk führt (Vgl. 4. Mose 14, 8; 5. Mose 8, 2. 15) und dass Mose sie führt (2. Mose 15, 22; 33, 12).

Moses Lebensentwicklung ist eine machtvolle Demonstration der Tatsache, dass **wer von Gott zur Leiterschaft berufen wird, auch von Ihm für diese Aufgabe befähigt wird.** Das Leben von Abraham, Jakob und Josef sind weitere eindrucksvolle Beispiele dafür, wie Gott Seine Menschen für Seine besonderen Ziele ausbildete. Von besonderem Interesse in diesem Zusammenhang ist jedoch, was die Bibel über die Führerschaft von König David sagt:

> »Darum sollst du nun so zu meinem Knechte David sagen: So spricht der HERR Zebaoth: Ich habe dich genommen von den Schafhürden, damit du Fürst über mein Volk Israel sein sollst, und bin mit dir gewesen, wo du hingegangen bist ...« (2. Sam 7, 8, 9)

> »... und erwählte seinen Knecht David und nahm ihn von den Schafhürden; von den säugenden Schafen holte er ihn, dass er sein Volk Jakob weide und sein Erbe Israel. Und er weidete sie mit aller Treue und leitete sie mit kluger Hand.« (Ps 78, 70-72)

Nach Gottes göttlicher Auswahl entwickelte und qualifizierte Sein göttliches ›Mit-Sein‹ David für die Berufung, der Hirte des Volkes Gottes zu sein. Aber erst als er Gottes beabsichtigtes Ziel mit seiner Bereitschaft und Integrität ›gegenzeichnete‹, war die erfolgreiche Erfüllung der Aufgabe sichergestellt. Darüber hinaus war die Führerschaft Davids solcher Art, dass seine Mitmenschen ihn als »Engel Gottes« betrachteten (1. Sam 29, 9; 2. Sam 14, 17. 20).

Wir sehen also, dass der göttliche Ruf nach geistlicher Führerschaft auf der einen Seite das überaus große Privileg mit sich bringt, eine gottähnliche Rolle der Herrschaft auszuüben, auf der anderen

Seite aber **die Ehrfurcht gebietende Verantwortung, eine gottähn-liche Art, Sein Volk zu hüten, zu repräsentieren.**

Der hohe Ruf nach echter geistlicher Führung kann nur auf eine Art erfüllt werden, die Gott gefällt, wenn der Mensch es zulässt, dass Gott ihn nach Seinen Regeln entwickelt, ihn – im wahrsten Sinne des Wortes – zu einem »Mann Gottes« formt. Mit diesem Beinamen wurden hervorragende Anführer wie Mose (2. Chr 30, 16), David (2. Chr 8, 14), Elia (1. Kön 17, 24) und Elisa (2. Kön 4, 7) geehrt.

Wo Männer Gottes führen, bringt ihr frommer Einfluss Erleuchtung denen, die ihnen nachfolgen:

> »Wer gerecht herrscht unter den Menschen, wer herrscht in der Furcht Gottes, der ist wie das Licht des Morgens, wenn die Sonne aufgeht, am Morgen ohne Wolken. Und wie das Gras nach dem Regen aus der Erde bricht.« (2. Sam 23, 3f)

Wo jedoch eine fromme Führung fehlt, bleiben die Nachfolger wie Schafe ohne Hirten zurück (vgl. Sach 10, 2; Mt 9, 36).

Jede Führungsrolle birgt bedeutende Möglichkeiten für positive, aber auch für negative Einflüsse in sich. Durch seinen Einfluss kann ein Leiter Menschen von Gott erzählen und sie zu Ihm hinziehen oder er kann sie über Gott verwirren und sie von Ihm wegziehen. David spürte die Herausforderung und das Gewicht seiner Führungsposition in genau diesem Aspekt, was in seinem Gebet in Psalm 69, 7 zum Ausdruck kommt, dass die, die auf Gott hoffen, nicht seinetwegen »zuschanden« werden, und dass die, die Gott suchen, nicht seinetwegen »schamrot« werden.

Als Jesus das Gespräch begann, das sich als Wendepunkt in Simons Leben erweisen sollte, war ER sich des zukünftigen Potenzials des Fischers vollkommen bewusst, dass er Menschen entweder zu Gott hinziehen oder sie von ihm wegtreiben konnte. Darum drückte Seine Prophezeiung in Johannes 1, Vers 42 die unterschwellige Überzeugung aus, dass **der Simon, der er bisher aus sich selbst heraus gewesen war, in den Petrus verwandelt werden musste, der er in Gott werden konnte.**

Wer war Simon?

Als typischer Galiläer hatte er sicherlich einige Charakterzüge, die für sein Volk typisch waren, wie zum Beispiel Eifer, Aufgeschlossenheit und eine Vorliebe für neue Herausforderungen. Wahrscheinlich war er auch fromm, energisch, zäh und leicht erregbar.

Wie es üblich war, hatte er die Schule seit seinem sechsten Lebensjahr bis zum Alter von vierzehn Jahren besucht. Die Tatsache, dass er später von den religiösen Führern in Jerusalem als »ungelehrt« klassifiziert und auf ihn heruntergeblickt wurde, bedeutete nicht, dass er ungebildet war, es bedeutete lediglich, dass er Laie war, weil er keine Rabbinerausbildung durchlaufen hatte.

Abgesehen von seiner Muttersprache, Aramäisch, konnte er sich sicherlich in Griechisch unterhalten. Griechisch war damals nicht nur ›Amtssprache‹ in seiner Gegend, sondern Simon war sogar später in der Lage, seine beiden Briefe in Griechisch zu verfassen. Als frommer Jude hatte Simon natürlich auch das notwendige Verständnis für das liturgische Hebräisch, das in der Synagoge gesprochen wurde — so dass er im Prinzip dreisprachig war.

Weiter wissen wir, dass Simon verheiratet war (vgl. Mk 1, 30), dass er in Kapernaum wohnte (vgl. Mk 1, 21, 29) und dass er zusammen mit seinem Bruder Andreas und den Söhnen des Zebedäus, Jakobus und Johannes, ein Fischereiunternehmen hatte (vgl. Mt 4, 18; Lk 5, 19).

Ausgestattet mit einem solchen Vermögen wie auch viele seiner Zeitgenossen — Intelligenz, Bildung, Geschäftserfahrung, materieller Besitz — war die Frage, ob Simon auch die unerlässlichen Qualitäten des Herzens und Willens zeigen würde, die ihn über das Mittelmaß hinausheben würden, um das Maximum seines Potenzials anzustreben und zu leben, indem der teilnahm am Wachstumsprogramm Gottes, das ihm durch den Messias angekündigt wurde. Mit anderen Worten, würde er wohl bereit sein, der Mann des Rabbis zu werden, so dass er ein Mann Gottes werden konnte?

1.2 Die Notwendigkeit einer sorgfältigen Auswahl

Als Jesus Christus kurz nach Seiner Taufe im Jordan Seine göttliche Mission begann, konzentrierte ER sich auf zwei wesentliche Aktivitäten. Einerseits unternahm er Sein Erlösungswerk, das in Seinem stellvertretenden Tod am Kreuz gipfelte. Andererseits widmete ER sich Seiner Lehrtätigkeit, die dazu diente, Seine Jünger auszubilden.

Nur wenn man sich diese Dualität des Dienstes und die zentrale Bedeutung Seiner Mentorentätigkeit vor Augen führt, kann man den wirklich wichtigen Aspekt von Johannes 17, Vers 4 erfassen, wo Jesus Seinem Vater noch vor dem Gang ans Kreuz sagte: »Ich habe dich verherrlicht auf Erden und das Werk vollendet, das du mir gegeben hast, damit ich es tue.«

Christus hatte eine klare Vorstellung von Seinen Schulungsabsichten, nämlich die Errichtung einer weltweiten Zeugenbewegung zur Ausbreitung des Reiches Gottes (vgl. Lk 12, 49). Um die geplante Bewegung in Gang zu bringen und zu erleichtern, beschloss ER, ihre zukünftigen Leiter rechtzeitig vorzubereiten. Mit dieser Absicht stellte ER sich der besonderen Herausforderung, solche Kandidaten auszuwählen, die die notwendige Veranlagung hatten, die sich zu einer ›Karriere‹ für Seine globale Vision entwickeln konnte. Kein Wunder also, dass **ER Seine Schüler sorgfältig von Hand verlas:**

- Er wählte eine Gruppe aus zwölf Männern
- Er wählte Männer, die den gleichen kulturellen Hintergrund wie ER selbst hatten
- Er wählte elf Galiläer, einen Judäer
- Er wählte vor allem Fischer
- Er wählte einfache Menschen
- Er wählte ein breites Spektrum unterschiedlicher Persönlichkeiten
- Er wählte Männer, die zum Teil bereits untereinander befreundet waren
- Er wählte Simon als Seinen bevorzugten Kandidaten für eine zukünftige bedeutende Leiterposition

- Er wählte Seine Stellvertreter nach einer Beobachtungsphase
- Er wählte sie nach dem Gebet

Wenn man sich näher mit der Beobachtung befasst, dass die Männer, die Christus ausgewählt hatte, einfache, normale, ganz gewöhnliche Menschen waren, ohne akademische Qualifikationen, wird man leicht dazu verleitet, ihre Stärken zu übersehen, das Vermögen, das sie eigentlich in einzigartiger Weise für die Ziele qualifizierte, die Jesus im Sinn hatte.

Dass kein einziger Schriftgelehrter oder Priester unter Seinen Schülern war, zeigt ganz deutlich, dass Seiner Ansicht nach das Lernen keine Grundvoraussetzung war; bei ihrem Hintergrund hatten sie eigentlich weniger zu verlernen.

Da der Sohn Gottes gute Gründe hatte, jeden der Zwölf auszuwählen, muss er mit der Breite und Tiefe ihrer Veranlagung für die Sache Gottes vollkommen zufrieden gewesen sein. Schließlich **wählte ER sie nicht auf der Grundlage ihrer offensichtlichen Leistungen, sondern auf der Grundlage ihrer latenten Anlagen.** Unter den grundlegenden Wesensmerkmalen, die ER in ihnen erkannte, und die wir in den Evangelien nachlesen können, finden wir zum Beispiel:

- Sie waren gottesfürchtig
- Sie waren leidenschaftlich
- Sie standen voll und ganz zur Verfügung
- Sie waren wahrheitsliebend und lernfähig
- Sie waren offen, neue Prioritäten anzunehmen
- Sie waren loyal
- Sie waren allem, was die Welt bieten konnte, gegenüber gleichgültig
- Sie waren bereit, sich zu opfern
- Sie waren bereit, sich unterzuordnen und zu gehorchen
- Sie waren bereit, Christus nachzufolgen

Alles in allem waren Sie genau das ›Rohmaterial‹, nach dem Jesus suchte. Als ER sie zu Seinen Schülern machte, **ging es nicht so sehr** darum, wer sie waren, sondern wer sie werden konnten, durch ihre Gemeinschaft mit Ihm.

In den Evangelien und der Apostelgeschichte finden wir mehrere Auflistungen der Apostel, in denen der Name Simon Petrus immer als Erster genannt wird. In Matthäus 10, Vers 2 stoßen wir auf den Ausdruck »... zuerst Simon ...«; das griechische Wort, das hier verwendet wird (*»protos«*) bedeutet ›Erster‹ nach der Reihenfolge, aber auch ›Anführer‹ nach der Bedeutung.

Ohne Zweifel belegte Simon von Anfang an den ersten Platz innerhalb des Kreises der Männer von Christus. Dies wird schon an der erstaunlichen Tatsache völlig klar, dass Simon Petrus in den vier Evangelien öfter genannt wird als alle anderen Apostel zusammen. Darüber hinaus können wir in den Berichten der Evangelisten beobachten, dass er vom Messias mehr Aufmerksamkeit bei der Schulung erhielt als jeder andere. Simon war derjenige in der Gruppe, der die meisten Fragen stellte, und er fungierte immer wieder als ihr Sprecher. Er legte eine Leidenschaft und eine starke Persönlichkeit an den Tag, bei der keiner seiner Mitjünger mithalten konnte. Schließlich war er hinsichtlich seines Lerneifers, seiner Bereitschaft, die Initiative zu ergreifen, und seiner Bereitschaft, Herausforderungen anzunehmen, an denen er wachsen konnte, eine Klasse für sich.

Es besteht auch die Möglichkeit, dass Simon schon früh die Führerrolle unter seinen Kameraden übernommen hatte, weil sein offenes, kontaktfreudiges Wesen ihre Herzen erobert hatte, weil seine Bereitschaft, sich als verheirateter Mann Jesus anzuschließen und damit einen besonders hohen Preis zu zahlen, ihren Respekt verdient hatte, und weil das wunderbare Versprechen, das ihm der Messias gegeben hatte (vgl. Joh 1, 42), sie mit Bewunderung erfüllte.

Die umsichtige Methode von Christus bei der Auswahl Seiner Schützlinge liefert uns **mehrere hilfreiche Leitlinien** oder Warnungen, wenn Sie so wollen, die wir auf jeden Fall beachten sollten, wenn wir mit der Auswahl von Leitern befasst sind:

1. Wir dürfen die biblischen Maßstäbe nicht gefährden.

Gott sorgt sich sehr um die Qualität derer, die mit der Ausbreitung dieses Reiches betraut sind. Richter 7, 1-7 zeigt uns hierzu ein eindrucksvolles Beispiel; da sehen wir, wie Gott die Truppen Gideons mit größter Sorgfalt aussortiert und reduziert hat, bis nur noch 300 Mann Seines Vertrauens übrig geblieben waren. In ähnlicher Weise setzte Jesus Christus die Anforderungen fest, die die Männer Seiner Wahl zu erfüllen hatten, und dann ergriff ER die Initiative und berief sie.

Heutzutage sehen sich viele Leiter der gefährlichen Versuchung gegenüber, die Maßstäbe tiefer anzusetzen, um mehr Menschen zu erreichen. Aber die duale Wahrheit ist: wer tief zielt, wird tief treffen — aber wer einen hohen Maßstab ansetzt, wird gute Leute anziehen.

2. Wir dürfen uns nicht durch den äußeren Anschein blenden lassen.

Während Samuel in Isais Haus war und darüber nachdachte, wen er als den zukünftigen König über Israel salben sollte, sprach Gott zu ihm: »... Ein Mensch sieht, was vor Augen ist; der HERR aber sieht das Herz an« (1. Sam 16, 7).

Es ist leicht, sich durch äußerlich beeindruckende Faktoren in die Irre leiten zu lassen; vielleicht knüpft einer schnell Beziehungen, ist ein guter Redner, hat einen Universitätsabschluss, kann auf besondere Erfahrungen hinweisen etc. Während solche Gesichtspunkte sicherlich wünschenswert sind, sind aber die wirklich unerlässlichen Qualifikationen für eine effektive geistliche Leiterschaft alle Merkmale des Herzens, wie Eifer, Lernfähigkeit, Gehorsam, Engagement und Ergebenheit.

3. Wir dürfen es nicht eilig haben.

Sprüche 26, Vers 10 gibt uns hier eine deutliche Warnung: »Wie ein Schütze, der jeden verwundet, so ist, wer einen Toren oder einen Vorübergehenden dingt.« Eine übereilte und unüberlegte Auswahl wird sich auf jeden auswirken, der mit Problemen und Schmerzen anderer Menschen zu tun hat.

Eine genauere Untersuchung der Evangelienberichte zeigt, dass eine beträchtliche Anzahl an Monaten ins Land ging zwischen dem ersten Kontakt mit einigen der Jünger und der tatsächlichen Aufforderung, Ihm dauerhaft nachzufolgen. Während dieser Beobachtungsphase hatte Er viele Gelegenheiten, ihre Veranlagung zu testen, und sie hatten genügend Zeit, ihre eigene Bereitschaft zu prüfen, ob sie dem Lehrer aus Nazareth wirklich nachfolgen wollten.

4. Wir dürfen das Gebet nicht vernachlässigen.

Das Lukasevangelium berichtet uns, dass Jesus die ganze Nacht im Gebet verbrachte, bevor ER schließlich die Zwölf auswählte (6, 12f). ER spürte die Notwendigkeit, Seinen Schlaf zu opfern und Seine Nachtstunden damit zu verbringen, auf Gott zu warten, um den Willen Seines Vaters in dieser wichtigen Angelegenheit zu erkennen.

Wenn wir mit der Notwendigkeit befasst sind, Schlüsselpersonal auszuwählen, liegt es innerhalb unseres Horizontes und unseres Engagements, den gesamten Prozess mit Gebet zu erfüllen?

5. Wir dürfen nicht mit weniger zufrieden sein als Sicherheit in Gott.

Es ist wichtig sich klarzumachen, dass Christus in Seinem hohepriesterlichen Gebet dreimal von den Männern sprach, die Gott Ihm gab (vgl. Joh 17, 6.9). Er hatte die absolute Überzeugung und das Vertrauen erlangt, dass Gott ihm genau diese Männer zugedacht hatte.

Bei unserer Auswahl von Schützlingen **müssen wir sicherstellen, dass wir an den Punkt gelangen, wo wir vor Gott sicher sind, dass wir uns mit den Menschen Seiner Wahl verbunden haben.** Andernfalls sollten wir uns hinterher nicht wundern, wenn wir mit allen möglichen Problemen konfrontiert werden und wenn der Weg zu Gottes Gnade ab und zu blockiert ist. Außerdem werden wir dann niemals die Begeisterung erleben, wenn wir die bestätigende und erhebende Erfahrung machen, **dass Gott dem Mentor ein beson-**

deres Maß an Glauben für die Entwicklung der ihm anvertrauten Schützlinge schenkt.

Auf der ganzen Welt hat Gott auf göttliche Art und Weise Männer und Frauen vorbereitet, Menschen mit einer Veranlagung wie die Galiläer, viel versprechende Menschen wie Simon, die darauf warten, entdeckt, aufgenommen, ausgebildet und ausgesandt zu werden, damit sie ihren einzigartigen Beitrag zu Gottes weltweiter Sache leisten können. Es stellt sich natürlich die Frage, ob sie geeignete und kompetente Mentoren finden, die den Glauben und das Engagement aufbringen, sie in ihr von Gott gewolltes Schicksal zu leiten.

1.3 Das Erwartungsprinzip

In diesem kurzen Moment, als der Messias feststellte, dass die Zeit kommen würde, wenn Simon (»Erhörung«) Kephas (»Fels«) genannt würde, hatte der galiläische Fischer einen guten Grund, verblüfft zu sein. Denn als frommer Jude, der damit auch mit der Geschichte seines Volkes wohl vertraut war, wird ihm schnell klar geworden sein, dass die Tat von Jesus ihn in eine sehr vornehme und bedeutsame Tradition gestellt hatte.

Hatte nicht Gott selbst den Namen Abram (»Gott der Vater ist erhaben«) in Abraham (»Vater einer Menge«) umgewandelt und Jakob (»er hält die Ferse fest«) umbenannt in Israel (»Gott kämpft«), und ihnen damit eine Ausweitung ihres Einflusses und ihres geistlichen Erbes versprochen? Hatte nicht der Pharao Josef (»Gott möge hinzufügen«) den neuen Namen Zafenat-Paneach (»Erhalter des Lebens«) gegeben, und hatte nicht Mose Hoschea (»der Herr ist Hilfe, Rettung«) umbenannt in Josua (»Jahwe ist Hilfe, Rettung«), und Joasch seinen Sohn Gideon (»abhauen, in Stücke brechen«) in Jerubbaal (»Baal streite mit ihm«), und ihnen damit eine neue Sicht von ihren Führungsrollen eröffnet?

Bei all diesen Gelegenheiten hatte das Ereignis der Umbenennung einer bedeutenden Veränderung in eine zukünftige Richtung und zu einem zukünftigen Zweck ein Denkmal gesetzt, das in eine neue Ära der Persönlichkeitsentwicklung führte und eine außergewöhnliche göttliche Ernennung kennzeichnete. Sollten die erstaunlichen Worte des Messias bedeuten, dass Gott für diesen einfachen Fischer ein ähnlich bemerkenswertes Schicksal auf Lager hatte?

Man kann sich vorstellen, wie Simon damals beeindruckt, erfreut und erbaut war, aber doch auch zugleich verwirrt, fragend und ängstlich. Die Zusicherung, dass er ein ›Felsenmann‹ werden sollte, d. h. stabil, unerschrocken, jemand, der sich der Flut entgegenstellen würde und auf den man bauen konnte, muss ihm neue Hoffnung für seine Zukunft eingeflößt haben. Aber wie sollte das alles wahr werden?

Christus wusste, dass Seine Erklärung allein nicht automatisch bewirken würde, dass Simon sich verändern würde. Er wusste, dass es Zeit erforderte, einen Lernprozess, ständige Anstrengung. Er kannte die Schwächen des Fischers, z. B. seine Neigung zur Impulsivität, Ungeduld oder zu übertriebenem Selbstbewusstsein. Jedoch enthielt die Voraussage von Jesus kein »wenn«. Er war sicher, dass aus Simon Petrus würde.

Der Grund hierfür war Sein Glaube, Sein absolutes Vertrauen in das Wesen Gottes, Sein Wort und Seine Kraft spendende Gegenwart. Dieser feste Glaube motivierte Ihn trotz langsamer Fortschritte, trug Ihn durch Entmutigung und Enttäuschungen hindurch, diente als Anker in Zeiten von Missverständnissen und Ablehnung und er machte es Ihm möglich, sich das gewünschte Endergebnis vorzustellen.

Gegründet auf Seinen großen Glauben an Gott gab Christus Seiner großen Hoffnung für Simon Ausdruck. Bis dahin hatte Simon das hohe Ziel Gottes für sich nicht erreicht, aber nun hatte Jesus den Wunsch Gottes nach einem effektiveren, erfüllteren und bedeutsameren Leben hervorgehoben. Indem er dies tat, hatte Jesus **das Erwartungsprinzip** angewandt, also die grundlegende Eigenschaft menschlichen Verhaltens, dass die Menschen dazu neigen, die Erwartungen auch erfüllen zu wollen, die diejenigen aussprechen, die sie respektieren und denen sie vertrauen. Während Jesus also Hoffnung in Simon säte, erntete ER seinen Entschluss, das in ihn gesetzte Vertrauen zu rechtfertigen, indem er sein wahres Potenzial in die Realität umsetzte.

Simon hatte angebissen. Er war durch die wunderbare Anziehungskraft von Jesus gewonnen worden, durch Sein Aussehen, den Klang Seiner Stimme, Seine Worte. Simon spürte, dass er in Jesus endlich den Katalysator gefunden hatte, durch den seine tiefsten geistlichen Sehnsüchte Erfüllung finden konnten.

Jesus wiederum erkannte Simons Herz. Da Fels ursprünglich aus Sand besteht, der Druck und Hitze ausgesetzt ist, würde auch Simon durch den Druck und die Hitze weiterer Charakterschulung gehen müssen. Auf dieser Straße würde er allerdings nicht allein gehen müssen. Niemand anderer als der Sohn Gottes war bereit, ihn als Seinen Schützling mitzunehmen. Er hätte das Privileg, von **den einzigartigen Eigenschaften und Vorteilen seines göttlichen Mentors zu profitieren,** wie z. B.:

- von seiner unbegrenzten Kraft
- von seiner nicht endenden Weisheit
- von seiner unerschöpflichen Kenntnis der Heiligen Schrift
- von seiner einzigartigen Gebetsbereitschaft
- von seinem vollkommenen Glauben
- von seiner beispiellosen Sensibilität gegenüber der Führung des Heiligen Geistes
- von seiner unvergleichlichen geistlichen Begabung
- von seiner einzigartigen Erfahrung
- von seiner ständigen Gegenwart
- von seiner Zeit
- von seiner Energie
- von seinem Netz an Beziehungen

Unter diesen Voraussetzungen ist es offensichtlich, dass Simons geplante Entwicklung nicht so sehr davon abhing, wer er war, sondern wer sein Mentor war: Jesus Christus würde Simon Petrus' Zukunft sein.

Wenn wir uns Simon bei seinem ersten Kontakt mit dem Mann aus Nazareth ansehen, stellen wir fest, dass — rein menschlich gesprochen — er das Potenzial hatte, entweder ein Baustein oder ein Stolperstein für Gott zu werden. Genauso ist es mit uns. Jeder von uns trägt das Ehrfurcht einflößende Potenzial in sich, entweder Gottes Erwartungen in sich zu erfüllen oder zu enttäuschen.

Die Bibel nennt uns in dieser Hinsicht zahlreiche Beispiele. Auf der einen Seite ist da Josef, dessen Träume schon viele Jahre zuvor darauf verwiesen, welche großen Pläne Gott mit ihm hatte; und auf dem Weg zu ihrer Verwirklichung bestand Josef jede Prüfung mit fliegenden Fahnen, was es ihm ermöglichte, als Retter für viele von Gottes Volk zu dienen. Auch Josua gehört dazu, den Mose kompetent und intensiv förderte, der zu einem Mann mit einem herausragenden Glauben heranwuchs und ein mächtiger Eroberer für Gott wurde. Und da ist Kaleb, der Gott sein Leben lang mit ganzem Herzen nachfolgte und im Alter von 85 Jahren die krönende Herausforderung seiner »Karriere« annahm. Wir dürfen auch keinesfalls Daniel vergessen, der als junger Mann in die babylonische Gefangenschaft gekommen war, aber mit den Jahren als Mann von Ehre und hervorragenden Eigenschaften von sich reden machte, dem Gott wachsende politische Autorität anvertrauen konnte und den er als kraftvollen Zeugen innerhalb seines Einflussbereiches benutzen konnte.

Auf der anderen Seite sehen wir Gideon, der sich, nachdem Gott ihn als großen Heerführer benutzt hatte, später Götzen zuwandte. Wir erinnern uns an Salomo, der als frommer und weiser Herrscher begonnen hatte, aber nach einem drastischen moralischen Absturz in Unglauben gegenüber Gott verfiel. Oder man könnte auch an Jerobeam denken, der als viel versprechender junger Anführer begann, aber in einem höchst sündhaften Lebensstil endete, der Gottes Zorn auf den Plan rief.

Viele von uns sind sich gewisser anfälliger Bereiche, dunkler Seiten oder Winkel in unserem Leben wahrscheinlich nur zu gut bewusst; manche sind der Ansicht, dass Umstände mit einer besonderen Herausforderung (z. B. mit ständig wachsender Verantwortung konfrontiert zu sein) solche Defizite auslöschen. Der Schlüssel — wie die oben genannten Beispiele biblischer Anführer beweisen — liegt jedoch nicht in den Umständen, sondern in den Antworten jedes Einzelnen auf Gottes Handeln mit ihm unter solchen Bedingungen. Jede Situation birgt die Möglichkeit in sich, dass wir uns weiterentwickeln oder verbittert werden. **Führung ist im Grunde nicht so sehr eine Frage der Fähigkeit, als vielmehr der Einstellung, nicht so sehr ein Frage der Stellung, als vielmehr der Veranlagung.**

Gott glaubt an unser Potenzial und hat große Erwartungen in uns. Er schuf uns nach Seinem Ebenbild, gab uns den vertrauensvollen Auftrag zu herrschen, gewährte uns das Vorrecht, Seine Kinder, Priester und Botschafter zu sein. Durch das gnädige Geschenk des Heiligen Geistes gewährte Er uns Zugriff auf Seine Macht. Das mächtige Instrument des Gebetes hat uns die Möglichkeit eröffnet, ein großes geistliches Erbe zur Ausbreitung Seines Reiches zu beanspruchen.

Glauben wir denn wirklich an **unser von Gott gegebenes Potenzial,** das durch und in Jesus Christus für uns greifbar geworden ist? Hat das Bewusstsein der Erwartungen Gottes in uns einen ehrlichen Entschluss hervorgerufen, unser Bestes zu geben, um diese Erwartungen auch zu erfüllen, unser Äußerstes zu tun, die Herzenswünsche Seines Vaters nicht zu enttäuschen?

1.4 Nicht jeder ist für herausragende Leiterschaft geeignet

Jesus wählte Simon als den viel versprechendsten Anwärter unter den Leiterschülern für die geplante weltweite Zeugnisbewegung aus, weil ER ihn als den am ehesten geeigneten Kandidaten betrachtete.

Es ist hilfreich, Simons Worte in der Apostelgeschichte 1, Vers 20 zu beachten, die er im Rückblick auf seine Zeit, die er mit Jesus verbracht hatte, sprach; hier wird deutlich, dass Simon ganz genau verstand, dass die zwölf Männer des engsten Kreises um Christus von Anfang an zur Leiterschaft ausgebildet wurden.

Als der Messias Simons radikale Veränderung zu Petrus vorhersagte, gab ER nicht nur einer persönlichen Bevorzugung des Fischers Ausdruck, ER prophezeite im Grunde die unumgängliche Veränderung, die der Galiläer durchmachen musste, um für die zukünftige

Ausbreitung des Reiches Gottes als der zentrale Leiter Gottes in Erscheinung treten zu können.

Praktische Erfahrung und, was noch wichtiger ist, biblische Beweise zeigen, dass sich nicht jeder als bedeutender Leiter eignet. Die traurigen Biographien von drei Persönlichkeiten in der Bibel stellen **mehrere bedeutende Defizite** heraus, die es ihnen unmöglich machten, in Übereinstimmung mit dem Willen Gottes und damit unter Seinem Segen zu leiten.

1. Reiner Ehrgeiz ist nicht genug.

In 2. Samuel 15 bis 18 werden wir Zeugen des Aufstiegs und Falls von Davids Sohn Absalom. Obwohl Absalom eine beeindruckende Persönlichkeit war, litt er doch an einem schwachen Selbstbild und errichtete sich zu Lebzeiten ein Denkmal. Grausam, unversöhnlich und in verräterischer Weise beschloss er, seinen Vater vom Königsthron zu stoßen, aber über diesem ehrgeizigen Vorhaben verlor er sein Leben.

Absaloms Schicksal ist ein lebender Beweis für die ernüchternde Beobachtung, dass es niemals in der Bibel einen selbst ernannten Führer gab, der eine große Karriere machte. Abimelech (vgl. Ri 9), Adonija (vgl. 1. Kön 1, 5-33; 2, 13-25) und Atalja (vgl. 2. Kön 11, 1-16) liefern uns weitere Beispiele für diese Tatsache.

Davids Sohn verletzte das biblische Prinzip, dass wir nicht große Dinge für uns begehren dürfen (vgl. Jer 45, 5). Aber sein grundlegender Fehler war, dass er versuchte, sich eine Anführerposition ohne göttliche Rückendeckung zu sichern. Mit anderen Worten, er versuchte, ein Anführer des Volkes Gottes zu werden ohne eine Berufung von Gott dafür zu haben. Es ist jedoch **die souveräne Berufung Gottes**, die den Weg ebnet für die Manifestierung von Gottes überaus wichtigem

- Ziel
- Schutz
- Versorgung
- Leidenschaft
- Macht.

2. Reine Kompetenz ist nicht genug.

Joab war ein sehr tüchtiger Offizier, der viele Jahre lang Davids Truppen angeführt hatte. In bestimmten Situationen sehen wir ihn David gegenüber loyal, er ehrt ihn und unterstützt ihn als König; aber in anderen Situationen sehen wir ihn als manipulierenden, rachsüchtigen, unabhängigen und ungehorsamen Menschen. Er war ein Mann, der die Position, aber nicht den Charakter für die ihm übertragene Leitungsverantwortung hatte. Am Ende holten ihn seine genannten Charakterschwächen ein und führten zu seinem frühen Tod.

Die Wurzel für seine bedauernswerte Führerkarriere liegt in der Art und Weise, wie er in Dienst gestellt wurde. David war auf der Suche nach einem Mann, der das Kommando über seine Truppen übernehmen sollte, und zu diesem Zweck kündigte er eine Prüfung in Mut und Strategie an (siehe 1. Chr 11, 6). Weil Joab sich bei dieser Prüfung auszeichnete, bekam er den Posten. In den folgenden Jahren konnten seine hervorragenden militärischen Fähigkeiten allerdings nicht seine Charakterschwächen wettmachen.

David wählte Joab nicht nur rein auf der Grundlage seiner beeindruckenden menschlichen Gaben aus, ohne dass es einen Hinweis in der Bibel gäbe, dass er in dieser Angelegenheit nach dem Willen Gottes gefragt hätte, er gab später auch zu, dass er nicht wusste, wie er mit Joab und seinen Brüdern umgehen sollte (vgl. 2. Sam 3, 39); er überließ es sogar Salomo, über das Schicksal Joabs zu entscheiden. Davids Nachfolger traf den Entschluss, dass Joab getötet werden sollte, aber nicht ohne den äußerst aufschlussreichen Kommentar, dass Joab zwei Männer getötet hatte — Abner und Amasa — die besser gewesen waren als er (siehe 1. Kön 2, 32).

Heutzutage können wir nicht selten auf die abträgliche Verwechslung stoßen, dass Managerkompetenz fälschlicherweise für Leiterfähigkeit gehalten wird, d. h. die Ansicht, dass ein fähiges Management das Gleiche sei wie erfolgreiche Leiterschaft. Management und Leiterschaft sind jedoch zwei gegensätzliche Funktionen, von denen jede mit einem unterschiedlichen Schwerpunkt charakterisiert wird.

Leiterschaft	Management
Menschen	Mittel
Werte	Effizienz
Ansichten	Ziele
Einfluss	Abläufe
Motivation	Organisation
langfristig	kurzfristig
basierend auf Vertrauen	basierend auf Taktik
wer man ist	was man tut

Eine gesunde Balance zwischen beiden Seiten ist das, was gebraucht wird: Leiter können keine gute Arbeit machen, ohne sich Managementfähigkeiten anzueignen, und Manager sind keine guten Manager ohne sich Leiterqualitäten angeeignet zu haben.

3. Reine Anpassung nach außen ist nicht genug.

Jojada war ein gottesfürchtiger Mentor für König Joasch, so lesen wir in 2. Chronik 24, 2: »Und Joasch tat, was dem HERRN wohlgefiel, solange der Priester Jojada lebte.« Nach dem Tod seines Lehrers gab Joasch den Befehl, Secharja, den Sohn des Priesters, zu steinigen, weil dieser vom Geist Gottes bewegt wurde, das Volk von Juda zu drängen, sich wieder Gott zuzuwenden. Secharja starb nicht, ohne das Gericht Gottes für Joasch auszurufen, der nur einige Monate später getötet wurde.

Joasch hatte zwar die Leiterstellung, aber er hatte nicht das richtige Herz dafür. Solange sein Mentor lebte, passte er sich nach außen hin den Werten an, für die Jojada stand. Aber als das ›moralische Gerüst‹ der Gegenwart seines Tutors nicht mehr stand, wandte er dessen Werten den Rücken zu.

Für eine gottgefällige, fromme geistliche Leiterschaft ist mehr erforderlich als nur persönlicher Ehrgeiz, menschliche Fähigkeiten oder eine äußere Anpassung – was nötig ist, ist Charaktertiefe. Mehr als alles andere werden heute Männer und Frauen dringend gebraucht, die von Gott berufen sind und ein Herz für Gott und Rechtschaffenheit haben.

Solch ein Herz ist gekennzeichnet durch seine Liebe zu Gott, Offenheit gegenüber der Wahrheit und Bereitschaft zum Gehorsam. Das Herz, das sich wirklich nach Gott und nach Heiligkeit sehnt, wird nicht davor zurückschrecken, wenn es den Preis zu zahlen hat, der mit dem Erreichen dieses Ziels verbunden ist, nämlich, vollkommene Hingabe und Engagement.

Während der ganzen Kirchengeschichte gab es immer wieder einmal Männer Gottes, die dieses Geheimnis annahmen und weitergaben bis zur wahren Brauchbarkeit für Gott. John Wesley (1703-1791), der große englische Erweckungsprediger und Gründer der Methodistenbewegung, sprach die Aufforderung aus:

>»Gebt mir hundert Prediger, die nichts fürchten als die Sünde und nichts begehren als Gott, und es interessiert mich nicht im Geringsten, ob sie Geistliche oder Laien sind, nur solche werden die Tore der Hölle zum Erzittern bringen und das himmlische Königreich auf Erden errichten.«[2]

Als der berühmte Evangelist des letzten Jahrhunderts, der Amerikaner Dwight L. Moody (1837-1899) zum ersten Mal England besuchte, bemerkte jemand ihm gegenüber:

>»Die Welt muss aber erst noch sehen, was Gott tun wird, mit und für, und durch, und in, und über den Mann, der Ihm ganz und gar geweiht ist.«[3]

Diese Worte trafen Moodys Herz wie ein Pfeil und führten zu seinem radikalen Entschluss: »Ich will mein Äußerstes versuchen, um dieser Mann zu sein.«[4]

Gott beruft nicht einfach Seine Leiter in eine Funktion. Darüber hinaus **ruft ER sie zu einem lebenslangen Lernprogramm auf** unter dem barmherzigen, verwandelnden Einfluss Seines Geistes, damit sie für die Rolle ausgerüstet sind, für die ER sie berufen hat. Sein Ruf hat zur Folge, dass ER diejenigen befähigt, die bereit sind, Seinem Ruf mit vollkommener Hingabe zu folgen.

Simon hatte nur die persönliche Aufforderung des Messias gehört, dass er einen neuen Weg des Wachstums einschlagen sollte, aber wohin würde er ihn führen? Wir wollen uns Simon anschließen, um es herauszufinden.

Kapitel 2

Richtung

Und Jesus sprach zu ihnen: »Folgt mir nach;
ich will euch zu Menschenfischern machen!«
(Markus 1, 17)

Einige Monate waren vergangen seit Simons erstem Kontakt mit dem Messias in Bethanien jenseits des Jordans. Und nun, als er und Andreas bei ihrer täglichen Arbeit am See Genezareth waren und ihre Netze ins Wasser auswarfen, trat Jesus von Nazareth zu ihnen und forderte sie auf: »Folgt mir nach; ich will euch zu Menschenfischern machen!«

Mit dieser Erklärung Seiner strategischen Absicht fasste Jesus den eigentlichen Zweck zusammen, den ER für die beiden Brüder ins Auge gefasst hatte, was in anderen Übersetzungsvarianten des griechischen Originals noch deutlicher zum Ausdruck kommt: ›Kommt mir nach, ich werde machen, dass ihr Menschenfischer werdet.‹ In Seiner tiefgehenden Missionsaussage übermittelte Christus den beiden Brüdern die Einladung in eine Gemeinschaft mit Ihm einzutreten, sich mit Ihm als ihrem Führer für die weitere Ausbildung zu verbinden. Gleichzeitig versprach ER ihnen, dass Seine Schule in ihnen eine neue Charaktereigenschaft bilden würde. Wenn Sie nur bereit wären, Ihn als ihren Mentor anzunehmen, Seine Werte zu übernehmen und sich Seinen Prioritäten anzupassen, so würde ER sie zu »Menschenfischern« machen.

Da sie aus dem Wortschatz ihrer reichen Berufserfahrung angesprochen wurden, war es für Simon und Andreas einfacher, die tiefere Bedeutung der Worte des Messias zu verstehen. Als Fischer waren sie aufmerksam, geduldig, mutig und gewandt bei der Ausübung ihrer Tätigkeit des Fischfangs. Nun bot der Messias ihnen eine solch gründliche und weit reichende Verfeinerung ihres Charakters an, dass die besonderen Fähigkeiten ihres Berufs für eine höhere Aufgabe erweitert würden, dass sie Menschen zu Gott ziehen sollten.

Dies war das zweite Mal, dass Jesus Simon mit einer Aussage über seine mögliche Zukunft begegnet war. Und wieder leuchteten Seine Worte mit absoluter Glaubenssicherheit, dass ER die Entwicklung Simons zu dem erklärten Ziel führen würde. Dieses Mal hatte der Messias Andreas sogar einen Anteil an der ruhmreichen Aussicht angeboten, zu einem nützlichen Segensinstrument für die Sache Gottes geschmiedet zu werden.

Wie reagierten die Brüder? Wir finden die Antwort in Markus 1, Vers 18: »Sogleich verließen sie ihre Netze und folgten ihm nach.« Simon und Andreas antworteten mit einem unmittelbaren Ausdruck völliger Hingabe an Christus. Sie erkannten Seine Alleinherrschaft über ihre Arbeit, ihre Beziehungen und Zukunftspläne an. Kurz, sie ließen alles zurück. Sie waren bereit, mit ihrem alten Leben zu brechen, um ein neues Leben unter der Führung von Christus zu beginnen.

Von nun an standen sie Christus als Begleiter und Schüler zur Verfügung. Durch die Nachfolge traten sie keiner Organisation bei oder meldeten sich zu einem Programm an, sondern sie unterstellten sich Gottes Sohn, dessen strahlender Einfluss sie zum vollkommenen Ausdruck der Erwartungen Gottes formte.

2.1 Kooperation mit einem strategischen Gott

Unsere Effektivität im Dienst für Gott ist immer bestimmt durch den Grad, bis zu dem unsere Bemühungen mit dem Wesen und den Wegen Gottes übereinstimmen.

Eine göttliche Eigenschaft, die in der Bibel ausführlich vorgestellt wird, ist die Tatsache, dass Gott, der Vater, ein strategischer Gott ist. Diese Eigenschaft wird uns in mächtiger Weise vor Augen geführt, wie ER beispielsweise die Welt schuf, wie ER alles für das

Kommen Seines Sohnes auf die Erde vorbereitete, in Seinem wunderbaren Erlösungsplan, und in Seinem wohlwollenden Umgang mit den Menschen durch die Jahrhunderte.

Auch die dritte Person Gottes ist Stratege. Der Heilige Geist war maßgeblich daran beteiligt, dass Christus in der Wüste mit Satan konfrontiert wurde (vgl. Mt 4, 1). Er war derjenige, der später eine der wichtigsten Predigtreisen von Jesus nach Samarien führte (vgl. Joh 4, 4). In der gesamten Apostelgeschichte treffen wir den Heiligen Geist an, wie ER ganz taktisch die Initiative ergreift, um das Werk Gottes aufzubauen und zu verbreiten (vgl. z. B. Apg 13, 2; 15, 28; 16, 6f).

Und schließlich handelte Jesus Christus bei der Verfolgung Seiner Aktivitäten auf der Erde bis zum Äußersten nach strategischen Grundsätzen. Im vollen Bewusstsein, dass ER nicht alles allein schaffen konnte (siehe Joh 5, 19. 30), stellte ER Sich Seinem Vater aus freiem Willen zur Verfügung und brachte sich zu Ihm in eine Abhängigkeit, die zugleich vollkommen, beständig, freiwillig und erfreulich war. Im Hinblick auf die vielfältigen Herausforderungen zum Wirken, die Ihn dauernd umgaben, versicherte ER sich immer wieder des besonderen Willens Seines Vaters hinsichtlich:

- wo ER hingehen sollte
- wann ER gehen sollte
- was ER tun sollte
- wie ER es tun sollte
- was ER sagen sollte
- wie ER es sagen sollte.

Die Szene der Berufung Simons und Andreas' zu »Menschenfischern« eröffnet eine besonders interessante Facette an Jesus Christus als Stratege. Zur Zeit des Neuen Testaments gab es mehrere Methoden, Fische zu fangen. Es gab das Angeln mit Haken und Köder, das den Fisch verletzte oder sogar tötete. Dann gab es noch zwei ganz andere Methoden; entweder wurde ein Netz in die Fischgründe ausgeworfen und zu den Fischern zurückgezogen oder ein großes Schleppnetz wurde zwischen zwei Booten gezogen.

Der griechische Begriff »*amphiblästron*«, der in Markus 1, Vers 16 verwendet wird, bezeichnet, dass Simon und Andreas ein Wurfnetz benutzten, als Jesus zu ihnen kam. In Verbindung mit der Bedeutung des Wortes »*zogreo*« — was bedeutet »lebendig fangen, fangen, um es am Leben zu erhalten« — im vergleichbaren Kontext bei Lukas (5, 10), gewinnen wir einen weiteren Einblick in die tiefere Absicht des Messias: Simon sollte vorbereitet werden auf eine geistliche Rettungsmission, um Leben zu erhalten, indem er Menschen aus der Dunkelheit ins Licht und vom Tod ins Leben zog, um Menschen zu Gott zu ziehen, damit sie gerettet würden.

Niemand unter uns kann sich über die Weisheit Gottes hinwegsetzen. Darum **ziemt es sich für alle, die Gott dienen, dass sie sicherstellen, dass all ihre Bemühungen im Rahmen der von Gott erlaubten Strategie unternommen werden.** Gott macht keine Fehler, seine Pläne scheitern nie. Darum ist es überaus wichtig, dass wir erkennen, was Sein Wille ist, und ihn dann auch tun. Es reicht nicht aus, Gott zu bitten, das zu segnen, was wir uns ausgedacht und zu tun beschlossen haben; stattdessen sollten wir zunächst einmal herausfinden, was ER will, dass getan wird, und uns dann Sein Ziel vollständig zu eigen machen.

Das Werk Gottes auf die Art Gottes zu tun, wird uns erleichtert, wenn wir uns an die biblischen Strategierichtlinien halten, wie z. B. die folgenden:

- Gottes Wort ist unseres Fußes Leuchte (vgl. Ps 119, 105)
- Gott wird denen, die beten, neue Dinge kundtun (vgl. Jer 33, 3)
- Wir müssen ständig mit dem Heiligen Geist Schritt halten (vgl. Gal 5, 25)
- Entweder sammeln wir für Gott oder wir zerstreuen; es gibt keine neutrale Zone (vgl. Mt 12, 30)
- Wenn wir nicht nach der Wegweisung Gottes suchen, landen wir im Chaos (vgl. Jos 9)
- Gott wird nur verherrlicht durch vollendete Werke (vgl. Joh 17, 4)

Ein hervorragendes Beispiel für einen Leiter, der eine von Gott gegebene evangelistische Strategie suchte, erkannte und erfolgreich
anwendete, war der Apostel Paulus (siehe Röm 15, 15-24).

Weitere herausragende Beispiele lieferten große Pioniermissio-
nare wie Christian Friedrich Schwartz (1726-1798) in Indien, David
Livingstone (1813-1873) in Afrika, James Chalmers (1841-1901)
auf den südpazifischen Inseln, und J. Hudson Taylor (1832-1905)
in China, um nur einige zu nennen. Von besonderem Interesse und
Inspiration in dieser Hinsicht sind auch die Gründer bedeutender
Bewegungen, die sowohl die Geschichte der Kirche als auch der
Missionen beeinflussten: Nikolaus Ludwig Reichsgraf von Zinzendorf (1700-1760), Leiter der Herrnhuter Brüdergemeine, John Wesley (1703-1791), Vater des Methodismus, und William Booth (1829-
1912), der Gründer der Heilsarmee.

Aus dem Gleichnis vom Unkraut (siehe Mt 13, 37f) erfahren
wir, dass der Menschensohn die Kinder des Reiches nach strategischen Überlegungen in die Welt sät. Wenn wir Christen sind, sind wir
alle Teil **dieser weltweiten göttlichen Strategie, die Welt auf Gott aus-
zurichten.** Haben wir unser von Gott gegebenes Potenzial erkannt
und auch unsere von Gott zugewiesene Verantwortung, damit wir
unsere Rolle in dieser herrlichen Szenerie ganz spielen können? Sind
wir Licht, Salz, und Sauerteig in unserem eigenen Einflussbereich —
sei es zu Hause, in der Schule, im Büro, in der Universität oder der
Bundeswehr oder unter Verwandten, Freunden, Nachbarn, Kollegen
oder Bekannten? Oder enttäuschen wir in Wirklichkeit Gottes
Erwartungen, indem wir Seine Ziele durch Mangel an geistlicher
Einsicht, Tiefe und Kraft vereiteln?

Als Christen, und ganz besonders als Leiter, sollte unsere
Lebensweise und unser Dienst ganz eindeutig widerspiegeln, dass
wir mit einem Gott der strategischen Grundsätze zusammenarbei-
ten. Wenn wir das tun, und wenn eine von Gott inspirierte Sicht- und
Handlungsweise unsere Schritte lenkt, dann können wir die Interessen Gottes für uns und andere aktiv fördern. Wenn wir das nicht tun,
besteht die traurige Möglichkeit, dass wir genau das Schicksal teilen,
von dem Lukas 7, Vers 30 spricht, nämlich dass »die Pharisäer und
Schriftgelehrten verachteten, was Gott ihnen zugedacht hatte ...«;

und weil sie die Gnade Gottes für ihre persönliche Entwicklung ausschlugen, konnten sie nicht mehr andere Menschen zu Gott führen.

Nicht so bei Simon. Als er die einzigartige Gelegenheit erkannte, die Jesus Christus ihm anbot, nämlich seinen Horizont zu erweitern und einen Teil zur Ausbreitung des Reiches Gottes beitragen zu dürfen, nahm er von ganzem Herzen an. So auch sein Bruder und kurz darauf seine Partner Jakobus und Johannes (vgl. Mk 1, 19f). Die Sache des Messias kam in Gang. Seine strahlende Persönlichkeit, ansprechende Strategie, Entschlossenheit in Ziel und Leidenschaft für Menschen, ›die lebendig für Gott gefangen werden sollten‹, rührte die Herzen vieler an. Und doch galt das besondere Augenmerk von Jesus den wenigen, die wie Simon als Säulen für die Zeugnisbewegung der Zukunft aufgebaut werden sollten.

2.2 Ihre göttliche Vision der Mission

Eines der Kennzeichen für das öffentliche Wirken von Christus ist der beispiellos scharfe Sinn für das göttliche Ziel und die Richtung, die alle Seine Unternehmungen durchdrangen. Darum ist es kaum überraschend, wenn man eine bemerkenswerte Zahl von Situationen findet, wo Jesus verschiedene Missionsaussagen machte. Bei den meisten Gelegenheiten definierte ER Seinen göttlichen Auftrag positiv, doch manchmal auch negativ:

»... Lasst uns anderswohin gehen, in die nächsten Städte, dass ich auch dort predige; denn dazu bin ich gekommen.« (Mk 1, 38)

»Denn ich bin gekommen, den Menschen zu entzweien mit seinem Vater und die Tochter mit ihrer Mutter und die Schwiegertochter mit ihrer Schwiegermutter.« (Mt 10, 35)

»Ich bin gekommen, ein Feuer anzuzünden auf Erden; was wollte ich lieber, als dass es schon brennte!« (Lk 12, 49)

»Denn der Menschensohn ist gekommen, zu suchen und selig zu machen, was verloren ist.« (Lk 19, 10)

»Denn ich bin vom Himmel gekommen, nicht damit ich meinen Willen tue, sondern den Willen dessen, der mich gesandt hat.« (Joh 6, 38)

»... Ich bin zum Gericht in diese Welt gekommen, damit, die nicht sehen, sehend werden, und die sehen, blind werden.« (Joh 9, 39)

»... Ich bin gekommen, damit sie das Leben und volle Genüge haben sollen.« (Joh 10, 10)

»Ich bin in die Welt gekommen als ein Licht, damit, wer an mich glaubt, nicht in der Finsternis bleibe.« (Joh 12, 46)

»... Ich bin dazu geboren und in die Welt gekommen, dass ich die Wahrheit bezeugen soll. ...« (Joh 18, 37)

»Ihr sollt nicht meinen, dass ich gekommen bin, das Gesetz oder die Propheten aufzulösen; ich bin nicht gekommen aufzulösen, sondern zu erfüllen.« (Mt 5, 17)

»Ihr sollt nicht meinen, dass ich gekommen bin, Frieden zu bringen auf die Erde. Ich bin nicht gekommen, Frieden zu bringen, sondern das Schwert.« (Mt 10, 34)

»Denn auch der Menschensohn ist nicht gekommen, dass er sich dienen lasse, sondern dass er diene und sein Leben gebe als Lösegeld für viele.« (Mk 10, 45)

»Ich bin gekommen, die Sünder zur Buße zu rufen und nicht die Gerechten.« (Lk 5, 32)

»... denn ich bin nicht gekommen, dass ich die Welt richte, sondern dass ich die Welt rette.« (Joh 12, 47)

Diese überwältigenden Beweise für das Bewusstsein von Christus über Seine strategische Bedeutung veranlasst natürlich jeden christlichen Leiter dazu, sich die Kardinalfrage zu stellen, ob er seine persönliche geistliche Aufgabe so gut begreift, dass er in der Lage ist, sie als Missionsaussage zu formulieren.

Solch eine Erklärung kann eine persönliche oder gemeinschaftliche Perspektive haben, sie kann sich auf bestimmte Aspekte der Aktionen oder Wesensmerkmale konzentrieren, und sie kann bestimmte Sichtweisen oder Werte vorstellen. **Im Zentrum jeder hilfreichen Missionsaussage ist jedoch die Betonung eines von Gott in Gang gebrachten Ziels.** Das Buch Habakuk gab den hilfreichen Hinweis: »Schreib auf, was du geschaut hast, deutlich auf eine Tafel, dass es lesen könne, wer vorüberläuft!« (2, 2) Übrigens, präzise und kurz gefasste Aussagen sind von Vorteil.

In der Autobiographie von Georg Müller (1805-1989), dem großen Mann des Glaubens, der in Bristol eine außergewöhnliche Einrichtung für Waisen geschaffen hat, lesen wir die folgende Aussage:

> »... das erste und vordringlichste Ziel der Arbeit war (und ist immer noch), dass Gott erhöht wird durch die Tatsache, dass die Waisen in meiner Obhut alles bekommen, was sie brauchen, nur durch Gebet und Glauben, ohne dass ich oder meine Mitarbeiter irgend jemanden bitten müssen, woran man erkennen kann, dass Gott NOCH TREU ist, und dass ER GEBETE ERHÖRT.«[5]

William Booth definierte ursprünglich das Ziel für die Christliche Mission, die er in London auf diese Weise leitete:

> »Das Ziel und die Arbeit dieser Mission besteht darin, die Bekehrung der vernachlässigten Menschenmengen zu versuchen, die ohne Gott und ohne Hoffnung leben, und die so Bekehrten in einer christlichen Gemeinschaft zu sammeln, damit sie die biblischen Wahrheiten kennen lernen, die Gewohnheiten der Heiligkeit und Brauchbarkeit üben und in ihrem religiösen Leben beaufsichtigt und versorgt werden.«[6]

Später war in der Monatszeitschrift der Organisation zu lesen, dass die Mission

> »eine Heilsarmee organisiert hat, die das Blut von Christus und das Feuer des Heiligen Geistes in jeden Winkel der Welt trägt«.[7]

Später wurde innerhalb der Reihen der Heilsarmee der Slogan »Blut und Feuer« immer mehr zum Motto der dynamischen Bewegung. Einprägsame Missionsaussagen besitzen eine innere Kraft. Sie liefern eine Richtung, Sinn und Bedeutung. Sie rufen Motivation hervor, inspirieren und faszinieren. Sie liefern etwas, das es wert ist, dafür zu leben und manchmal sogar dafür zu sterben. Immer wieder in der Geschichte lieferten solche Aussagen den ›Posaunenschall‹, auf den Menschen mit Enthusiasmus, Hingabe und Opferbereitschaft reagierten.

Die Formulierung einer ehrlichen Missionsaussage setzt natürlich eine Person mit einer Mission voraus. Der Begriff »Mission« ist abgeleitet von dem lateinischen Verb »mittere«, was »senden« heißt. In einem christlichen Kontext ist ein Missionsverständnis natürlich eng verbunden mit der Sicherheit, von Gott berufen zu sein, einen göttlichen Auftrag erhalten zu haben, beiseite genommen zu sein für eine Aufgabe, die Gott selbst festgelegt hat.

Der Brief des Paulus an die Epheser gibt in diesem Zusammenhang eine hilfreiche Einsicht: »Denn wir sind sein Werk, geschaffen in Christus Jesus zu guten Werken, die Gott zuvor bereitet hat, dass wir darin wandeln sollen.« (Eph 2, 10) Der Apostel war sich einer besonderen Mission durchaus bewusst, die Gott ihm anvertraut hatte (siehe Gal 2, 7-9) und muss dankbar gewesen sein, dass er am Ende seines Lebens sagen konnte:

> »... die Zeit meines Hinscheidens ist gekommen. Ich habe den guten Kampf gekämpft, ich habe den Lauf vollendet, ich habe Glauben gehalten; hinfort liegt für mich bereit die Krone der Gerechtigkeit, die mir der Herr, der gerechte Richter, an jenem Tag geben wird ...« (2. Tim 4, 6-8)

David war ein weiterer Führer, der seine Mission erfolgreich beendete: »Denn nachdem David zu seiner Zeit dem Willen Gottes gedient hatte, ist er entschlafen ...« (Apg 13, 36)

Haben wir ganz persönlich Gottes besonderes Ziel für uns in unserer Generation erkannt? Wenn nicht, warum nicht? Vielleicht konnte Gott nicht zu uns ›durchdringen‹, wie ER es bei Mose, Gideon und Elisa konnte, die bereit waren, ihre Geschäftigkeit aufzugeben und sich Gott vollkommen zur Verfügung zu stellen. Wenn dies so ist, haben wir dann leidenschaftliche Gefühle gegenüber der uns übertragenen Mission? Nachdem man erkannt hat, was geschehen *kann*, ist der Entschluss erforderlich, es geschehen zu *lassen*. Das Vorrecht und die Verantwortung einer göttlichen Mission dürfen keinem Kompromiss zum Opfer fallen oder verzögert werden.

Simon ließ sofort seine Netze liegen und folgte Jesus nach. Solch eine totale Hingabe lieferte den fruchtbaren Boden, der notwendig war, damit sein vorhergesagtes Wachstum im Charakter und im Dienst auch tatsächlich stattfinden konnte.

2.3 Gottgefällige Prioritäten entwickeln

Das Markusevangelium ist das einzige, das uns erlaubt, einen der ersten Tage im Detail zurückzuverfolgen, die Simon mit dem Meister verbringen durfte.

Am Morgen ging Jesus gemeinsam mit den vier Männern, die Ihm zu jenem Zeitpunkt folgten, in die Synagoge nach Kapernaum. Die Anwesenden bestaunten die außergewöhnliche Vollmacht von Christus, mit der ER lehrte (vgl. Mk 1, 22), und später Seine Macht über die Dunkelheit, die in der Austreibung eines von Dämonen besessenen Mannes deutlich wurde (vgl. Mk 1, 27). Später im Haus von Simon und Andreas zeigte ihnen die Heilung von Simons Schwiegermutter vom Fieber die Macht von Jesus auch über Krankheiten. Die Brüder und ihre Freunde Jakobus und Johannes bekamen noch weitere Beweise, als sie dabei waren, wie viele andere Kranke und Besessene geheilt und befreit wurden (vgl. Mk 1, 34).

Trotz eines solch anstrengenden Tages und sehr wahrscheinlich einer langen Nacht, weil so viele Bedürftige erst nach Sonnenuntergang gekommen waren (vgl. Mk 1, 32), stand Jesus am nächsten Tag sehr früh auf, noch bevor die Sonne aufging, und zog sich an einen einsamen Ort zurück, um dort zu beten. Simon und seine Gefährten suchten Ihn, bis sie Ihn fanden, und sagten Ihm, dass die Leute bereits nach Ihm fragten. Aber Jesus weigerte sich zu kommen und ihnen zu dienen, weil Er in den nahe gelegenen Dörfern predigen musste.

Dieses Ereignis, ganz am Anfang der Lehrzeit mit Christus, konfrontierte Simon mit **zwei Schlüssellektionen:** Zuerst wurde ihm demonstriert, dass Führung für das Werk Gottes nicht nur von den Umständen oder einem erkannten Bedürfnis abgeleitet werden darf, sondern auf einer klaren Anweisung von Gott basieren muss. Offensichtlich hatte Christus in Seiner stillen Zeit, als ER mit Seinem Vater redete und Ihm zuhörte, bereits erkannt, was Gott von Ihm wollte. Zweitens konnte Simon sehen, dass er sich einer Person mit klaren und festen Prioritäten angeschlossen hatte. Selbst wohl gemeinte menschliche Ratschläge konnten Jesus nicht davon abbringen, den Weg zu verfolgen, den Gott für Ihn vorgezeichnet hatte.

Es besteht ein großer Bedarf an geistlichen Leitern, die ihre verschiedenen Verantwortlichkeiten und Aktivitäten nach einer klaren Prioritätenliste angehen, und dies gilt für alle Christen. Wenn man Matthäus 6, Vers 33, liest: »Trachtet zuerst nach dem Reich Gottes und nach seiner Gerechtigkeit, . . .« und dazu Psalm 90, Vers 12: »Lehre uns bedenken, dass wir sterben müssen, auf dass wir klug werden«, so ist es von größter Bedeutung, dass man ein Leben aufbaut und beibehält, das von klaren Prioritäten regiert wird.

In dieser Hinsicht nannte Josua in seiner Weisheit **fünf wesentliche Leitlinien,** als er einige der Israeliten lehrte: (vgl. Jos 22, 5)

- Gott lieben
- wandeln in allen seinen Wegen
- Seine Gebote halten
- fest zu Ihm halten
- Ihm dienen von ganzem Herzen und von ganzer Seele.

Noch genauer, unter den **höchsten Prioritäten, die jeder Leiter verfolgen sollte, der ein gottgefälliges Leben führen will,** sollten zumindest die folgenden zu finden sein:

- Gott lieben und verherrlichen (vgl. Mt 22, 37f und Eph 1, 12-14)
- regelmäßig das Wort Gottes aufnehmen (vgl. Mt 4, 4)
- ein beharrliches Gebetsleben führen (vgl. Eph 6, 18)
- mit dem Heiligen Geist erfüllt sein (vgl. Eph 5, 18)
- dem Vorbild Christi immer ähnlicher werden (vgl. Röm 8, 29)
- ein frommes Familienleben führen (vgl. Eph 5, 21-6, 4)
- andere lehren (vgl. Mt 28, 19 und 2. Tim 2, 2)
- Zeit optimal ausnutzen (vgl. Eph 5, 16)
- sich ausruhen (vgl. 2. Mose 20, 8-11).

Im praktischen täglichen Bemühen jedoch, solche gottgefälligen Prioritäten zu leben — ganz besonders, wenn wir versuchen, den Zeitbedarf aus unserer Beziehung mit Gott, Familie, dienstlichem Engagement, Arbeit und vielen anderen Aktivitäten miteinander zu vereinbaren — wer kennt da nicht den Kampf gegen das Verlieren der Übersicht oder vielleicht dagegen, dass man durch die ›Tyrannei der Dringlichkeiten‹ zum Opfer wird? In diesem Kampf können sich **vier einfache Fragen** als Rettungsanker erweisen:

- Was muss sofort erledigt werden?
- Was kann auf später verschoben werden?
- Was sollte ein anderer tun?
- Was muss überhaupt nicht erledigt werden?

Einige allgemeine Beobachtungen zur Natur und dem Vollzug von Prioritäten können uns zusätzliche Einsichten und Hilfe geben:

- zur Definition von gottgefälligen Prioritäten ist es notwendig, sein Augenmerk auf die Ewigkeit zu richten
- die Zeit sollte entsprechend den festgelegten Prioritäten verteilt werden

- nach Prioritäten zu leben bedeutet, sich dazu zu entschließen, auch einmal ›Nein‹ zu sagen
- klare Prioritäten erleichtern das Erkennen von Gottes besonderer Führung
- geeignete Prioritäten schützen gegen möglicherweise katastrophale Entscheidungen
- Das Gute ist der größte Feind des Besten
- Prioritäten sind nur so lange nützlich, wie sie nicht verletzt werden.

Für geistliche Leiter ist es, mehr als für jeden anderen, überaus wichtig, sich an klare Prioritäten zu halten – aus welchem Grund? **Als Vertreter Gottes sollte jeder geistliche Leiter durch sein wohl geordnetes Leben und die praktische Ausübung seiner Leiterschaft vermitteln, dass er einem Gott der Ordnung dient** (vgl. 1. Kor 14, 33. 40). Ohne feste Prioritäten kann kein Leiter effektiv planen und handeln. Darüber hinaus reproduziert sich jeder geistliche Leiter in seinen Nachfolgern, im Guten wie im Schlechten; wenn er ohne einen klaren Sinn für Prioritäten lebt, wird er sie zur Mittelmäßigkeit, Ineffizienz, Unordnung und Verwirrung beeinflussen.

Es ist ferner hilfreich sich klarzumachen, dass Gott von Seinem Leiter nicht erwartet, dass er selbst die Antwort auf all das ist, was er gerne tun würde. Vielmehr ist der Schlüssel, sich vor Gott darüber klar zu werden, was er lediglich leisten kann und dies dann zur Speerspitze seiner Arbeit als Leiter zu machen. **Eine sehr lehrreiche Fallstudie** in diesem Zusammenhang finden wir in 2. Mose 18, Verse 13-27, wo der weise Rat von Jitro dazu dient, seinen Schwiegersohn davor zu schützen, dass er sich kaputtmacht.

General Booth erklärte einmal: »Ich muss gehen, nicht nur zu denen, die mich brauchen, sondern zu denen, die mich am meisten brauchen.«[8]

Sind wir in der Lage, unsere persönliche Missionsaussage so kurz und knapp und so prioritätsorientiert zu formulieren? Wenn Gott uns zu Seinen Leitern beruft und dazu, Leiter für Seine Sache auszubilden, liegt die große Verantwortung auf unseren Schultern, die uns Anvertrauten nicht durch eine Lebensweise fehlzuleiten, die gekennzeichnet ist durch fehlende gottgefällige Prioritäten. Und was noch viel wichtiger ist, ein solches Defizit würde die tragische Aussicht eröffnen, dass sich unser Leben und unsere Leiterschaft am Ende als Enttäuschung von Gottes liebenden Zielen und Erwartungen an uns herausstellen könnte.

2.4 Die herausragende Bedeutung der Charakterbildung

Wie wir bereits beobachtet haben, setzen die Verheißungen von Christus in Johannes 1, Vers 42: »... du sollst Kephas heißen« und Markus 1, Vers 17: »... ich will euch zu Menschenfischern machen!«, einen bemerkenswerten Schwerpunkt auf den Charakter. Von Anfang an war die Ausrichtung und Motivation in die Führung von Jesus für die Ausbildung Seiner Männer auf die Charakterbildung konzentriert.

Sein Ansatz war: zuerst in die Tiefe, dann in die Breite; zuerst die Männer, dann die Methoden. Die vier Evangelien enthalten auch kaum etwas über praktische Kenntnisse oder Managertechniken. Stattdessen zeigen sie eine beständige große Sorge um den Charakter, was ganz deutlich wird durch die Tatsache, dass sich die zentralen Themen von Jesus immer um den Charakter drehen, wie zum Beispiel Liebe, Gehorsam, Glaube, Demut, Vergebungsbereitschaft und regelmäßiges Beten.

In einem späteren Stadium wird diese zentrale Facette des Lehransatzes von Christus noch zusätzlich beleuchtet durch Seine denkwürdige Begegnung mit dem reichen Jüngling. Der Evangelist Markus berichtet uns: »Und Jesus sah ihn an und gewann ihn lieb« (Mk 10, 21), und dies ist die einzige derartige Aufzeichnung in den Evangelien. Als der einflussreiche reiche Mann Jesus fragte: »... was soll ich Gutes tun ...« (Mt 19, 16; Hervorhebung hinzugefügt), forderte ihn Christus heraus mit der Antwort: »... Willst du vollkommen sein ...« (Vers 21, Hervorhebung hinzugefügt), und lud ihn ein, ihm nachzufolgen. Der junge Mann war jedoch nicht bereit, den Preis zu bezahlen, der erforderlich ist, um sich mit Christus für eine weitere Charakterbildung zu verbinden, und verwirkte so sein Schicksal in Gott.

Warum sollte der Charakter das höchste Anliegen von geistlichen Leitern sein? Der Charakter bestimmt das Verhalten. Unser Charakter spricht eine deutlichere Sprache als unsere Worte. Die größte Bedrohung für jede Gemeinschaft oder Organisation besteht in einer Charakterschwäche an der Spitze, die sich nach unten ausbreitet. Hinzu kommt, dass Leiter meistens scheitern, weil sie im Bereich des Charakters scheitern (z. B. Stolz, mangelnde Ehrlichkeit, Unmoral).

Manche haben Vorbehalte gegenüber Mentoren. Sie fürchten den Missbrauch von Autorität, haben Angst vor lebenslanger Bevormundung oder haben negative Erinnerungen an unterdrückende Führungsstile. Solche Irrtümer haben ihre Wurzeln in Charakterschwächen von Leitern und zeigen einmal mehr **den dringenden Bedarf nach Charakterschulung als zentralen Schwerpunkt der Leiterausbildung.**

Titel, Status und Position sichern keine erfolgreiche Leiterschaft und diese kann auch nicht ererbt werden. Fähige Leiterschaft hängt weniger von praktischer als vielmehr von moralischer Kompetenz ab. **Einflussreiche Leiterschaft entspringt einem guten Charakter.** Man kann sie nicht beanspruchen, man muss sie sich verdienen. – Wahre Leiterschaft kann nicht einfach beansprucht werden, diese muss mit der Zeit wachsen.

Es war der angesehene Evangelist Dwight L. Moody, der den Satz prägte: »Charakter ist, was ein Mensch in der Dunkelheit ist.«[9] Mehr als alles andere sind es die verborgenen Qualitäten, Herz, Gewissen und Wille, die einen Menschen dazu auszeichnen, andere wirklich führen zu können.

Hat nicht Gott der Vater die göttliche Wertschätzung dieser verborgenen Dimension des Charakters Ausdruck verliehen, als er bei der Taufe von Christus bestätigte: »Du bist mein lieber Sohn, an dir habe ich Wohlgefallen« (Lk 3, 22), noch bevor Jesus begonnen hatte, öffentlich zu wirken oder irgendwelche Wunder zu tun? Und hatte nicht Gott in Seiner bedeutungsvollen Selbstoffenbarung »Ich werde sein, der ich sein werde ...« (2. Mose 3, 14), Sich selbst durch Seinen Charakter vorgestellt anstatt durch Sein Handeln?

In der Vergangenheit, als Gott fähige Männer zur Führung Seines Volkes suchte, suchte ER nach Menschen mit der notwendigen Charaktertiefe, nach ›Hirten nach Seinem Herzen‹ (vgl. Jer 3, 15). Gottes Wort an Eli war: »Ich aber will mir einen treuen Priester erwecken, der wird tun, wie es meinem Herzen und meiner Seele gefällt ...« (1. Sam 2, 35), und Samuel tauchte auf. Dieser wiederum informierte Saul: »Der HERR hat sich einen Mann gesucht nach seinem Herzen, und der HERR hat ihn bestellt zum Fürsten über sein Volk ...« (1. Sam 13, 14), und David wurde König.

Immer wieder beobachten wir in den biblischen Aufzeichnungen, dass es **die herausragenden Charakterzüge der Männer Gottes waren, die sie für besonders einflussreiche Rollen qualifizierten**. So lesen wir zum Beispiel:

- Henoch wandelte mit Gott (1. Mose 5, 22)
- Noah war ein frommer Mann und ohne Tadel (1. Mose 6, 9)
- Abraham wurde »ein Freund Gottes« genannt (Jak 2, 23)
- Mose war ein sehr demütiger Mensch, mehr als alle Menschen auf Erden (4. Mose, 12, 3)
- Hiskia zeigte außergewöhnliches Vertrauen zu Gott (vgl. 2. Kön 18, 5)
- Daniel aber übertraf alle Fürsten und Statthalter, denn es war ein überragender Geist in ihm (Dan 6, 3. 4)

Auf der anderen Seite wurden zahlreiche Personen für fruchtbare Leiterpositionen disqualifiziert, weil sie ›Lecks‹ in ihrem Charakter aufwiesen, unter ihnen Saul, Ahitofel, Jerobeam, Ahab und Manasse. Solche traurigen Leiterkarrieren zeigen nicht nur die dunklen Möglichkeiten der menschlichen Natur, sondern auch, dass Kompetenz ohne Charakter gefährlich ist.

Die Vernachlässigung der Charakterbildung bei Leitern sät und fördert negative Tendenzen, wie

- den Schwerpunkt auf das Tun zu legen anstatt auf das Sein
- sich darauf zu konzentrieren, für Gott zu arbeiten, anstatt mit Ihm zu gehen

- stolz statt demütig zu sein
- persönlichen Eifer an den Tag zu legen statt frommes Streben
- zu herrschen statt zu dienen
- Unabhängigkeit zu bevorzugen anstatt sich unterzuordnen
- sich Popularität zu wünschen statt Ehrlichkeit
- Zustimmung von Menschen statt von Gott zu suchen

Im Gegensatz dazu betont das Wort Gottes die Notwendigkeit, dass das Spektrum unserer Charaktereigenschaften uns präsentieren sollte als

- heilig (vgl. 1. Petr 1, 15f)
- gerecht (vgl. 1. Tim 6, 11)
- fromm (vgl. 1. Tim 4, 7f)
- untadelig (vgl. 1. Thess 5, 23)
- makellos (vgl. Phil 2, 15)
- Christus ähnlich (vgl. 1. Joh 2, 6).

Die eigentliche Motivation, warum wir danach streben sollten, solche Qualitäten zu entwickeln, sollte nicht nur der praktische Nutzen größerer Effektivität sein, sondern Hingabe an Gott. Der Apostel Paulus ermutigte die Korinther auf ähnliche Weise, sich dafür einzusetzen, »die Heiligung [zu] vollenden in der Furcht Gottes« (2. Kor 7, 1).

Es besteht kein Zweifel, dass eine geistliche Leiterschaft, die gottgefällig und auch effektiv sein soll, sowohl Kompetenz als auch Charakter erfordert. Aber es besteht auch kein Zweifel, dass der Charakter an oberster Stelle steht. Bei Jesaja 32, Vers 8 wird deutlich hervorgehoben: »Der Edle hat edle Gedanken und beharrt bei Edlem.« – Mit anderen Worten, die **göttliche Formel für edle Leiterschaft** lautet: ein edler Charakter produziert edle Gedanken, die zu edlen Taten führen.

Dementsprechend sollten wir prüfen, ob unser persönliches Konzept und unsere Leitungspraxis mit diesem zentralen Prinzip in vollem Einklang steht, und darüber hinaus, mit dem Geist Gottes, der sie geplant hat.

Kapitel 3

Gemeinschaft

»Und er ging auf einen Berg und rief zu sich, welche er wollte,
und die gingen hin zu ihm. Und er setzte zwölf ein,
die er auch Apostel nannte, dass sie bei ihm sein sollten und
dass er sie aussendete ...«
(Markus 3, 13f)

Nach Monaten der Beobachtung und nachdem ER die endgültige
Bestätigung von Gott in einer Nacht des Gebetes eingeholt hatte,
wählte Jesus Christus Seinen Kern der nahen Begleiter aus.

Als Szenerie für diesen Schritt entschied ER sich für einen Berg,
ein Umstand, dessen Bedeutung vor dem Hintergrund erst richtig
deutlich wird, dass eine ganze Reihe anderer denkwürdiger Ereig-
nisse in der Geschichte der Bibel ebenfalls auf Bergen stattfanden.

Von Lukas wissen wir, dass der Lehrer aus Nazareth damals
von ›einer großen Schar seiner Jünger‹ (vgl. 6, 17) umgeben war.
Jedoch behielt ER sich das Recht vor, aus diesen vielen möglichen
Kandidaten die zwölf auszuwählen, die ER für die am ehesten geeigneten hielt. Der göttliche Ruf, der an die Zwölf ergangen war,
sonderte sie aus, damit sie Ihm von da an ständig und die ganze
Zeit folgen sollten.

Obwohl Sein eigentliches Ziel darin bestand, sie auszusenden,
war Sein unmittelbarer Grund für ihre Berufung, dass sie bei Ihm
sein sollten. Obwohl ER am Ende für sie einen Missionsauftrag
für die ganze Welt plante, war Seine erste Absicht, dass sie aus
nächster Nähe miterleben sollten, wie er lebte und wirkte.

Diese enge Verbindung mit dem Meister eröffnete den Zwölfen
mehrere Möglichkeiten. Als Seine Helfer konnten sie Ihn ganz

59

praktisch unterstützen und Ihm so die Last Seines anstrengenden Dienstes erleichtern. Als Seine Freunde konnten sie Ihm Annahme, Verständnis, Mitgefühl und Wertschätzung entgegenbringen und Ihn so mit einer Atmosphäre aus Liebe und Vertrauen umgeben. Als Seine Schüler konnten sie von Ihm Informationen sowie auch Charakterbildung bekommen und wurden so als Seine Nachfolger vorbereitet, um so das Evangelium in alle Welt zu tragen.

Während sie als Seine Gefährten zwar zum ›erweiterten Familien‹-Umfeld beitrugen, das der Meister als äußeren Rahmen für ihre Ausbildung bevorzugte, war ihre Gemeinschaft mit Ihm in erster Linie zu ihrem eigenen Nutzen gedacht. Weil sie ständig bei Ihm waren – in der Öffentlichkeit und privat, bei der Arbeit und beim Ruhen, mit vielen und einzelnen Menschen, mit Juden und Heiden, vor Führern und Ausgestoßenen genauso wie unter Reichen und Armen, in Zeiten der Freude und der Trauer, als Augenzeugen, wenn ER lehrte, predigte, Menschen beriet und heilte – trug die Persönlichkeit von Christus und Seine Leistung als Mentor allmählich zur vollen Entfaltung ihrer Möglichkeiten bei.

Damit sie zu den Instrumenten geformt und gestimmt werden konnten, die Christus später für Seine weltweite Sache brauchen würde, verließ ER sich nicht auf irgendeine institutionalisierte Ausbildung. Statt dessen gab ER ihnen einfach die Möglichkeit, dass ER immer für sie da war, ansprechbar war und eine enge persönliche Beziehung zu ihnen hatte, mit dem Ergebnis, dass Seine »handverlesenen« Schüler, allen voran Simon, den Gang der Geschichte für immer beeinflussen sollten.

3.1 Gemeinschaft zum Zweck der Information

Indem ER sich mit Seiner Kerngruppe aus ausgewählten Männern verband, war das nächste Ziel des Meisters, diese vielfältige Erfahrungen machen zu lassen, die ihnen helfen sollten, sie angemessen auf die Rolle vorzubereiten, die sie nach Seinem Wunsch künftig ausfüllen sollten.

Von besonderer Bedeutung waren natürlich die zahlreichen neuen Perspektiven, Einsichten und Grundsätze, die ER, »der Meister« (Mt 26, 18), in ihren Verstand und ihr Herz einpflanzen wollte. Darum ist es nicht verwunderlich, dass eine umsichtige Schulung Seinen Ausbildungsansatz von Anfang bis Ende durchdrang.

Abgesehen davon, dass ER die Zwölf durch Sein Beispiel beeindruckte, lehrte Jesus sie durch Grundsätze, Reden, Veranschaulichungen, Fallstudien und durch Fragen. Der tiefere Sinn für die Verwendung dieser verschiedenen Informationstechniken war Sein Wunsch, ihnen göttliche Wahrheiten beizubringen.

Im täglichen Leben begegnen wir immer wieder verschiedenen Kategorien von Wahrheit. Es gibt eine Wahrheit aus Tatsachen und Vorstellungen, objektive und subjektive, empirische und logische Wahrheit. **Sofern es um göttliche oder offenbarte Wahrheit geht, ist diese durch mindestens sechs unverwechselbare Eigenschaften gekennzeichnet:**

1. Göttliche Wahrheit ist im Wesen Gottes begründet.

Die Heilige Schrift spricht vom »wahrhaftigen Gott« (Jes 65, 16), dem »Geist der Wahrheit« (Joh 14, 17) und der Erklärung von Christus »Ich bin ... die Wahrheit« (Joh 14, 6).

2. Göttliche Wahrheit wird in der Bibel ihrem Wesen nach beschrieben.

Das Wort Gottes kann nur mit der göttlichen Unterstützung des Heiligen Geistes richtig verstanden werden. Es ist »lebendig und kräftig« (Hebr 4, 12); es baut auf, motiviert, tröstet, weist eine Richtung, überzeugt, korrigiert, jagt die Mächte der Dunkelheit in die Flucht.

3. Göttliche Wahrheit übersteigt oft den menschlichen Verstand.

Jesaja 55, 9 sagt uns: »... soviel der Himmel höher ist als die Erde, so sind auch meine Wege höher als eure Wege und meine Gedanken als eure Gedanken.«

4. Göttliche Wahrheit erhebt sich über kulturelle Unterschiede.

Die relativen Merkmale der vielfältigen menschlichen Kulturen müssen im Licht der absoluten Merkmale der ›Kultur des Reiches Gottes‹ gemessen und beurteilt werden.

5. Göttliche Wahrheit erwartet immer eine Antwort.

Entweder man respektiert, schätzt, akzeptiert und gehorcht dem Wort Gottes oder man missachtet, leugnet es, lehnt es ab oder gehorcht ihm nicht.

6. Göttliche Wahrheit hat einen entschlossenen Gegner.

In Satan gibt es keine Wahrheit; die Heilige Schrift betont: »Er ist ein Lügner und der Vater der Lüge« (Joh 8, 44). Eine seiner bevorzugten Strategien ist, Zweifel an Gottes Wort zu säen (vgl. 1. Mose 3, 1).

Die göttliche Wahrheit, die Christus den Zwölf vermittelte, bewegte sich entlang mehrerer Leitlinien, die eine effektive Kommunikation gewährleisteten:

- ER lebte, was ER lehrte
- ER verwendete eine einfache Sprache
- ER wiederholte wesentliche Punkte
- ER benutzte eindrucksvolle Bilder und Vergleiche
- ER forderte Seine Zuhörer dazu auf, selbst zu denken
- ER beschränkte Sich auf das jeweils anstehende Thema
- ER sprach unter der Salbung des Heiligen Geistes

Wir dürfen aber nicht vergessen: während Jesus zahlreiche Gelegenheiten nutzte, um die vielen Menschen zu segnen, war doch Seine besondere Absicht, Seine wenigen Begleiter aufzubauen. Darum ist es kein Wunder, dass ER von Zeit zu Zeit Seine engsten Gefährten mit exklusiven Informationen versorgte.

Als ER die Zwölf wissen ließ, dass sie die Geheimnisse des Reiches Gottes erfahren hatten, aber nicht die große Menge (siehe

Mk 4, 11; Mt 13, 11), wollte ER ihnen damit deutlich machen, dass sie die Eingeweihten waren. Durch die Gemeinschaft mit Ihm, dem Vermittler göttlicher Wahrheit, waren sie diejenigen, die Ohren hatten zu hören (vgl. Mk 4, 9), d. h. sie hatten die Fähigkeit, die offenbarte Wahrheit mit ihrem Verstand und ihrem Herzen aufzunehmen.

Markus 4, Vers 34 berichtet uns, dass Jesus sich nicht die Mühe machte, Seine Gleichnisse der Menge ›draußen‹ zu erklären, aber ER wollte sicher gehen, dass Sein Kern der ›Insider‹ alles verstehen konnte. Später macht uns Markus sogar mit der überraschenden Tatsache vertraut, dass sie für eine gewisse Zeit »von dort weg [gingen] und zogen durch Galiläa; und er wollte nicht, dass es jemand wissen sollte. Denn er lehrte seine Jünger und sprach zu ihnen ...« (Mk 9, 30f).

Und zum Schluss erfahren wir in den Kapiteln 13 bis 17 des Johannesevangeliums ein besonderes Beispiel, wie Jesus bedeutende Informationen nur für den privaten Kreis Seiner engsten Freunde reservierte. Man kann sich gut vorstellen, wie Jesus, vor allem in solchen ›verborgenen Sitzungen‹ nach und nach Seinen Männern ein tieferes Verständnis für das Wesen des Reiches Gottes darlegte, den Zweck Seiner Mission, die Notwendigkeit Seines Todes am Kreuz und das Opfer, das von ihnen verlangt würde, Ihm nachzufolgen und Sein Werk weiterzuführen.

Die grundlegende Vorbedingung, damit sich die Gemeinschaft mit Jesus zum Zweck der Information als fruchtbar erweisen konnte, war die **Lernfähigkeit** der Zwölf (vgl. Lk 8, 9; Joh 9, 2; Mt 17, 19; 21, 20), und Simon, der eifrig wie kein anderer war (z. B. Mk 10, 28; 11, 21; Mt 18, 21; Joh 13, 36f). Ihre Fortschritte beim Verstehen der Lehren von Jesus waren allerdings langsam. Aber war das so unverständlich? Muss nicht die Neuheit und die Größe der Überzeugungen, Vorstellungen und Behauptungen von Christus sie immer wieder verblüfft haben?

Und doch, während ER Seine Schützlinge unterrichtete, verfolgte er nichts weniger als das Ziel, sie zu effektiven Botschaftern Seiner Sache auszubilden, die ER in die ganze Welt als Seine zuverlässigen Zeugen aussenden konnte. ER gab ihnen nicht nur den Auftrag, sondern ER erwartete, dass später die Menschen, wenn sie ihr

Zeugnis hören würden, eigentlich Seine Worte vernehmen sollten (vgl. Mt 10, 40; Lk 10, 16; 6, 40).

So wichtig die Aufnahme von wichtigen Informationen für ihre spätere Karriere als Apostel sein sollte, in der ›Wanderschule von Christus zur Ausbildung von Leitern‹ sollten die Zwölf noch ein viel bedeutenderes Feld kennen lernen — die Charakterschulung. **Die Gemeinschaft mit Jesus erfüllte nicht nur ihr Bedürfnis nach größerem Wissen durch Informationen, sondern auch ihr wichtigstes Bedürfnis nach einem verfeinerten Charakter durch Schulung.**

Anders ausgedrückt, die reine Absorption von intellektuellen Inhalten sollte nicht ausreichen. Vielmehr wurde ihnen als Lehrlinge in der Charakterschmiede ihres Meistermentors ihre Persönlichkeit von Ihm geschnitzt, gemeißelt und geführt. Liebevoll, aber doch konsequent im Umgang mit Ihnen, achtete Jesus darauf, dass Sein Entwurf für ihre zukünftige Brauchbarkeit immer mehr heraustrat, bis sie sich schließlich tatsächlich qualifizieren würden, Ihm als »Menschenfischer« zu dienen.

3.2 Gemeinschaft zum Zweck der Schulung

Sprüche 13, Vers 20 stellt uns den bedeutenden Grundsatz vor: »Wer mit den Weisen umgeht, der wird weise; wer aber der Toren Geselle ist, der wird Unglück haben.« Das heißt, wir werden von unserem Umgang, den wir pflegen, und dem moralischen Klima, in dem wir leben, stark beeinflusst.

Die Gemeinschaft von Christus mit Seinen Schülern hatte einen solch außergewöhnlichen Einfluss auf sie, weil sie in Ihm der Person begegneten, die nicht nur die Wahrheit lehrte, sondern die die Wahrheit war (vgl. Joh 14, 6). Sie hörten Ihn nicht einfach die Wahrheit sprechen; sie sahen, wie ER sie lebte, und sie beobachteten ihre Verkörperung mit ihren eigenen Augen. Da sie Zeit mit Ihm verbrachten, begegneten sie Tag für Tag und Stunde für Stunde **der Wahrheit**. Die göttliche Wahrheit, auf die ER durch Seine Lehre und Seine Person hinwies, konfrontierte sie mit einem dreidimensionalen Aufruf: sie sprach ihren Intellekt an (vgl. Joh 8, 32 — »erkennen«), ihr praktisches Handeln (vgl. Joh 13, 17 – »tun«) und ihren Charakter (vgl. Lk 6, 40 – »sein«).

Ihre dreifache Antwort aus Lernfähigkeit, Gehorsam und Hunger nach Rechtschaffenheit öffnete die Tür für den Einfluss, den Jesus auf ihr Leben haben wollte. Sie erfüllten die grundlegende Anforderung, mit der Christus Pilatus später konfrontierte. »Wer aus der Wahrheit ist, der hört meine Stimme« (Joh 18, 37). Sie hatten die Seiten gewählt, waren Ihm treu ergeben als Personifizierung der Wahrheit.

Daneben wird in Sprüche 13, Vers 20 ausgesagt, dass in der Kraft der Persönlichkeit ein ansteckendes Element steckt. Das trifft in erster Linie auf Gott bezogen zu. Das Gesicht des Mose glänzte, nachdem er mit Gott geredet hatte (siehe 2. Mose 34, 29f), und Paulus wies auf das erstaunliche Privileg hin, dass ». . . wir alle mit aufgedecktem Angesicht die Herrlichkeit des Herrn [schauen] wie in einem Spiegel, und wir werden verklärt in sein Bild von einer Herrlichkeit zur andern von dem Herrn, der der Geist ist« (2. Kor 3, 18). Und wer kennt keine Menschen, die Liebe, Mitgefühl, Vergebungsbereitschaft, Hingabe oder Eifer ausstrahlten, und dadurch einen starken Einfluss auf ihre Mitmenschen hatten? Persönlichkeit strahlt, färbt ab; und genauso werden **Charaktereigenschaften viel mehr aufgenommen als gelehrt.**

Schließlich enthält Salomos Spruch auch eine ernsthafte Warnung, die Paulus als Ermahnung umformuliert: »Lasst euch nicht verführen! Schlechter Umgang verdirbt gute Sitten« (1. Kor 15, 33). Angesichts der akuten Gefahr für die Moral, die mit schlechtem Umgang zusammenhängt, überrascht es nicht, wenn man im Alten Testament entdeckt, wie Gott hin und wieder Sein Äußerstes tat, um die Israeliten gegen moralische Verschmutzung durch die sie umgebenden Heidenvölker zu beschützen (vgl. z. B. 2. Mose 34, 11-16; 3. Mose 18, 3; 5. Mose 7, 1-6; Jos 23, 7. 12f).

Ahas, der König von Juda, wurde dadurch eines der traurigen Opfer des Ungehorsams, denn 2. Könige 16, Verse 3 und 4 sagt:

>»Er wandelte auf dem Wege der Könige von Israel. Dazu ließ er seinen Sohn durchs Feuer gehen nach den gräulichen Sitten der Heiden, die der HERR vor den Israeliten vertrieben hatte, und

brachte Opfer dar und räucherte auf den Höhen und auf den Hügeln und unter allen grünen Bäumen.«

In 2. Chronik 20, Verse 35 bis 37 lesen wir, dass Joschafat, ein anderer Herrscher von Juda, einen Vertrag mit Ahasja, dem gottlosen König Israels, schloss. Gemeinsam bauten sie eine Flotte Handelsschiffe, aber die Schiffe zerschellten, weil Joschafat einen Bund mit einem gottlosen Herrscher geschlossen hatte.

Durch das erhabene Strahlen Seines Wesens führte Christus seine engsten Vertrauten zu neuen Horizonten der Charakterschulung. Weil ER war, der ER war, wuchsen sie zu dem Format von Männern heran, die Gott benutzen konnte; **weil ER war, der ER war, wurde aus Simon und seinen Kameraden das, was anders nie aus ihnen hätte werden können.**

Durch die Gemeinschaft mit Jesus hörten die Zwölf nicht nur Seine Worte und sahen nicht nur Seine Werke, sie kamen — vor allem — unter den unvergleichlichen Einfluss Seiner Persönlichkeit. Sie beobachteten nicht nur Seine äußeren Taten, sie entdeckten auch Seine inneren Qualitäten. Je mehr sie Ihn kennen lernten, desto mehr wurden sie zu Ihm hingezogen.

Sie wurden immer mehr vertraut mit Seinen Überzeugungen, Werten und Motiven, Seinen Denkmustern und Handlungsweisen, Seinen Anliegen und Belastungen, so dass sie erleuchtet, inspiriert, herausgefordert und überzeugt wurden. Indem ER in ihnen heilige Ziele weckte, begegnete ER ihnen aus den Quellen Seiner Natur. Weil sie sich Seinem Einfluss öffneten, vertiefte, verbreitete und erhöhte ER ihre Charakterfähigkeiten für die Dinge Gottes. In der Atmosphäre, die Seine Persönlichkeit umgab, wurden sie gereinigt, verfeinert und verändert.

Die Männer des Meisters stiegen zur Größe auf, weil sie mit jemandem zusammen waren, der größer war als sie. Während sie Ihn liebten, Ihm vertrauten und gehorchten, passten sie sich immer mehr Seinen Normen an, lebten immer mehr Seinen Erwartungen gemäß, und wurden Ihm immer ähnlicher.

Jesus drückte in Johannes 15, 27 Sein absolutes Vertrauen darin aus, dass Seine Strategie der Lehre Frucht bringen würde, noch genauer, dass Seine Schützlinge in Zukunft für Ihn Zeugnis ablegen würden, weil sie von Anfang an mit Ihm zusammen gewesen waren. Er vertraute darauf, dass ihre Gemeinschaft mit Ihm ihr Zeugnis für Ihn sicherstellen würde. Außer Seiner eigenen Person war kein weiteres Programm erforderlich, Er selbst verkörperte das Programm, das sie brauchten. Die Richtigkeit der Überzeugung von Christus wurde untermauert durch den objektiven Beweis, den die religiösen Führer in Jerusalem erbrachten, indem sie Simon und Johannes ansahen, dass sie mit Jesus gewesen waren (siehe Apg 4, 13).

Wenn wir die mächtige Rolle von Christus als Katalysator für die Charakterschulung Seiner Schüler betrachten, werden wir mit mehreren Prüfungsfragen konfrontiert:

- Haben wir als Leiter, und ganz besonders als Mentoren, wirklich einen Einfluss auf unsere Geschwister?
- Wirkt sich ihre Gemeinschaft mit uns positiv für die Dinge Gottes aus?
- Sprechen wir Menschen nur aufgrund unserer Worte und Taten an oder werden sie durch das angezogen, was wir sind?
- Sind wir leicht zugänglich und reif genug, dass wir unsere Schüler mit der größeren Wahrheit vertraut machen können, so dass sie unter der barmherzigen Befähigung des Heiligen Geistes einer tiefgreifenden Charakterschulung unterzogen werden?
- Sind wir angesichts der Gefahr, unseren persönlichen geistlichen Fortschritt zu vernachlässigen, vertraut mit ›Katalysatoren für Frömmigkeit‹, die helfen, unsere eigene Charakterentwicklung zu verbessern?
- Haben wir eine ausreichend enge Gemeinschaft mit Christus selbst, um ständig Seine maßgebliche und verwandelnde Gegenwart zu erleben?

»Wer mit den Weisen umgeht, der wird weise; wer aber der Toren Geselle ist, der wird Unglück haben« (Spr 13, 20). Mögen wir mit ständig wachsender Klarheit das große Potenzial, aber auch die große Verantwortung erkennen, die sich aus der Gemeinschaft ergibt, die aus Gottes Sicht angenehm und nutzbringend ist. Möge sie uns auf ein Niveau geistlicher Kraft und Brauchbarkeit heben, die uns in die Lage versetzt, den göttlichen Ruf zu erfüllen, die Welt zu verändern, anstatt uns ihr anzupassen.

3.3 Wasser aus den Brunnen der Vergangenheit

Bei einem genaueren Studium der Evangelien kann niemand übersehen, wie oft Jesus Christus sich auf die Offenbarungen des Alten Testamentes bezog. Immer wieder zitierte ER das Gesetz und die Propheten; und weiter spielte ER an auf: Abel, Noah, Abraham, Lot, Isaak, Jakob, Mose, David, Abjatar, Salomo, Elia, Elisa, Jesaja, Daniel, Jona und Sacharja.

Abgesehen von der Vorrangstellung Seiner engen Beziehung zu den anderen beiden Teilen der Trinität scheint es, dass die Berichte vom Umgang Gottes mit Seinem Volk in der Vergangenheit die bedeutende zweite Quelle von Weisheit, Führung und Autorität für Jesus bildeten. Vieles von Seinem Ansatz hinsichtlich Seines Erlösungswerkes und Seiner Lehren scheint von dem Verständnis geleitet zu sein, das ER durch Betrachtungen der Vergangenheit gewonnen hat.

Unter **verschiedenen Aufforderungen im Wort Gottes, die Vergangenheit zu studieren und sich daran zu erinnern**, sind die folgenden Verse von ganz besonderer Bedeutung:

>»Denn frage die früheren Geschlechter und merke auf das, was ihre Väter erforscht haben, denn wir sind von gestern her und wissen nichts; unsere Tage sind ein Schatten auf Erden.« (Hiob 8, 8f)

>»So spricht der HERR: Tretet hin an die Wege und schauet und fragt nach den Wegen der Vorzeit, welches der gute Weg sei, und wandelt darin, so werdet ihr Ruhe finden für eure Seele! ...« (Jer 6, 16)

Darüber hinaus ist es sehr nützlich, diesen Teil aus Psalm 78 näher zu untersuchen:

»Ich will meinen Mund auftun zu einem Spruch und Geschichten verkünden aus alter Zeit. Was wir gehört haben und wissen und unsre Väter uns erzählt haben, das wollen wir nicht verschweigen ihren Kindern; wir verkündigen dem kommenden Geschlecht den Ruhm des HERRN und seine Macht und seine Wunder, die er getan hat. Er richtete ein Zeugnis auf in Jakob und gab ein Gesetz in Israel und gebot unsern Vätern, es ihre Kinder zu lehren, damit es die Nachkommen lernten, die Kinder, die noch geboren würden; die sollten aufstehen und es auch ihren Kindern verkündigen, dass sie setzten auf Gott ihre Hoffnung und nicht vergäßen die Taten Gottes, sondern seine Gebote hielten und nicht würden wie ihre Väter, ein abtrünniges und ungehorsames Geschlecht, dessen Herz nicht fest war und dessen Geist sich nicht treu an Gott hielt ...« (V. 2-8)

1. Mose 26, Verse 15 bis 18 macht uns den höchst interessanten Umstand bewusst, dass Isaak die Brunnen wieder öffnete, die zu Lebzeiten seines Vaters gegraben worden waren, aber dann wieder von den Philistern nach Abrahams Tod mit Erde zugeschüttet wurden.

Holen wir heute Wasser aus den Quellen der Vergangenheit? Haben wir gelernt, von den tiefen Einsichten Gebrauch zu machen, die wir aus dem Studium des Lebens und Wirkens von Männern und Frauen ziehen können, die in zurückliegenden Generationen großartig von Gott gebraucht wurden? Könnte es sein, dass wir in unserer Zeit Unglauben, Rebellion, Untreue und Abtrünnigkeit ernten (vgl. Ps 78, 7f), weil zu viele Brunnen der Vergangenheit immer noch verstopft sind?

Heutzutage besteht ein brennender Bedarf für uns, die Brunnen der Wahrheit über das Wesen Gottes und Seine Wege, die uns in den aufgezeichneten Erfahrungen Seiner über die Jahrhunderte gewählten Instrumente zugänglich sind, wieder zu öffnen. Herausragend unter diesen Berichten sind die Biographien von hervorragen-

den Christen, insbesondere von Leiterfiguren in der Kirchengeschichte und der Mission.

**Biographien von besonderen Menschen ermöglichen uns, uns
in der besten Gesellschaft und dem besten Denken aufzuhalten.**
Indem wir ihre Kämpfe und Siege miterleben, ihre Schwächen und
Stärken mitfühlen, die dunklen und hellen Seiten ihres Charakters
erkennen, ihre Fehler und Ergebnisse beobachten, lernen wir, wird
unser Horizont erweitert, werden wir ernüchtert, gewarnt, getröstet,
ermutigt, inspiriert.

Einige hervorragende Leiter unserer Zeit haben erfolglos versucht, fähige Mentoren zu finden, weil ihre wichtigste Lernquelle
auf historische Modelle beschränkt ist. Andere, die das Privileg eines
lebenden Vorbildes hatten, können sich immer noch kostenlose Hilfe
holen, indem sie Biographien studieren.

Darf ich einige dieser Biographien nennen, die mein Leben am
meisten beeinflusst haben,[10] und die hervorstechendsten Facetten
nennen, die sich als besondere Inspiration erwiesen haben:

John Welsh   Vollmacht im Gebet
(ca. 1570-1622)

N. L. Graf Zinzendorf   Liebe zu Jesus
(1700-1760)

John Wesley   Eine Nation für Gott einnehmen
(1703-1791)

David Brainerd   Hunger nach Gott
(1718-1747)

Christian Friedrich Schwartz   Fruchtbarkeit für Gott
(1726-1798)

John Fletcher   Geheiligtes Leben
(1729-1785)

Edward Payson   Ernsthafte Hingabe
(1783-1827)

Adoniram Judson (1788-1850)	Bereitschaft, für Christus zu leiden
Charles Grandison Finney (1792-1875)	Erweckungskraft
Asa Mahan (1799-1889)	Siegreiches Leben in Christus
Georg Müller (1805-1898)	Glaube
Robert Murray M'Cheyne (1813-1843)	Heiligkeit
John G. Paton (1824-1907)	Entscheidung für Gott
Andrew Murray (1828-1917)	In Christus bleiben
William Booth (1829-1912)	Das ganze Evangelium weitersagen
J. Hudson Taylor (1832-1905)	Strategie für die Mission
Dwight L. Moody (1837-1899)	Engagement für Gott
John Hyde (1865-1912)	Ein Mann des Gebets werden
James O. Fraser (1886-1938)	Fürbitte und Fortschritte in der Mission
Sadhu Sundar Singh (1889- unbekannt)	Christusähnlichkeit
John Sung (1901-1944)	Eifer für Gott

Ohne Zweifel könnte man eine ähnliche Liste zusammenstellen, auf der Grundlage der Erfahrungen großer Frauen für Gott, wie z. B. Madam Guyon, Elizabeth Fry, Ann Judson, Catherine Booth, Mary Slessor, Amy Carmichael, Ida Scudder, Mildred Cable, Corrie ten Boom und Mutter Theresa.

Wissen wir den Reichtum an frommer Weisheit wirklich zu schätzen, der in solchen Biographien enthalten ist, und nutzen wir ihn auch?

Als während einer der frühen Methodisten-Konferenzen John Wesley gefragt wurde, was man tun könne, damit das Werk Gottes dort wiederbelebt würde, wo es nachgelassen habe, war seine Antwort: »Jeder Prediger soll sorgfältig ›Das Leben von David Brainerd‹ lesen.«[11]

In einer Botschaft an seine Heilsarmee-Offiziere aus dem Jahr 1904 stellte der 75-jährige General Booth die Überlegung an, was er besser machen würde, wenn er noch einmal jung sein könnte. Seine Antwort bestand aus zehn Grundsätzen, von denen der letzte lautete:

> »Ich würde die Biographien sorgfältiger lesen und die Schriften der Männer und Frauen studieren, die am nächsten mit Gott gegangen sind, das frommste Leben geführt haben, die die berühmtesten Studenten der Wissenschaft der Seelenrettung waren, und die sich als die erfolgreichsten Helden in diesem so bedeutenden Kampf erwiesen haben.«[12]

Es ist sehr enttäuschend, dass in unseren Tagen und unserem Jahrhundert eine ganze Reihe der ›Helden des Glaubens‹ der Vergangenheit kaum bekannt sind und ihre (Auto)Biographien nicht selten vergriffen sind. Eine Bibliothek oder ein Secondhand-Buchladen sind oft die einzigen zugänglichen Quellen …

Ungeachtet des reichen geistlichen Nutzens, den wir aus der Lektüre verschiedener Bücher ziehen können, müssen wir sicherstellen, dass wir immer und zuallererst das Volk eines Buches bleiben – der Bibel. Von Gott selbst inspiriert, ist sie immer noch die einzige Quelle, die uns das vollkommen reine Wasser der absoluten und zeitlosen göttlichen Wahrheit liefert.

3.4 Beziehungen

Haben Sie sich jemals gefragt, was das Geheimnis für den Magnetismus von Jesus Christus, für Seine Anziehungskraft und für Seine außergewöhnliche Beziehungsfähigkeit war?

Eine grundlegende Antwort auf diese Frage kann man in zwei Paaren verbundener Faktoren finden, von denen die ersten Seine bemerkenswerte **Präsenz und Umgänglichkeit** waren.

Dieser Zug wird sofort deutlich im Zusammenhang mit Seiner ersten Begegnung mit Johannes und Andreas (siehe Joh 1, 35-40). Bis dahin waren die beiden Fischer Nachfolger von Johannes dem Täufer gewesen. Aber nachdem sie dessen öffentliche Bekanntmachung gehört hatten, dass der Rabbi aus Nazareth der Gesalbte war, beschlossen sie, Jesus persönlich kennen zu lernen. Er spürte, dass sie ihm folgten, und drehte sich um, fragte sie, was sie wollten. Als sie mit der Frage antworteten, wo ER wohnte, begrüßte ER sie auf der Stelle und lud sie ein zu kommen und zu sehen. Keine Anforderung, kein Zögern, kein weiteres wichtiges Programm; ER bot ihnen totale und unmittelbare Aufgeschlossenheit und Gesprächsbereitschaft.

Das zweite Faktorenpaar entdecken wir in der Einleitung zum Johannesevangelium, wo wir erfahren, dass »die Gnade und Wahrheit ist durch Jesus Christus geworden« (1. 17), und dass ER der »eingeborene Sohn vom Vater, voller Gnade und Wahrheit« (1, 14) war.

Wir entdecken ein tieferes Verständnis dieser beiden Faktoren, wenn wir darüber nachdenken, was die Tatsache eigentlich bedeutet, dass das Leben von Christus Gnade und Wahrheit vollkommenen Ausdruck verlieh. Es bedeutet, wenn Menschen Jesus begegneten, trafen sie auf

Gnade	*&*	*Wahrheit*
Annahme		Heiligkeit
Verständnis		Rechtschaffenheit
Mitgefühl		Transparenz
Freundlichkeit		Ehrlichkeit
Sanftheit		Echtheit

Geduld	Treue
Vergebungsbereitschaft	Loyalität
Liebe	Glaubwürdigkeit

Wenn wir uns diese Elemente vor Augen führen, können wir uns ohne große Schwierigkeiten vorstellen, welche einzigartige Atmosphäre in der Beziehung von Christus zu Seinen ausgewählten Männern geherrscht haben muss. Es war die Atmosphäre eines Teams, einer Bruderschaft, einer Großfamilie; es war ein Klima aus Liebe und Vertrauen.

Im Hinblick auf die Bemühungen der Mentoren heute gilt weiterhin das Grundprinzip, dass die Menschen am besten in einem Umfeld engagierter Beziehungen lernen. Schützlinge wachsen immer noch am besten heran in einer Umgebung, die von gegenseitiger Liebe und Vertrauen gekennzeichnet ist. Auf dem Weg zur Schaffung solcher engen Beziehungen können jedoch verschiedene **Stolpersteine auftauchen**. Wahrscheinlich haben alle von uns Schwierigkeiten, mit Menschen eine Beziehung einzugehen, die

- egoistisch (d. h. selbstsüchtig, besitzergreifend, neidisch, ehrgeizig)
- stolz (d. h. dominant, angeberisch, voller Vorurteile)
- negativ (d. h. pessimistisch, misstrauisch, kritisch, undankbar)
- unversöhnlich (d. h. verbittert, ärgerlich)
- unkontrolliert (d. h. ungeduldig, launisch, verärgert)
- unehrlich
- ungesellig sind.

Es besteht natürlich die bedauernswerte Möglichkeit, dass ein Leiter selbst solche Mängel in seinem eigenen Leben hat, die ihn unfähig machen, gesunde Beziehungen aufzubauen und für andere ein effektiver Mentor zu sein. König Saul lieferte hierfür ein sehr trauriges Beispiel.

Wenn man ganz praktisch darüber nachdenkt, wie man Beziehungen bauen soll, ist es unerlässlich sich klarzumachen, dass bedeutsame Beziehungen nicht einfach automatisch geschehen. Um das gewünschte Ergebnis zu erzielen, muss man vielmehr bewusste Anstrengungen unternehmen.

Allgemein gesprochen, sind wir am besten beraten, wenn wir die ›goldene Regel‹ anwenden, die Christus uns in Matthäus 7, Vers 12 gegeben hat: »... was ihr wollt, dass euch die Leute tun sollen, das tut ihnen auch! ...«

Es ist gut, wenn wir ein echtes Interesse am allgemeinen Wohlergehen der Menschen bekunden und nicht nur an der geistlichen Dimension ihres Lebens. Lernen Sie die jeweiligen Personen gut kennen, nicht zuletzt, wenn Sie ein guter Zuhörer sein wollen. Zeigen sie Offenheit und Verletzlichkeit; ihre Transparenz ermutigt zu Offenheit und Ehrlichkeit auf der anderen Seite. Seien Sie bereit, viel Zeit zu investieren. Seien Sie erfinderisch in Ihrer Hilfsbereitschaft! Seien Sie großzügig mit Zeichen der Wertschätzung und Dankbarkeit.

Im Zentrum des Aufbaus fruchtbarer Beziehungen steht das Bedürfnis, Vertrauen zu entwickeln, das heißt, Menschen dahin zu bringen, Ihnen uneingeschränkt zu vertrauen. Vertrauen kann man nicht verlangen, es muss einem gewährt werden. Wir können erwarten, dass andere uns vertrauen, wenn wir uns selbst über eine gewisse Zeit als vertrauenswürdig erwiesen haben: Sie haben gesehen, dass wir die Wahrheit sagen, Versprechen halten, treu und loyal sind, Vertraulichkeit nicht verraten; sie haben beobachtet, dass wir konsequent sind, nach festen Grundsätzen leben und nicht aus Berechnung, dass wir unter Druck keine Kompromisse eingehen, weder bei Werten noch bei Überzeugungen.

Wenn wir wirklich enge Beziehungen schaffen wollen, müssen wir unser Leben dementsprechend nach festen Grundsätzen ausrichten, ganz besonders unsere Zeiteinteilung. Übergeschäftigkeit vertreibt unsere Verfügbarkeit, die Beschäftigung mit unseren eigenen Interessen reduziert unsere Ansprechbarkeit. Die gewohnten Spannungen zwischen der Aufgabe und der Orientierung auf die Beziehungen, sowie zwischen dem Dringenden und dem Wichtigen müssen in eine realisierbare Harmonie gebracht werden.

Mentoren, die effektiv arbeiten, legen den Schwerpunkt auf Beziehungen. Sie sind mehr mit dem Arbeiter als mit der Arbeit befasst. Für sie steht die Charakterschulung höher auf der Liste als Arbeitsleistung. Sie haben dasselbe Ziel, das Christus bei Seinen Männern verfolgte — das Beste aus den Leuten herauszuholen als Ergebnis einer ersten Investition in qualitätvolle Beziehungen.

Darüber hinaus ist die Erkenntnis, dass **unsere Fähigkeit, menschliche Beziehungen zu entwickeln, letztendlich von der Reife unserer Beziehung zu Gott bestimmt wird,** von zentraler Bedeutung.

Wir müssen sicher genug in Gott sein, um vertrauensvoll das Risiko aufnehmen zu können, anderen Menschen zu vertrauen und uns selbst ihnen gegenüber verletzlich zu machen. Unser Selbstwert muss in Gott gegründet sein, weil ER uns nach Seinem Bild schuf und uns Seinen einzigen Sohn gab, damit ER für uns sterbe. Sonst sind wir in der großen Gefahr, Beziehungen dazu zu missbrauchen, unser mangelhaftes Selbstbild aufzubauen. Wenn wir Gottes Liebe erfahren, strahlt unser Leben in das Leben anderer hinein und wir erreichen darüber hinaus ein Niveau von Vertrautheit, das den größten Nutzen für andere, für uns und für unseren gemeinsamen Dienst für Gott hervorbringt.

Kapitel 4

Vertrautheit

»Und das Volk saß um ihn. Und sie sprachen zu ihm:
Siehe, deine Mutter und deine Brüder und deine Schwestern
draußen fragen nach dir.
Und er antwortete ihnen und sprach:
Wer ist meine Mutter und meine Brüder?
Und er sah ringsum auf die, die um ihn im Kreise saßen,
und sprach: Siehe, das ist meine Mutter und
das sind meine Brüder!
Denn wer Gottes Willen tut, der ist mein Bruder und
meine Schwester und meine Mutter.«
(Markus 3, 32-35)

Welch erstaunliches Ereignis! In Seiner emphatischen Antwort hob Jesus hervor, dass im Bereich der Verwandtschaften des Reiches Gottes Seine Schützlinge (vgl. Mt 12, 49) Ihm genauso nah waren wie Seine Mutter und Seine Brüder im Reich der Menschen. Gleichzeitig betonte ER Gehorsam gegenüber Gott als das Tor zur Vertrautheit mit Ihm.

Das Wirken von Jesus Christus zeigte eine Reihe radikal neuer Gesichtspunkte. Einer davon war, dass ER — in krassem Kontrast zum religiösen Establishment Seiner Zeit — sich nicht scheute, ›ein Freund der Zöllner und Sünder‹ (Mt 11, 19) genannt zu werden. Wir sehen, wie ER in aller Öffentlichkeit mit einer Frau aus Samarien mit niedriger Moral spricht, was dazu führt, dass sich viele in ihrer Heimatstadt Gott zuwenden (vgl. Joh 4, 1-42). Wir sehen, wie ER Partei für eine Ehebrecherin gegen ihre Ankläger ergreift, sie nicht verdammt, sie aber dazu auffordert, ihr sündiges Leben aufzugeben (vgl. Joh 8,

2-11). Wir sehen Ihn, wie ER im Hause von Zachäus, dem Steuereinnehmer, isst, was die drastische Konsequenz hatte, dass der Zöllner die Hälfte seines Besitzes unter den Bedürftigen verteilt und denen, die er betrogen hatte, das Vierfache zurückzahlt (vgl. Lk 19, 1-10).

Jesus demonstrierte eine noch nie dagewesene Beziehungsfähigkeit. Mehr als alle anderen wurden Seine zwölf vor kurzem benannten Gefährten zu Nutznießern dieser Kraft, als ER begann, ein noch viel engeres Band der Vertrautheit zwischen Sich selbst und ihnen zu knüpfen.

Ihre Vertrautheit mit Jesus führte die Zwölf aus einer inneren Einsamkeit heraus in wahre Kameradschaft. Sie führte sie in eine Lebensweise als Gemeinschaft, die auf gemeinsamen Werten und Zielen basierte. Ihre persönliche Identität mussten sie zwar nicht aufgeben, aber ihre Nähe zu Jesus und zueinander schuf Verletzlichkeit. Damit eine solche Offenheit jedoch geschützt und verbessert werden konnte, hatte Jesus zuallererst ein Netzwerk aus engagierten Beziehungen geschaffen, indem ER jeden Einzelnen dazu aufgerufen hat, Ihm nachzufolgen.

Man kann sich leicht vorstellen, dass der Wunsch von Christus, dass sich Nähe unter den Zwölf entwickeln möge, Ihn mit drei Herausforderungen konfrontiert hat:

Erstens, muss ER von Zeit zu Zeit die Spannung gespürt haben zwischen Seiner legitimen Sehnsucht nach Privatsphäre und Seinem Wunsch nach wachsender Vertrautheit mit Seinen Schülern.

Zweitens, musste ER sich selbst sorgfältig gegen die Gefahr schützen, Vertrautheit mit Seinen Männern zu Lasten der Vertrautheit mit Seinem Vater zu praktizieren. (Denken Sie z. B. an Mk 1, 35-38; siehe Mt 14, 13-25.)

Drittens, da es nicht möglich ist, vertrauensvolle Beziehungen mit einer großen Anzahl Menschen aufzubauen, musste Jesus diese menschlichen Beziehungen, die für Ihn von besonderer Relevanz waren, nach einer Prioritätenhierarchie angehen. Welcher Leiter mit einem breiteren Spektrum an Einfluss und Verantwortung wäre mit dieser Thematik nicht vertraut? Wir wollen uns einmal genauer ansehen, wie der Meister mit dieser besonderen Herausforderung umgegangen ist.

4.1 Ebenen der Freundschaft

Die Informationen, die wir aus den Evangelien bekommen, legen die Vermutung nahe, dass es **im Wirken von Jesus Christus mindestens acht unterschiedliche Niveaus von Freundschaft** gab:

- Ebene 8: öffentliche Beziehungen
- Ebene 7: flüchtige Kontakte
- Ebene 6: Bekannte
- Ebene 5: Jünger
- Ebene 4: enge Begleiter
- Ebene 3: Vertraute
- Ebene 2: enge Vertraute
- Ebene 1: Busenfreund

Wie schon früher erwähnt, brachte Jesus die Tatsache, dass Er Gemeinschaft mit Menschen am Rand der Gesellschaft suchte, um sie für das Reich Gottes zu gewinnen, den Ruf ein, ein Freund von Zöllnern und Sündern zu sein.

ER hatte auch flüchtige Kontakte – mit Menschen wie z.B. Zachäus und dem Hauptmann (vgl. Mt 8, 5-13) –, was diesen den Eindruck von Freundschaft gab und Spuren im Leben der jeweiligen Menschen hinterließ.

Daneben hatte Jesus Bekannte, darunter Maria, Martha und Lazarus. Als Ihm zugetragen wurde, dass Letzterer schwer krank war, gab Jesus Seinen Entschluss bekannt, nach Judäa zurückzukehren, trotz der bestehenden Gefahr für Sein Leben, indem ER erklärte: »Lazarus, unser Freund, schläft, aber ich gehe hin, ihn aufzuwecken« (Joh 11, 11).

Auf der nächsten Ebene finden wir die zweiundsiebzig Jünger von Christus (vgl. Lk 10, 1), von denen wir wissen, dass sie auch von Anfang an bei Ihm waren (vgl. Apg 1, 21f).

Die Kategorie Seiner engen Begleiter bestand natürlich aus den Zwölfen. Diese Kerngruppe enthielt eine breite Vielfalt an Persönlichkeiten und es war wahrscheinlich ein gewisser Lernprozess für ihre Mitglieder nötig, einander zu tolerieren, anzunehmen und am

Ende zu schätzen. Eine gemeinsame Sache und ein gemeinsames Engagement hielt sie zusammen. Je näher sie Jesus kamen, desto näher kamen sie auch einander.

Sie konnten nicht nur das Wirken des Meisters beobachten, sie hatten auch das Privileg, Einsicht in tiefere und persönlichere Dimensionen Seines Lebens zu gewinnen. In Lukas 9, Vers 18, erfahren wir zum Beispiel, dass Jesus Seinen Schülern sogar erlaubte, bei einer Seiner vertraulichen Zeiten der Einheit im Gebet mit Seinem Vater dabei zu sein. Immer wieder können wir beobachten, dass Jesus ›die zwölf Jünger beiseite nahm‹, um sie besonders zu unterweisen (z. B. Mk 10, 32; Mt 20, 17; Mk 12, 43). Weiter schuf ER diverse ›Rückzugsszenarien‹, um ungestörte, intensive Zeiten der Gemeinschaft und der Lehre sicherzustellen (z. B. Mk 8, 10; 9, 30f; Mt 15, 39; Joh 11, 54).

Wenn sie Christus so nah waren und über eine längere Zeit mit einer so guten, wahrhaftigen und reinen Person zusammen waren, wurde ihr Leben im höchsten Grade beeinflusst.

Auf Ebene 3 treffen wir die Gruppe der Vier an, d. h. Simon, Andreas, Jakobus und Johannes. Markus 13, die Verse 3 bis 37, liefert uns eine bedeutende Gelegenheit, bei der diese Männer, die als erste am Ufer des Sees Genezareth berufen worden waren, die Möglichkeit zur ausschließlichen Gemeinschaft mit dem Einen hatten, den sie als den Messias und ihren Meister anerkannt hatten.

Noch weiter waren da die drei Vertrauten, Simon, Jakobus und Johannes. Gewisse Erfahrungen und Offenbarungen waren einzig für sie reserviert. Nur sie durften die Auferweckung der Tochter des Jairus mit ansehen (siehe Mk 5, 37), nur ihnen wurde das Privileg zuteil, dass sie auf dem Berg der Verklärung bei Christus sein durften (siehe Mk 9, 2), nur ihnen war gestattet, Ihn in der dunklen Stunde der Sorge und Erprobung in Gethsemane zu begleiten (siehe Mk 14, 33). Diesen drei wurde eine noch engere Vertrautheit gewährt als den anderen neun; sie durften noch tiefer in die Gedanken, Gefühle und das Vertrauen des Meisters eindringen. Der Herausragendste unter den Dreien war Simon, der von Jesus auserwählte Kandidat für die Leitung, der mehr Aufmerksamkeit bei der Ausbildung genoss als jeder andere der Zwölf (vgl. besonders Mt 17, 25-27; 18, 21-35; Joh 21, 15-22).

Und schließlich gab es einen, der mehr auf die Gedanken und Gefühle des Meisters eingestimmt war als jeder andere, Johannes, der ›Lieblingsjünger‹ (vgl. Joh 13, 23; 19, 26; 21, 20). Er war der Eine, dem Christus später vom Kreuz die Sorge für Seine Mutter anvertraute (vgl. Joh 19, 26f).

Wenn wir uns das ganze Bild dieser Folge von Freundschaftsebenen ansehen, ist es höchst offensichtlich, dass auf den Ebenen intensiverer Gemeinschaft die Zahl der einbezogenen Personen bei wachsender Vertrautheit immer kleiner wurde. Es ist auch auffällig, dass trotz all Seiner Vertrautheit mit den Zwölf, Jesus immer ihr Meister blieb (vgl. Lk 5, 5), ihr Herr und Lehrer (vgl. Joh 13, 14). Niemals haben die Zwölf Seine Autorität in Frage gestellt, niemals gibt es auch nur den kleinsten Hinweis auf Respektlosigkeit oder überzogene Vertraulichkeit von ihrer Seite.

Die Art, auf die Christus so produktiv auf diesen verschiedenen Ebenen der Freundschaft wirkte, legt es nahe, drei Gedankengänge weiter zu verfolgen.

Zunächst **organisierte Jesus Sein Leben nach einem äußerst feinen Sinn für Prioritäten**, um den Bedürfnissen und Erwartungen so vieler Freunde gerecht werden zu können. Können wir als Leiter oder Mentoren zu Recht behaupten, dass wir dasselbe tun? Sind wir fest davon überzeugt, dass die Ausbildung von Menschen in einer Umgebung von freundschaftlicher Vertrautheit wichtiger ist als viele verschiedene Aktivitäten? Wenn wir entdecken, dass wir viel zu sehr damit beschäftigt sind, uns effektiv im Leben anderer breit zu machen, tun wir gut daran zu fragen, ob alle Projekte, in denen wir engagiert sind, tatsächlich aus dem Herzen Gottes stammen.

Die strategische Staffelung Seiner Beziehungen in der Art, wie ER es tat, setzte Christus darüber hinaus der möglichen Kritik aus, eine Elite zu bevorzugen. Hat ER nicht aus vielen die Zwölf erwählt, hat Vier davon besondere Aufmerksamkeit gewidmet, hat die Drei als Seine engsten Vertrauten aussortiert, hat sich am meisten auf die Leiterausbildung eines einzigen, Simon, konzentriert? Das hat er wirklich, weil **ER sich das Recht vorbehalten hat, die Männer nach Gottes Wahl auszusuchen, und sich das Recht vorbehielt, die meiste Mühe in die Fähigsten zu investieren.**

Schließlich **bestimmte der Meister die Zeit, die ER mit Seinen engen Freunden je nach ihrer Veranlagung verbrachte.** Je mehr Fähigkeit zur Leiterschaft ER feststellte, desto mehr Zeit war ER bereit zu investieren, am meisten in Simon. Folgen wir demselben Weg? Oder stellen wir eher fest, dass das Gegenteil zutrifft, dass die meiste Zeit von Menschen mit verschiedenen Bedürfnissen und Problemen ›aufgefressen‹ wird? Um ein Bild aus Matthäus 13, den Versen 36 bis 41, zu entlehnen, ist es möglich, dass man so sehr mit dem Unkraut beschäftigt ist, dass der gute Same vernachlässigt wird?

Elf von den Zwölf haben offensichtlich sehr von der Freundschaft von Jesus zu ihnen profitiert. Sie gehörten zu denen, die in einem feinen, guten Herzen Frucht bringen (vgl. Lk 8, 15) – Judas nicht. Durch seine ständige Weigerung, der Wahrheit zu gehorchen, nahm er sich selbst aus dem Programm des Meisters heraus. Es ist bemerkenswert, dass die Aufzeichnungen über die Worte von Jesus über den Verrat des Judas (vgl. Mt 26, 50) nicht den liebevollen Begriff »*philos*« (Freund), sondern »*hetairos*« (Kamerad, Gefährte) enthalten.

Aber hat Christus denn auch von Seiner Freundschaft zu den Elf profitiert? Ohne Zweifel. Sie gaben Ihm praktische Hilfestellung, gelegentliche Ermutigung (vgl. Mt 16, 15-17), Kameradschaft, ein Umfeld aus Liebe und Wertschätzung und am Ende die erste sichtbare Frucht der Verwirklichung Seiner weltweiten Vision.

4.2 Züge biblischer Freundschaften

Wir haben den bemerkenswerten Stellenwert gesehen, den der Herr Jesus der Freundschaft beigemessen hat. Wir haben begonnen, die große Bedeutung einer freundschaftlichen Atmosphäre für die Charakterbildung zu erkennen. Wir sehen, wie sehr die freundschaftliche Dimension in den meisten Leiterschulungen heutzutage vernachlässigt wird. Vor dem Hintergrund dieser dreifachen Erkenntnis scheint es um so ratsamer, sich einige exemplarische freundschaftliche Verbindungen in Gottes Wort zusätzlich anzusehen, um weitere lohnende Einblicke zu bekommen.

Zu Beginn wollen wir uns auf ›die beiden Ehrfurcht einflößenden Kriegshelden‹ zu Zeiten des Alten Testaments konzentrieren, nämlich auf Kaleb und Josua. Die Basis für ihre Beziehung war ein bemerkenswerter Grad von **Gemeinsamkeiten**. Beide waren in Ägypten während der Sklaverei geboren; beide waren wahrscheinlich in etwa gleich alt, hatten den gleichen kulturellen Hintergrund und stiegen unter Moses Anleitung in verantwortungsvolle Leitungsaufgaben auf (vgl. 4. Mose 13, 3, 6, 8). Außerdem waren sie mutige Männer, die zu ihren Überzeugungen standen, und nicht vor einer rebellischen israelitischen Mehrheit zurückschreckten, auch nicht unter Lebensgefahr (siehe 4. Mose 13, 30-14.10). Was ihre Beziehung zu Gott anging, waren sie Männer vollkommenen Gehorsams und absoluten Glaubens in die Verheißungen Gottes. 4. Mose 32, Vers 12 berichtet, dass das Gericht Gottes über alle Israeliten von zwanzig Jahren und darüber kam, »ausgenommen Kaleb, der Sohn Jefunnes, des Kenasiters, und Josua, der Sohn Nuns; denn sie sind dem HERRN treu nachgefolgt«.

Die Verbindung zwischen diesen beiden hervorragenden Pionieren war ebenfalls gekennzeichnet durch ein besonderes Maß an **Loyalität**. Während die Situation um das Ausspionieren des verheißenen Landes den Gedanken nahe legt, dass Kaleb möglicherweise mehr angeborene Leitungsfähigkeiten hatte als Josua, wurde doch Letzterer Moses Nachfolger. So bemerkenswert, wie sich Josuas gesamte Leiterschaft am Ende erwies, erlebte er auch das Debakel von Ai (siehe Jos 7, 1-5) und das gibeonitische Fiasko (siehe Jos 9, 3-27). Und während dieser ganzen Desaster lesen wir kein einziges Mal, dass Kaleb Josua kritisiert hätte oder illoyal gewesen wäre oder gar versucht hätte, Josua seine Position als Anführer streitig zu machen. Still im Hintergrund bot er Josua seine volle Unterstützung, bis schließlich die Zeit Gottes für Kaleb kam, dass er sein persönliches Glaubenserbteil, Hebron, in Besitz nehmen konnte (vgl. Jos 14, 6-12). Und Josua entließ seinen Gefährten in diese überaus große Pionierherausforderung mit seinem Segen (V. 13).

In Jonatan und David begegnen wir sozusagen ›den Freunden par excellence‹ im Alten Testament. 1. Samuel 18, berichtet uns, wie ihre Freundschaft begann:

»... verband sich das Herz Jonatans mit dem Herzen Davids, und Jonatan gewann ihn lieb wie sein eigenes Herz ... Und Jonatan schloss mit David einen Bund, denn er hatte ihn lieb wie sein eigenes Herz. Und Jonatan zog seinen Rock aus, den er anhatte, und gab ihn David, dazu seine Rüstung, sein Schwert, seinen Bogen und seinen Gurt.« (Verse 1, 3, 4)

Einmal mehr beobachten wir den Beginn von Gemeinsamkeiten: eine gemeinsame Kultur, beide beten denselben Gott an, zwei tapfere Soldaten. Aber, was hier noch hinzukommt, sie wurden **eines Geistes**, als sie die Einzigartigkeit des anderen auf der Grundlage von gleicher Einstellung, Engagement und Ziel anerkannten.

Der Ausdruck dieses tiefen Verständnisses war ihr **Bund**, der zwischen ihnen ein Band der **Liebe** (vgl. 1. Sam 20, 16f) und des **Vertrauens** (vgl. 1. Sam 20, 14) schuf, das ihr Leben lang halten sollte und sogar alle zukünftigen Generationen mit einschloss (vgl. 1. Sam 20, 15. 42). Als wie haltbar dieser Bund betrachtet wurde, wurde Jahre später in einzigartiger Weise sichtbar, als David beschloss, um Jonatans willen allen lebenden Nachfahren Sauls gegenüber barmherzig zu sein (vgl. 2. Sam 9, 1-7).

Jonatan, der aktivere Teil bei der Schaffung dieser freundschaftlichen Verbindung, demonstrierte das Ausmaß seiner Ergebenheit David gegenüber durch die **großzügige Geste**, ihm seinen Rock, dazu seine Rüstung, sein Schwert, seinen Bogen und seinen Gurt zu geben. Das spontane Hergeben seiner geschätzten Waffen weist symbolisch auf den wesentlichen Bestandteil von **Verletzlichkeit** hin, was charakteristisch für alle transparenten Beziehungen ist.

Aus 1. Samuel 20, Vers 42, wissen wir, dass David und Jonatan einander Freundschaft im Namen Gottes schworen; in Vers 14 desselben Kapitels sagte Jonatan zu seinem Freund: »Du aber wollest die Barmherzigkeit des HERRN an mir tun ...« Beide Bibelstellen heben hervor, dass die beiden Männer nicht nur **Gott ins Zentrum** ihrer Beziehung setzten, sondern dass sie sogar auf **Gott als Vorbild** für die Qualität ihrer Beziehung sahen.

Man könnte noch weitere bemerkenswerte Merkmale der Freundschaft zwischen Jonatan und David untersuchen, wie ihre

Konkurrenzlosigkeit. Wichtiger ist jedoch die Beobachtung, dass Jonatan David wie sich selbst liebte (vgl. 1. Sam 18, 1, 3; 20, 17). Mit anderen Worten, die Grundlage für seine fruchtbare Investition in diese Beziehung zu David war Jonatans **gesunde Eigenliebe.** Im Zusammenhang mit dem Aufbau von Beziehungen tun wir gut daran, im Auge zu behalten, dass niemand einen anderen Menschen wirklich lieben kann, wenn er sich nicht selbst liebt, dass er andere nicht voll und ganz annehmen kann, wenn er sich nicht selbst angenommen hat, dass er andere nur wirklich schätzen kann, wenn er sich selbst wertschätzt.

Wenn wir unsere Aufmerksamkeit nun ›den unbeugsamen Vier‹ zuwenden, Daniel und seinen Freunden Schadrach, Meschach und Abed-Nego, können wir drei weitere Hauptmerkmale biblischer Freundschaften entdecken.

Die vier Männer waren verbunden durch eine **gemeinsame moralische Einstellung.** Als ihre Schulung am babylonischen Hof eine gewisse Diät erforderte, waren sie sich einig in ihrer Weigerung, sich durch den Verzehr unreiner Nahrung und Getränke unrein machen zu lassen (siehe Dan 1, 8-15).

Daniels Angebot an Nebukadnezar, dass er in der Lage wäre, den Traum zu deuten, der den König erschreckte, bereitete das Feld für ein weiteres Schlüsselmerkmal: das **gegenseitige Engagement der Freunde füreinander.** Wir lesen im zweiten Kapitel, wie Daniel seinen Freunden die Situation erklärt (V. 17), und sie dann drängt, Gott um Gnade zu bitten wegen des bestehenden Geheimnisses (V. 18).

Ihre Gebete wurden erhört (V. 19) und Daniel eröffnete dem König die Bedeutung des prophetischen Traums. Nebukadnezar war so dankbar, dass er Daniel reich belohnte und ihn gleichzeitig in die Position des Herrschers über die gesamte Provinz Babylon erhob. Daniel setzte sofort seine neu erlangte Autorität dazu ein, dass seine drei Freunde als Verwalter über die Provinz eingesetzt wurden (siehe 2, 48f), wodurch er ein weiteres Schlüsselelement biblischer Freundschaft vorstellte — **Dienstbarkeit.**

Zum Schluss seien die folgenden erkenntnisreichen **Grundsätze der Freundschaft aus den Sprüchen des Königs Salomo** zum Nachdenken empfohlen:

»Ein Freund liebt allezeit, und ein Bruder wird für die Not geboren.« (17, 17)

»Es gibt Allernächste, die bringen ins Verderben, und es gibt Freunde, die hangen fester an als ein Bruder.« (18, 24)

»... süß ist der Freund, der wohl gemeinten Rat gibt.« (27, 9)

»Die Schläge des Freundes meinen es gut ...« (27, 6)

»Wer ein reines Herz und liebliche Rede hat, dessen Freund ist der König.« (22, 11)

»Wer Verfehlung zudeckt, stiftet Freundschaft; wer aber eine Sache aufrührt, der macht Freunde uneins.« (17, 9)

»Von deinem Freund und deines Vaters Freund lass nicht ab ...« (27, 10)

4.3 Strategische Freundschaften für das Reich Gottes

Die Beziehung zwischen Christus und Seinen Männern war eine strategische Freundschaft für das Reich Gottes. Auf der einen Seite diente sie dazu, ihren Horizont zu erweitern, auf der anderen Seite diente sie dazu, das Reich Gottes auszudehnen. Während die Freundschaft von Christus sie in die Lage versetzte, die Berufung für ihr Leben anzunehmen und ihre Möglichkeiten voll auszuschöpfen, öffnete sie ihnen auch die Tür für eine bedeutende Mitarbeit bei der weltweiten Sache Gottes und damit zu einem beträchtlichen geistlichen Erbe.

Für jeden Leiter, der sein Schicksal zu finden sucht und seine Möglichkeiten in Gott ausschöpfen will, sind strategische Freundschaften für das Reich Gottes unverzichtbar. Beziehungen dieser Art, so kann man beobachten, sind gekennzeichnet durch Elemente wie

- ein gemeinsames geistliches Ziel
- ein opferbereites Engagement füreinander
- völlige Offenheit
- vollkommenes Vertrauen
- großes Vertrauen in Gebetsunterstützung.

Weil Freundschaften dieser Art für das Reich Gottes von absolut lebenswichtigem Wert sind, erfordern sie auch ganz besondere Aufmerksamkeit. Sie müssen sorgfältig geschützt werden, nicht zuletzt, weil sie zu den bevorzugten Zielen der Mächte der Finsternis werden können. Außerdem beanspruchen sie eine besondere Investition an Zeit, Kommunikation und Gebet.

Insofern es um langfristige Mentoren-Beziehungen geht, sollte man alle Beziehungen, die unter Gottes Leitung begonnen und gepflegt werden, in diesem Licht betrachten. Selbst wenn sich eine Schulungsverbindung ihrem Ende zuneigt, sollte die Freundschaft weiterhin andauern und weiter Frucht für das Reich Gottes tragen. Anders gesagt, alle von Gott ausgehenden Mentoren-Beziehungen sind auf lebenslange Dauer angelegt.

Die christliche Geschichte liefert einige faszinierende Beispiele für strategische Freundschaften für das Reich Gottes.

Über die vergangenen paar Jahrhunderte war wahrscheinlich kein anderer Diener Gottes so hoch gerühmt für sein heiliges Leben wie John Fletcher (1729-1785), der Vikar von Madeley und Freund von John Wesley. Über Fletcher lesen wir erstaunliche Aussagen wie:

»... es war das Vermächtnis von zahllosen Gläubigen seiner Generation, dass wenn ein Mann dem höchsten Standard der Heiligkeit nahe käme, dann wäre es John Fletcher.«[13]

»Für mich ist Fletcher der heiligste Mann, der jemals auf der Erde lebte, seit dem apostolischen Zeitalter.«[14]

»Niemand hat je eine Stunde mit dem Vikar von Madeley verbracht, ohne geistliche Fortschritte gemacht zu haben.«[15]

Und John Wesley bemerkte in seinem Bericht über das Leben Fletchers:

> »Ich war dreißig Jahre lang eng mit ihm befreundet. Ich unterhielt mich mit ihm morgens, mittags und abends ohne den geringsten Vorbehalt, während einer Reise von vielen hundert Meilen; und in der ganzen Zeit hörte ich ihn kein einziges unpassendes Wort sprechen oder sah ihn keine einzige unpassende Handlung tun. Ich fasse zusammen: In achtzig Jahren habe ich viele herausragende Männer kennen gelernt, mit einem frommen Herzen und einem frommen Leben: Aber mir ist keiner begegnet, der ihm das Wasser reichen könnte; ein Mann, der Gott so gleichmäßig und tief ergeben ist. Einen in jeder Hinsicht so untadeligen Mann habe ich weder in Europa noch in Amerika jemals getroffen. Ich erwarte auch nicht, einen solchen auf dieser Seite der Ewigkeit noch einmal zu treffen.«[16]

Durch seine persönliche Hingabe als Freund, seine Loyalität, seine Hilfsbereitschaft, seinen frommen Rat und seine Gebete, erwies Fletcher Wesley einen unschätzbaren Dienst. Kein Wunder, dass der Gründer des Methodismus Fletcher als seinen Nachfolger haben wollte. Durch sein beispielhaft frommes Leben und seine Schriften, die in bedeutender Weise zu der Kristallisation einer methodistischen Theologie beitrugen, sicherte John Fletchers Einfluss ein reiches geistliches Erbe während der frühen Tage der Bewegung und darüber hinaus.

Als der einundzwanzig Jahre alte J. Hudson Taylor (1832-1905) England verließ, um nach China zu gehen, hinterließ er einen tiefen Eindruck bei einem Händler aus East Grinstead mit Namen William T. Berger. Das war der Beginn einer langjährigen Freundschaft. William Berger begann eine Korrespondenz mit Hudson in China und später unterstützte er ihn auch finanziell. Er wurde ein zuverlässiger Ratgeber und wurde mit der Zeit zum Leiter der Heimatzentrale der *China Inland Mission* (C.I.M.). Durch praktische Hilfestellung auf vielerlei Weise und durch Gebet konnte er den sich ausweitenden Dienst dieser hervorragenden Missionsgesellschaft bedeutend erleichtern.

Eine andere strategische Freundschaft entwickelte sich zwischen Hudson Taylor und Georg Müller aus Bristol (1805-1898). Während der ersten Zeit der Arbeit in China, wurde Hudson von seinem Diener bestohlen. Anstatt Anzeige zu erstatten, beschloss der junge Missionar, ihm zu vergeben. Müller war durch diese christusgemäße Reaktion so tief beeindruckt, dass er Hudson ein Geschenk schickte, um ihm den entstandenen Schaden zu ersetzen. Dann begann er nicht nur für Taylor zu beten, er spendete von da an auch regelmäßig. Später, als er bereits mehrere C.I.M.-Mitglieder finanziell unterstützte, bat er den Leiter der Heimatzentrale um weitere Adressen von Missionaren, die eine Unterstützung verdienten. Als William Berger ihm sechs Namen nannte, entschloss sich Müller, die Förderung von allen sechs zu übernehmen. Seine ermutigenden Worte, großzügigen Geschenke und ganz besonders seine frommen und kraftvollen Gebete leiteten wichtige Segensquellen in Hudson Taylors Leben und auch in die Missionsarbeit in China.

Viele betrachten den Amerikaner Charles Grandison Finney (1792-1875) als den größten Erweckungsprediger aller Zeiten. Man nimmt an, dass aufgrund seiner Arbeit nicht weniger als eine halbe Million Menschen zu Christus bekehrt worden sind. Seine Autobiographie ist zweifellos eines der bemerkenswertesten Dokumente dafür, wie der Heilige Geist mächtig durch ein geweihtes und gesalbtes Werkzeug in der Hand Gottes wirken kann.

Dagegen kennen nicht viele Rev. Daniel Nash (1775-1831), der häufiger ›Vater Nash‹ genannt wurde. Ausgestattet mit einem enormen Glauben, war Nash ein großer Kämpfer im Gebet, dessen Verdienste durch Fürbitten legendär wurden. Oft betete er mit Finney, dann wieder betete er für ihn, wenn Finney am Wort diente. Es wird berichtet, dass Nash auf den Knien liegend verstarb. Wer kann sagen, wie viele Seelen er zu Lebzeiten durch seine Gebete vorbereitet hat, damit sie durch Finneys Predigten den Weg zu Gott fänden?

Einen einzigartigen Platz unter den strategischen Freundschaften für das Reich Gottes von historischem Interesse besetzt die Verbindung zwischen dem bekannten Theologen und Pastor aus Neuengland, Jonathan Edwards (1703-1758) und dem Pioniermissionar David Brainerd (1718-1747). Nach einer bemerkenswerten Zeit des Wirkens unter den nordamerikanischen Indianervölkern starb Brainerd an Tuberkulose im Hause Edwards im Alter von nur 29 Jahren. Der puritanische Prediger beschloss, das Leben und das Tagebuch seines Freundes, einem großen Mann des Gebets mit einem enormen Hunger nach Gott, zu veröffentlichen. Einige glauben, dass diese Veröffentlichung neben der Bibel das einflussreichste Buch in der Geschichte der Missionen war. Unter den bedeutenden Männern Gottes, die dieses außergewöhnliche Glaubensleben studiert haben und sich davon beeinflussen ließen, waren John Wesley, Robert Morrison, Edward Payson, Asa Mahan, Robert Murray M'Cheyne, David Livingstone und Andrew Murray.

Jeder wahre Leiter bemüht sich ständig, den Maßstab für sein eigenes Leben höher anzusetzen als für seine Nachfolger. In dieser Hinsicht verdient der Bereich der strategischen Glaubensfreundschaften allerhöchste Aufmerksamkeit. Leiter, die nach einem Wachstum in Christus und nach fruchtbarem Dienst streben, müssen solchen qualitätvollen Freundschaften immer den Vorrang geben, andernfalls ersticken sie ihren persönlichen geistlichen Fortschritt und die Ausbreitung des Reiches Gottes.

4.4 Freunde finden und behalten

Bevor ich dieses Kapitel abschließen kann, scheint es angebracht und notwendig, einige weitere Ideen aufzunehmen, die für die praktische Unterstützung vertrauensvoller Beziehungen förderlich sind.

Wir sind uns aus den alltäglichen Erfahrungen alle bewusst, dass sich unsere Beziehungen zu Menschen sehr stark unterscheiden. Ob wir uns anderen Menschen anschließen, um gesellschaftliche Kontakte zu pflegen, um Spaß zu haben, um intellektuelle Impulse zu bekommen, um uns gemeinsam einem Hobby zu widmen, um Verantwortung zu übernehmen, um gemeinsam zu beten, uns bei ihnen Rat zu holen, um eine Ausbildung zu bekommen oder eine

Leiterschulung zu machen — in jedem Fall unterscheidet sich die Beziehung je nach dem zugrunde liegenden besonderen Ziel.

Ein weiterer bedeutender Aspekt ist die Unterscheidung zwischen losen und tiefen Beziehungen. Lose Kontakte werden gewöhnlich durch Faktoren bestimmt wie z. B. gemeinsame Arbeit, Interessen, Umgebung etc. (z. B. Kollegen, Klassenkameraden, Teammitglieder, Nachbarn). Nur gelegentlich wird über private Dinge gesprochen; wenn Probleme oder Krisen aufkommen, kann aus diesem Umfeld meistens keine Hilfe erwartet werden; eine solche Verbindung ist auch meistens zeitlich begrenzt.

Tiefe Beziehungen dagegen sind charakterisiert durch gewisse Erwartungen und Erfordernisse:

Erwartungen	*Erfordernisse*
Ehrlichkeit	Offenheit
Vertrauen	Vertrauenswürdigkeit
Treue	Engagement
Zuverlässigkeit	Verletzlichkeit
Respekt	Demut
Gemeinschaft	Annahme
Qualitätsaustausch	ausreichende Ansprechbarkeit
Beständigkeit	Konsequenz

Alle auf längere Zeit angelegten Verbindungen zum Zwecke der Leiterausbildung sollten so betrachtet werden, dass sie in diese Kategorie der tiefen Beziehungen gehören. **Wer sich als Mentor versuchen will, ohne dies auf der Grundlage einer Freundschaftsbeziehung zu tun, wird unweigerlich ein schlechtes Ergebnis erzielen, wenn nicht sogar ganz scheitern.**

Darum wird es sehr nützlich sein, wenn man sich zusätzlich zu den kurzen Leitlinien, die ich in Abschnitt 3.4 skizziert habe, die folgenden **acht Grundsätze für den Aufbau und den Erhalt von engen Beziehungen** merkt und anwendet:

1. Übernehmen Sie persönlich Verantwortung für die Pflege der Beziehung.

Viele Menschen, und nicht zuletzt Leiter, haben herausgefunden, dass die Aufrechterhaltung von Beziehungen über eine längere Zeit eine ständige Anstrengung von ihnen erfordert. Der Wunsch und die Erwartung, Kommunikation in derselben Qualität und Häufigkeit zu bekommen, wie man sie gegeben hat, oder genauso oft wieder eingeladen wird, etc. wird wahrscheinlich niemals erfüllt. Darum sollten wir die Initiative ergreifen, eine Beziehung zu pflegen, wenn wir glauben, dass sie es wert ist, aufrechterhalten zu werden.

2. Beten Sie beständig für die Beziehung.

Wie tief Ihre Beziehung zu einem anderen Menschen wachsen kann und wird, wird viel mehr von Ihren stillen Gebeten bestimmt als von Ihrer offenen Kommunikation. Wie es in der Freundschaft zwischen Jonathan und David offensichtlich war, entwickelte sich ihre Verbindung in dem beobachteten Ausmaß, weil Gott in ihrer Mitte war. **Die Manifestation der Gegenwart Gottes und Seiner Gnade in einer Beziehung hängt im Wesentlichen von den zu diesem Ziel investierten Gebeten ab.**

3. Gehen Sie ehrlich mit Ihren Unsicherheiten um.

Ihr Partner überrascht Sie vielleicht dadurch, dass er höher gebildet ist, mehr Erfahrung, mehr Talent oder mehr Einfluss hat. Vielleicht erscheint er selbstsicherer oder erfolgreicher, könnte aus einem unbekannten kulturellen Hintergrund kommen oder er hat vielleicht ein Temperament, das sich von dem Ihren sehr unterscheidet. Stellen Sie sicher, dass Sie in die Beziehung nicht irgendwelche Unsicherheiten mit einbringen.

4. Legen Sie großen Wert auf Kommunikation.

Gute Kommunikation beginnt mit der Bereitschaft und dem Können, einem anderen Menschen ›mit Kopf und Herz‹ zuzuhören. Denken Sie auch daran, dass das Bedürfnis nach Kommunikation von Ihrer Seite ehrlich, klar, angemessen, regelmäßig und aufmerksam ist. Schützen Sie sich vor der Gefahr, zu einem unpassenden Zeitpunkt von sich zu reden und vermeiden Sie Schranken, die durch Lächerlichkeiten, Kritik, Bedrohung und Anklagen heruntergehen können.

5. Pflegen Sie die Beziehung in verschiedenen Bereichen.

Obwohl das Hauptziel in einer Mentorenverbindung ist, geistliche Entwicklung zu fördern, sollten verschiedene Formen sozialer Kontakte einen hohen Stellenwert bei Ihnen haben. Solch eine Beziehung vertieft sich nicht nur durch gemeinsames Gebet, Studium und Gottesdienste, sondern auch in beträchtlichem Maße durch gemeinsames Ausspannen, Sport treiben, Reisen etc. Je enger der Kontakt, desto stärker der Einfluss. Nähe ist die Frucht qualitätvoller Zeit, die zusammen verbracht wird; der Inhalt solcher wertvollen Gelegenheiten kann sehr unterschiedlich sein.

6. Praktizieren Sie biblisches ›Miteinander‹.

Das Wort Gottes ist immer noch das allerbeste Handbuch über menschliche Beziehungen. Das Buch der Sprüche enthält in dieser Hinsicht zahlreiche Juwelen der Weisheit. Besonders hilfreich ist jedoch die relativ große Anzahl von Ermahnungen im Neuen Testament, hinsichtlich der Art und Weise, wie wahre Christen miteinander umgehen sollten; darunter begegnen wir zum Beispiel:

- einander annehmen (vgl. Röm 15, 7)
- einander lieben (vgl. Joh 13, 34)
- sich umeinander kümmern (vgl. 1. Kor 12, 25)
- des anderen Lasten tragen (vgl. Gal 6, 2)

- sich einander unterordnen (vgl. Eph 5, 21)
- einander dienen (vgl. Gal 5, 13)
- miteinander einer Meinung sein (vgl. 1. Kor 1, 10)
- füreinander beten (vgl. Jak 5, 16)
- einander vergeben (vgl. Eph 4, 32)
- einander ehren (vgl. Röm 12, 10)
- einander ermahnen (vgl. Kol 3, 16)
- einander aufbauen (vgl. 1. Thess 5, 11).

7. Seien Sie beständig.

Es ist von großer Wichtigkeit, sich in den kleinen Dingen als zuverlässig zu erweisen. Darüber hinaus seien Sie loyal, halten Sie zu Ihrem Freund, auch bei Enttäuschungen und Scheitern; wenn nötig, begegnen Sie ihm in Liebe. Seien Sie positiv, aber schützen Sie sich gegen Entmutigung und Unglauben. Zeigen Sie Ausdauer in dem Wissen, dass wer Gott vertraut, niemals zuschanden wird (vgl. Jes 28, 16).

8. Hören Sie nicht auf, in Gott zu wachsen.

Wir dürfen niemals die Tatsache aus den Augen verlieren, dass die Auswirkung unseres Lehrens aus dem Wort Gottes, der Einfluss des Lebensstils, den wir führen, und die Fähigkeit, in unserer Gemeinschaft mit anderen Gnade walten zu lassen, von der Lebendigkeit unserer persönlichen Beziehung zu Gott abhängt. **Wenn wir den Wunsch haben, uns von Gott benutzen zu lassen zur Ausbildung von Leitern, dann sollten wir einen noch größeren Wunsch haben, den gemeinsamen Weg mit Ihm noch enger zu gehen.**

Kapitel 5

Vorbild sein

»... Und als er heimkam, kam ihm Jesus zuvor und fragte:
Was meinst du, Simon? Von wem nehmen
die Könige auf Erden Zoll oder Steuern:
von ihren Kindern oder von den Fremden?
Als er antwortete: Von den Fremden, sprach Jesus zu ihm:
So sind die Kinder frei. Damit wir ihnen aber keinen
Anstoß geben, geh hin an den See und wirf die Angel aus,
und den ersten Fisch, der heraufkommt, den nimm;
und wenn du sein Maul aufmachst,
wirst du ein Zweigroschenstück finden;
das nimm und gib's ihnen für mich und dich.«
(Matthäus, 17, 25-27)

Das obige Gespräch, von dem nur im Matthäusevangelium berichtet wird, war das Ergebnis eines Gesprächs zwischen Simon und den Steuereinnehmern, die von ihm wissen wollten, ob sein Lehrer die Tempelsteuer bezahlte. Der Fischer hatte kurz und knapp ihre Frage bejaht (siehe Mt 17, 24f).

Sein Mentor jedoch sah einen Anlass, diese Begebenheit zu nutzen, indem er sie mit einer Einzellektion für seinen bevorzugten Leitungsschüler verband. Ganz besonders wünschte ER, dass Simon ein tieferes Verständnis für Seine Motivation erlangte, die Tempelsteuer zu befürworten.

Auf der Grundlage von 2. Mose 30, Verse 11 bis 16, wurde diese Steuer jedem männlichen Juden über zwanzig Jahre abverlangt. Es war keine städtische, sondern eine Kultussteuer, die in den Tempelschatz gezahlt wurde, damit die laufenden Ausgaben für die

Unterhaltung des Heiligtums daraus bezahlt werden konnten. Jedoch waren alle Fremden von dieser Steuer befreit, so auch die Söhne des Königs.

Die Frage von Jesus an Simon sollte ihn aufmerksam machen auf die Tatsache, dass so wie Könige Steuern von ihren Untertanen, nicht aber von ihren Söhnen, verlangen, so hätte der Sohn Gottes mit Recht verlangen können, von der Zahlung der Unterhaltskosten für Seines Vaters Haus befreit zu werden. Aber anstatt Sein göttliches Recht zu verteidigen, folgte Christus der Aufforderung.

Damit bewies ER − der Sohn − äußerste Demut, vor allem motiviert durch Seinen Wunsch, kein unnötiges Aufsehen zu erregen, nicht einmal bei denen, die außerhalb des Reiches Gottes standen. Vielmehr konfrontierte die Art, in der Jesus die Antwort auf die aktuelle Frage anging und sicherstellte, Simon mit einem bemerkenswerten Beispiel von

- Unterordnung gegenüber einer Autorität
- Weisheit
- Glaube an die übernatürliche Fürsorge Gottes
- Sorge
- Großzügigkeit.

Ganz besonders an dem Ausdruck »... Damit wir ihnen aber keinen Anstoß geben ...« (Mt 17, 27; Betonung hinzugefügt), können wir erkennen, dass das Interesse des Meisters in diesem Zusammenhang in erster Linie ein didaktisches war. Er wollte, dass Sein Schützling an Seinem Vorbild sehen und lernen konnte, wie man sich in ähnlichen Situationen verhält, denen er in der Zukunft begegnen würde. Zu diesem Zweck ließ ER seinen engen Freund nicht nur mit einem theoretischen Grundsatz stehen, sondern lieferte ihm eine praktische Erfahrung, ja sogar ein Wunder. ER lieferte ihm einen Präzedenzfall in Verhalten, der sich unauslöschlich in Simons Erinnerung eingrub, bereit, ihm als Handlungsrichtlinie für die nächsten Jahre zu dienen.

Jesus ehrte Simon, indem ER ihm das Privileg einer besonderen Privatstunde gewährte. Außerdem bewies ER seine tiefe Sorge für Seinen Schüler, indem ER großzügig den erforderlichen Steuerbetrag auch für ihn besorgte. Die wunderbare Antwort auf ihrer beider Bedürfnisse lieferte Simon übrigens den schlagenden Beweis für die Wahrheit, die in Matthäus 6, Vers 33 ausgedrückt ist, dass denen, die zuerst nach dem Reich Gottes und nach seiner Gerechtigkeit trachten, das alles zufallen wird.

5.1 Der Herr Jesus als Richtschnur

Als Christus Seine Männer aufforderte, Ihm nachzufolgen (vgl. Joh 1, 43; Mt 16, 24; 10, 38; Joh 8, 12; 12, 26), hatte dies weit reichende Auswirkungen, denn ER erwartete von ihnen,

- dass sie Seiner Stimme wie der eines Hirten folgen
- dass sie Seiner Richtungsweisung wie der eines Leiters folgen
- dass sie Seine Anweisungen befolgen wie die eines Lehrers
- dass sie Seine Einstellungen wie die ihres Meisters befolgen
- dass sie Seine Gebote wie die ihres Herrn befolgen
- dass sie Seiner Förderung als ihres Mentors folgen
- dass sie Seinem Beispiel wie die ihres Vorbilds folgen.

Alles in allem erwartete ER von ihnen, dass sie ihr Leben und Wirken, die Gesamtheit ihrer Existenz an Seinem Vorbild orientierten.

Es ist besonders bemerkenswert, dass unter den Mitgliedern der Schülergruppe Simon der Einzige war, der dreimal aufgefordert wurde, Jesus nachzufolgen, einmal zu Beginn dieser Verbindung mit Ihm (siehe Mt 4, 19) und zweimal zum Ende hin (siehe Joh 21, 19. 22). Dies betont die Tatsache, dass von Anfang bis Ende dieses Leiterschaftsprogrammes kein höheres und tieferes Entwicklungsprinzip für Simon galt, als dem Beispiel seines Lehrers zu folgen.

Damit der Wunsch des Herrn Jesus mitanzusehen, wie sich Seine Gefährten nach Seinem Vorbild entwickelten, realisiert werden konnte, bedurfte es der Lernbereitschaft und des Gehorsams auf ihrer Seite. Es war ihre vertraute Beziehung, ihre Freundschaft zu Jesus, die beides unterstützte und sicherte. Weil sie Ihn liebten, waren sie bereit, zu lernen und zu üben, was ER ihnen vorlebte. **Weil sie** mehr und mehr die Tiefe, Kraft und Schönheit Seines Wesens entdeckten, wollten sie mehr und mehr wie ER werden. Seine Persönlichkeit strahlte ansteckende Kraft aus; ihre Bewunderung und Wertschätzung führte zu Hingabe und Nachahmung.

Die Beziehungsnähe zu Seinen Freunden ermöglichte es Jesus Christus, Sein Bild in sie einzupflanzen. So wie ER sich selbst gab, indem ER sie mit Seinen Vorstellungen durchdrang, sie in Seinen Geist eintauchte, sie durch Sein Beispiel stimulierte, wurden ihre Persönlichkeiten erweitert, bereichert und verwandelt. So wie sie Seine Einstellung, Gedankengänge und Handlungsweisen aufsaugten, nahmen sie Seine Denk- und Handlungsweisen an.

Eine Lerntheorie besagt, dass der größte Teil des menschlichen Verhaltens durch die Beobachtung von Vorbildern angeeignet wird. **Vorbild sein ist also die natürlichste und wirkungsvollste Art, Menschen zu beeinflussen.** Die Bildung des Charakters, die Formgebung von Haltung und Verhalten, wird am effektivsten durch Vorbilder realisiert, was den Einflussschwerpunkt vom Lehren zum Sein verlagert.

Christus als Mentor baute Sein Training der Zwölf auf der Grundlage auf, dass alle bedeutenden Lektionen in Leiterschaft, die sie für ihre zukünftige Rolle als Seine authentischen Zeugen und vertrauenswürdige Botschafter lernen mussten, bereits in Seinem persönlichen Beispiel sichtbar waren. Er handelte nach dem Rezept, dass Menschen mehr beeinflusst werden durch das, was sie sehen, als durch das, was sie hören, dass eine sichtbare Demonstration eine tiefere Furche ins Gedächtnis gräbt als theoretische Ausbildung.

Der Meister ließ keinen Zweifel daran, dass ER das Vorbild, das ER für Seine Nachfolger darstellte, als maßgebend betrachtete. In Matthäus 11, Vers 29 befahl ER ihnen, von Ihm zu lernen, Johannes 13, Vers 15 betonte, dass ER ein Beispiel für sie aufstellte, das sie sich aneignen sollten, in Johannes 20, Vers 21 beauftragte ER die Elf, ihren zukünftigen Dienst genauso zu versehen wie ER den Seinen. Nach Lukas 6, Vers 40 definierte ER das oberste Ziel ihrer Ausbildung, dass sie sein sollten wie ihr Lehrer, also wie ER selbst.

Von fundamentaler Bedeutung für unser Verständnis ist die Tatsache, dass es für alle Orte, Menschen, Kulturen und Zeiten **nur** ein geistliches Leitervorbild gibt, das die volle Billigung und den Segen Gottes erwarten kann — das Vorbild Seines Sohnes. Es ist das einzige Vorbild, das Gott gefällt, es ist das einzige, das aus Seiner Sicht wert ist, kopiert zu werden. Jeder andere Ansatz, den sich menschliche Weisheit ausgedacht hat, ist von Anfang an zu einer Übung in Nutzlosigkeit verurteilt.

Gleichzeitig muss man sich klarmachen, dass es unmöglich ist, Christus ohne göttliche Unterstützung nachzuahmen und Ihn anderen zu veranschaulichen. Christus wirklich nachzufolgen bedeutet keinen vergeblichen Kampf mit dem Fleisch, um das Beispiel des historischen Jesus zu kopieren, sondern vielmehr die aktuelle Erfahrung mit der Ermächtigung durch den Heiligen Geist, um das Bild des innewohnenden Christus vorzustellen. Alle Gläubigen, die jemals das neue Leben in Jesus Christus begonnen haben, »haben Christi Sinn« (1. Kor 2, 16). Aber dann — mit Hilfe göttlicher Unterstützung — müssen sie ständig verändert (vgl. Röm 12, 2) und immer mehr nach dem Bild von Christus geformt werden (vgl. Röm 8, 29).

Diese Sichtweise hilft uns, die Sehnsucht von Charles Wesley (1707-1788), dem großen methodistischen Lieddichter, zu verstehen und zu schätzen, denn

> »Ein demütig, bescheiden, reuig Herz,
> gläubig, wahr und rein;
> Was weder Leben noch Tod kann scheiden
> von Ihm, der in ihm wohnt;
> Ein Herz in jedem Gedanken erneuert,
> Und voller göttlicher Liebe;
>
> Vollkommen, rechtschaffen, und rein und gut,
> Ein Abbild, Herr von Dir!«[17]

Ein Leben, in dem das Herz von Christus seinen Ausdruck durch Seinen Nachfolger findet, ist sowohl das Geheimnis geistlicher Fruchtbarkeit wie auch die Antwort auf die tiefsten Bedürfnisse der Welt.

In einer Zeit, da viele Menschen anscheinend rein intellektuelle Aufnahme als ausreichend betrachten, um alle Arten von Missständen in der Leiterschaft zu beheben, tut man gut daran, sich zu erinnern, dass **ein beständiges christliches Vorbild immer noch das unvergleichlich beste Mittel ist, andere zu geistlicher Reife und Christusähnlichkeit zu bringen.** Dementsprechend sollten sich alle, die in der weltweiten Sache von Christus als Leiter engagiert sind, ständig fragen: »Folge ich Christus wirklich nach?«, und die, die geführt werden, sollten fragen: »Welche Eigenschaft dieses Leiters hilft mir dabei, Christus noch besser nachzufolgen?«

5.2 Vorbild sein in Wort, Tat und Haltung

Wenn wir uns vor Augen halten, dass das Vorbild-sein das wichtigste Mittel für Leiter ist, auf Menschen Einfluss zu nehmen, müssen wir uns klarmachen, dass das Beispiel, das ein Leiter durch sein Reden, sein Verhalten und seine Veranlagung gibt, überaus großes Gewicht hat.

Damit wir die verschiedenen praktischen Anweisungen in diesem Zusammenhang besser verstehen können, bietet uns das Wort Gottes zwei wichtige Lehrquellen: das Beispiel von Jesus Christus und ›die Anweisungen für ein Leben in Weisheit‹, das Buch der Sprüche.

Wenn wir untersuchen, wie der Herr Jesus durch Seine Worte Vorbild war, beobachten wir:

- ER redete Gottes Worte (vgl. Joh 3, 34, 17, 8. 14)
- ER sagte die Wahrheit (vgl. Joh 8, 45)
- ER benutzte Worte der Gnade (vgl. Lk 4, 22)
- ER lehrte mit Vollmacht (vgl. Mk 1, 22)
- Seine Worte waren Leben (vgl. Joh 6, 63)
- Seine Worte machten rein (vgl. Joh 15, 3)
- ER sprach aufmerksam (vgl. Mk 5, 30)
- ER tröstete (vgl. Lk 7, 13)
- ER warnte (vgl. Mk 8, 15)
- ER wusste, wann es besser war, nicht zu sprechen (vgl. Mt 15, 23; 26, 63; 27, 14)

Das Buch der Sprüche macht uns mit einer Reihe von wertvollen Kommunikationsprinzipien vertraut, so zum Beispiel:

»Tod und Leben stehen in der Zunge Gewalt ...« (18, 21)

»Viel Gutes bekommt ein Mann durch die Frucht seines Mundes ...« (12, 14)

»Des Gerechten Mund ist ein Brunnen des Lebens ...« (10, 11)

»Das Herz des Gerechten bedenkt, was zu antworten ist; aber der Mund der Gottlosen schäumt Böses.« (15, 28)

»Ein Wort, geredet zu rechter Zeit, ist wie goldene Äpfel auf silbernen Schalen.« (25, 11)

»Wo viel Worte sind, da geht's ohne Sünde nicht ab; wer aber seine Lippen im Zaum hält, ist klug.« (10, 19)

»Wer seine Zunge hütet, bewahrt sein Leben ...« (13, 3)

»Wer unvorsichtig herausfährt mit Worten, sticht wie ein Schwert; aber die Zunge der Weisen bringt Heilung.« (12, 18)

»Eine linde Antwort stillt den Zorn; aber ein hartes Wort erregt Grimm.« (15, 1)

»Wer seinem Nächsten schmeichelt, der spannt ihm ein Netz über den Weg.« (29, 5)

»Wer einen Menschen zurechtweist, wird zuletzt Dank haben, mehr als der da freundlich tut.« (28, 23)

»Eine falsche Zunge hasst den, dem sie Arges getan hat ...« (26, 28)

Im Hinblick auf Seine Taten war Jesus auf folgende Art Vorbild:

- ER betete (vgl. Lk 9, 18)
- ER predigte und lehrte (vgl. Lk 3, 18; 4, 15)
- ER heilte und trieb Dämonen aus (vgl. Mk 1, 34)
- ER bildete Leiter aus (vgl. Mk 1, 17)
- ER diente (vgl. Mk 10, 45)
- ER ermutigte (vgl. Mt 16, 17f)
- ER tadelte (vgl. Mt 16, 23)
- ER segnete (vgl. Mk 10, 16)
- ER vergab (vgl. Lk 23, 34)
- ER weinte (vgl. Joh 11, 35)

Unter Salomos Empfehlungen (Sprüche) für weises Verhalten stoßen wir auf:

»Wer mit den Weisen umgeht, der wird weise; wer aber der Toren Geselle ist, der wird Unglück haben.« (13, 20)

»Das Ohr, das da hört auf heilsame Weisung, wird unter den Weisen wohnen.« (15, 31)

»Wer Zucht verwirft, der macht sich selbst zunichte; wer sich aber etwas sagen lässt, der wird klug.« (15, 32)

»Wer auf das Wort merkt, der findet Glück; und wohl dem, der sich auf den HERRN verlässt!« (16, 20)

»Wer der Gerechtigkeit und Güte nachjagt, der findet Leben und Ehre.« (21, 21)

»Der Gerechte findet seine Weide ...« (12, 26)

»Befiehl dem HERRN deine Werke, so wird dein Vorhaben gelingen.« (16, 3)

»Recht und Gerechtigkeit tun ist dem HERRN lieber als Opfer.« (21, 3)

»Weigere dich nicht, dem Bedürftigen Gutes zu tun, wenn deine Hand es vermag.« (3, 27)

»Wer seine Ohren verstopft vor dem Schreien des Armen, der wird einst auch rufen und nicht erhört werden.« (21, 13)

»Das Geschenk des Menschen schafft ihm Raum und bringt ihn zu den großen Herren.« (18, 16)

»Wer ein gütiges Auge hat, wird gesegnet ...« (22, 9)

Im Bereich der **Grundüberzeugung** war der Herr Jesus Vorbild in:

- Liebe (vgl. Joh 13, 34)
- Glaube (vgl. Joh 11, 42)
- Demut (vgl. Mt 11, 29)
- Unterordnung (vgl. Mt 26, 39. 42. 44)
- Ehrlichkeit (vgl. Mt 22, 16)
- Sanftmut (vgl. Mt 11, 29)
- Mitleid (vgl. Mt 9, 36)
- Barmherzigkeit (vgl. Joh 8, 10f)
- Freude (vgl. Lk 10, 21)
- Eifer (vgl. Joh 2, 13-17)

Einmal mehr liefert uns das Buch der Sprüche weitere Einsichten durch Juwelen der Wahrheit:

»Behüte dein Herz mit allem Fleiß ...« (4, 23)

»Die Furcht des HERRN ist eine Quelle des Lebens ...« (14, 27)

»Die Furcht des HERRN ist Zucht, die zur Weisheit führt, und ehe man zu Ehren kommt, muss man Demut lernen.« (15, 33)
»… durch die Furcht des HERRN meidet man das Böse.« (16, 6)

»… dem HERRN gefallen … die aber treulich handeln.« (12, 22)

»… den Frommen ist der HERR Freund.« (3, 32)

»Gnade und Treue sollen dich nicht verlassen. Hänge meine Gebote an deinen Hals und schreibe sie auf die Tafel deines Herzens, so wirst du Freundlichkeit und Klugheit erlangen, die Gott und den Menschen gefallen.« (3, 3f)

»… wer aber das Gebot fürchtet, dem wird es gelohnt.« (13, 13)

»Ein Mann, der [a]seinen Zorn nicht zurückhalten kann, ist wie eine offene Stadt ohne Mauern.« (25, 28)

»Wer geduldig ist, der ist weise; wer aber ungeduldig ist, offenbart seine Torheit.« (14, 29)

»Wo man nicht mit Vernunft handelt, da ist auch Eifer nichts nütze; und wer hastig läuft, der tritt fehl.« (19, 2)

»Sorge im Herzen bedrückt den Menschen …« (12, 25)

»Wer zugrunde gehen soll, der wird zuvor stolz; und Hochmut kommt vor dem Fall.« (16, 18)

5.3 Der Kern von Paulus' Strategie der Leiterausbildung

Im Zusammenhang mit seinem Bekehrungserlebnis betrat Paulus eine veränderte geistliche Existenz. Er bekam nicht nur neues Leben von Christus, Christus wurde sein Leben (vgl. Kol 3, 4). Wie er den Herrn Christus Jesus angenommen hatte, so lebte er auch in Ihm und war in Ihm gegründet (vgl. Kol 2, 6). In Christus fand er unermessliche und unerschöpfliche göttliche Schätze:

- Vergebung (vgl. Eph 1, 7)
- Reinigung (vgl. 1. Kor 6, 11)
- Frieden (vgl. Phil 4, 7)
- Freude (vgl. Phil 4, 4)
- Gnade (vgl. Eph 1, 6)
- Liebe (vgl. Röm 8, 39)
- Hoffnung (vgl. 1. Kor 15, 19)
- Weisheit (vgl. 1. Kor 1, 24)
- Kraft (vgl. 1. Kor 1, 24)
- Freiheit (vgl. Gal 2, 4)
- Sieg (vgl. 1. Kor 15, 57)
- alles Gute (vgl. Phlm 6)
- allen geistlichen Segen (vgl. Eph 1, 3)
- alle Fülle Gottes (vgl. Kol 1, 19)

In dem Bewusstsein, dass sein Leben »verborgen mit Christus in Gott« war (Kol 3, 3), und dass er Christi Sinn hatte (vgl. 1. Kor 2, 16), machte es Paulus zu seinem ausdrücklichen Ziel, Christus durch seine Lebensweise und seinen Dienst zu bezeugen und andere so zu beeinflussen, dass sie dasselbe taten.

Man könnte vermuten, dass der Apostel Paulus – ein gebildeter Theologe, hervorragender Lehrer, herausragender Evangelist, effizienter Gemeindegründer – ein bahnbrechendes Ausbildungskonzept für die Leiterschaft entwickelt haben könnte, um seine Ziele für den Dienst leichter zu erreichen. Weit gefehlt; solch eine Freiheit nahm er sich nicht, sondern er wollte sich ganz an das Vorbild von

Christus halten. So fasste er seine Strategie für Leiterschaft zusammen:

>Folgt meinem Beispiel, wie ich dem Beispiel Christi!« (1. Kor 11, 1)

Es besteht kein Zweifel, dass der Mann aus Tarsus der produktivste Mentor der frühen Jahre der Kirche war. Er umgab sich mit immer anderen Gruppen viel versprechender Kandidaten für die Leiterschulung, in die er sich selbst investierte, unter ihnen Johannes Markus, Silas, Lukas, Titus, Sopater, Aristarch, Sekundus, Gajus, Tychikus, Trophimus, Philemon, Onesimus, Tertius, Epaphras und Erastus. Am meisten ist jedoch hervorzuheben, dass er einen Lieblingsschüler hatte — Timotheus. Was sagte Paulus über seinen Ausbildungsansatz bei ihm?

Der Apostel betrachtete Timotheus als seinen geistlichen Sohn und liebte ihn wie ein Kind im Herrn. Er betete ohne Unterlass für ihn (vgl. 2. Tim 1, 3) und bildete ihn gründlich aus (vgl. 2. Tim 1, 13). Ganz besonders brachte Paulus seinen Schüler dazu, das Vorbild seines Lebens in Christus zu übernehmen, so dass er ihm schreiben konnte: »Du aber bist mir gefolgt in der Lehre, im Leben, im Streben ...« (2. Tim 3, 10).

Paulus, »als ein weiser Baumeister« (1. Kor 3, 10), war nicht zufrieden damit, einen einzelnen Leiter einfach nur in eine tiefere persönliche Erfüllung in Christus zu führen. Darüber hinaus war er belastet mit einer Sehnsucht nach **geistlicher Reproduktion und Multiplikation über mehrere Generationen**. Dies erklärt, warum er seinem Lehrling sagte:

>Du aber bleibe bei dem, was du gelernt hast und was dir anvertraut ist; du weißt ja, von wem du gelernt hast.« (2. Tim 3, 14)

>Und was du von mir gehört hast vor vielen Zeugen, das befiehl treuen Menschen an, die tüchtig sind, auch andere zu lehren.« (2. Tim 2, 2)

Genauer gesagt, Paulus beauftragte seinen Schützling, den er ehrte (vgl. Phil 2, 20) und den er als ihm ebenbürtig betrachtete (vgl. 1. Kor 16, 10), wiederum ein frommes Vorbild für andere zu sein: »Niemand verachte dich wegen deiner Jugend; du aber sei den Gläubigen ein Vorbild im Wort, im Wandel, in der Liebe, im Glauben, in der Reinheit.« (1. Tim 4, 12)

Es ist ein wunderbares Zeugnis für die Effektivität von Paulus' – das heißt Christi – Methode, Leiter **im Wesentlichen auf der Grundlage von Vorbildern zu schulen**, was im 1. Korintherbrief, Kapitel 4, Verse 15 bis 17 nachzulesen ist:

»Denn wenn ihr auch zehntausend Erzieher hättet in Christus, so habt ihr doch nicht viele Väter; denn ich habe euch gezeugt in Christus Jesus durchs Evangelium. Darum ermahne ich euch: Folgt meinem Beispiel! Aus demselben Grund habe ich Timotheus zu euch gesandt, der mein lieber und getreuer Sohn ist in dem Herrn, damit er euch erinnere an meine Weisungen in Christus Jesus, wie ich sie überall in allen Gemeinden lehre.«

Welch beeindruckendes Vertrauen hatte Paulus in die Fruchtbarkeit seiner Ausbildungsbemühungen, als er Timotheus in dem festen Vertrauen nach Korinth sandte, um sicherzustellen, dass die Gläubigen ihn nachahmen würden, und fest davon überzeugt war, dass sein Schützling sie an das Leben des Apostels in Christus erinnern würde!

An früherer Stelle wurde bereits auf 1. Korinther 11, Vers 1 verwiesen. Dieser Vers besagt, dass auch Paulus denselben Weg ging, um einen einzelnen Leiter zu fördern – d. h. der Auftrag, ihn nachzuahmen, weil er Christus nachahmte – als er versuchte, ganze Gemeinden zu beeinflussen. Wir sahen, wie er die Christen in Korinth aufforderte, ihm nachzueifern (vgl. 1. Kor 4, 15), mit ähnlichen Worten wandte er sich an die Galater (vgl. 4, 12), Philipper (vgl. 3, 17; 4, 9) und an die Thessalonicher (vgl. 2. Thess 3, 7. 9).

Offensichtlich hielt Paulus seine Bemühungen, den Gläubigen in Thessalonich Gottesfurcht vorzuleben, für einen einzigartigen Erfolg:

»... Ihr wisst ja, wie wir uns unter euch verhalten haben um euretwillen. Und ihr seid unserm Beispiel gefolgt und dem des Herrn und habt das Wort aufgenommen in großer Bedrängnis mit Freuden im heiligen Geist, so dass ihr ein Vorbild geworden seid für alle Gläubigen in Mazedonien und Achaja. Denn von euch aus ist das Wort des Herrn erschollen nicht allein in Mazedonien und Achaja, sondern an allen Orten ist euer Glaube an Gott bekannt geworden ...« (1. Thess 1, 5-8)

Offenheit, Gehorsam, Wachstum – welche besseren Ergebnisse hätte sich der Apostel wünschen können? Kein Wunder, dass er einen guten Grund sah, sich zu freuen:

»Denn wer ist unsre Hoffnung oder Freude oder unser Ruhmeskranz – seid nicht auch ihr es vor unserm Herrn Jesus, wenn er kommt? Ihr seid ja unsre Ehre und Freude.« (1. Thess 2, 19f)

Arbeiten wir mit dem Heiligen Geist zusammen, um zukünftige Leiter vor allem durch unser Vorbild zu Vermehrern und Multiplikatoren nach dem Vorbild von Christus auszubilden? Sind wir von derselben Hoffnung, Freude und Ehre gefangen wie Paulus?

5.4 Positives oder negatives Vorbild?

Einer der ernsten Aspekte von Leiterschaft ist die Tatsache, dass **jeder Leiter ständig Vorbild ist**. In diesem Sinne fungiert kein Leiter nur während der ›Bürostunden‹. Selbst in der Freizeit beobachten und mustern die Leute immer noch sein Leben als Ganzes. Tatsächlich ist der stärkste Druck, den Leiter verspüren, das Bewusstsein, dass ihr Leben ständig offen und verletzlich gegenüber Beobachtungen von allen Seiten ist.

Darüber hinaus ist ein Leiter immer **bewusst und unbewusst** Vorbild. Während er in einer vorgegebenen Situation ganz klar beabsichtigt, gewisse Qualitäten beispielhaft vorzuleben, übt er gleichzeitig auch in anderen Bereichen unbewusst Einfluss aus. Nehmen Sie zum Beispiel eine öffentliche Rede. Der Leiter ist so sehr mit den Vorstellungen und Werten, die er vermitteln will, beschäftigt, und bemerkt dabei gar nicht, wie sehr seine nachlässige äußere Erscheinung, unpassende Gestik und schlechte Rhetorik die erwünschte Wirkung seiner Aussagen bremsen.

Hinzu kommt noch der Umstand, dass ein Leiter zu jeder Zeit **positives oder negatives** Vorbild ist. Im Rahmen unserer vorliegenden Untersuchung ist es eine höchst bedeutende Facette des Einflusses, den ein Leiter hat, die ausführlicher betrachtet werden muss.

Während der bereits erwähnten Konferenz der Heilsarmee konfrontierte General Booth seine Offiziere mit dieser bemerkenswerten Erläuterung und Aufforderung:

>»Die Form, die ihr heute den Männern und Frauen unter eurem Kommando gebt, wird sich bis in die dritte, vierte und fünfte Generation vererben. Ihr schafft die Art Heilsarmisten, die die nächsten fünfhundert Jahre auf dieser Erde herumgehen werden, vorausgesetzt, die Erde besteht so lange.
>Wenn der Offizier ein Feigling ist, werden die, die er befehligt, ebenfalls Feiglinge sein. Wenn er fromm ist, werden auch sie fromm sein. Wenn er ein Mann mit nicht zu widerstehendem Mut und Kühnheit ist, werden sie wie er sein.
>Unsere Verantwortung für Erfolg oder Scheitern ist darum riesig. Wo wir erfolgreich sind, tragen wir nicht nur heute den Sieg davon, sondern schaffen damit die Eroberer der Zukunft.«[18]

Angesichts dieses Gedankenganges mögen wir uns fragen, in welchem Maße Kalebs starker Pioniergeist, der in seinem Entschluss deutlich wurde, Hebron einzunehmen (vgl. Jos 14, 12; 15, 13f), seinen Neffen Otniël dazu inspirierte, Kirjat-Sefer zu erobern (vgl. Jos 15, 15-17). Wir können nun auch verstehen, warum David, im Gegensatz zu Saul, in der Lage war, Helden aufzuziehen (siehe 2. Sam 23, 8-39). War er nicht schon als Teenager durch seine Tötung des Goliath zum Helden geworden?

Die moralische Wirkung des rechtschaffenen Beispiels, das David, der Mann nach dem Herzen Gottes, schuf, war tatsächlich so tiefgreifend, dass sie noch in späteren Generationen spürbar war, wie zum Beispiel im Falle von Asa (1. Kön 15, 9-11), Hiskia (2. Kön 18, 3) und Josia (2. Kön 22, 2).

Ferner ist es eine große Ermutigung, ganz besonders für Eltern, wenn sie mit ansehen, wie gut die Söhne Asafs in die Fußstapfen ihres Vaters traten (vgl. 1. Chr 25, 1-6), und welchen herausragenden Einfluss die Gottesfürchtigkeit Jojadas auf seinen Sohn Secharja hatte (vgl. 2. Chr 24, 20-22. 25).

Und wir wollen auch den eindrucksvollen Fall Elia nicht vergessen, der seinem Schüler Elisa mit solcher Tiefe und Kraft Vorbild war, dass das höchste Ziel Elisas wurde, zwei Anteile vom Geiste Elias zu erben (vgl. 2. Kön 2, 9).

Solche ermutigenden Begebenheiten können jedoch nicht die Realität vor uns verbergen, dass die Persönlichkeit und die Taten eines Menschen ebenfalls ein beträchtliches Potenzial für negative Vorbilder in sich tragen.

Um der Hungersnot in Kanaan zu entgehen, ging Abraham nach Ägypten, und fürchtete dort, dass die Ägypter ihn wegen seiner schönen Frau Sarai töten könnten. Deshalb log er ihnen vor, sie sei seine Schwester (siehe 1. Mose 12, 10-20). Als sein Sohn Isaak vor einer ähnlichen Situation stand, wegen der Schönheit seiner Frau, raten Sie, zu welcher Schutzmaßnahme er sich entschloss? Er erklärte Rebekka zu seiner Schwester (siehe 1. Mose 26, 6-11).

Isaak und Rebekka hatten beide ihr Lieblingskind, der Vater bevorzugte Esau, den Jäger, die Mutter den stillen Jakob (vgl. 1. Mose 25, 27f). Was geschah in der nächsten Generation? Von allen seinen Söhnen bevorzugte Jakob Josef (vgl. 1. Mose 37, 3) – mit schrecklichen Folgen.

Jahrhunderte später befürchtete Jerobeam, dass die Israeliten weiterhin in Jerusalem opfern würden und Rehabeam, dem König von Juda, gegenüber loyal bleiben würden. Darum beschloss er, zwei goldene Kälber machen zu lassen, die in Bethel und in Dan angebetet werden sollten (siehe 1. Kön 12, 26-30). Wo kam eine solche Idee her? Aarons negativer Vorgänger viele Jahre zuvor (vgl. 2. Mose 32, 2-4) war wie eine tickende Zeitbombe gewesen, die nun schlussendlich explodierte.

Im Ganzen mag es scheinen, dass das Potenzial negativer Vorbilder keiner anderen Figur in der Bibel solch bleibende zerstörerische Auswirkungen hatte wie das Leben Jerobeams. Lang ist die Liste der Anführer, die ›in die Fußstapfen Jerobeams traten‹, und der Spur seines keineswegs rechtschaffenen Vorbilds folgten:

- Nadab (vgl. 1. Kön 15, 25f)
- Bascha (vgl. 1. Kön 15, 33f)
- Omri (vgl. 1. Kön 16, 25f)
- Ahab (vgl. 1. Kön 16, 29-31)
- Ahasja (vgl. 1. Kön 22, 52f)
- Joahas (vgl. 2. Kön 13, 1f)
- Joasch (vgl. 2. Kön 13, 10f)
- Jerobeam II (vgl. 2. Kön 14, 23f)
- Secharja (vgl. 2. Kön 15, 8f)
- Menahem (vgl. 2. Kön 15, 17f)
- Pekachja (vgl. 2. Kön 15, 23f)
- Pekach (vgl. 2. Kön 15, 27f)

Jerobeams schlechte Lebensweise löste eine Kettenreaktion moralischer Verseuchung unter den Israeliten aus, die am Ende zu zerstörerischen Nachwirkungen führte, insofern als

>»der HERR Israel von seinem Angesicht wegtat, wie er geredet hatte durch alle seine Knechte, die Propheten. So wurde Israel aus seinem Lande weggeführt nach Assyrien ...« (2. Kön 17, 23).

Dieses schockierende Beispiel moralischer Vergiftung breitete geistliche Blindheit über Generationen von Anführern aus. Sie wurden zu blinden Blindenführern (vgl. Mt 15, 14), umherirrenden Sternen (vgl. Judas 13) im Bereich des Bösen anstatt zu hellen Fixsternen am Firmament der Gerechtigkeit (vgl. Dan 12, 13; Phil 2, 15).

Soweit es um unsere persönlichen Umstände geht, ist die ernüchternde Wahrheit, dass wir aufgrund unserer öffentlichen Rolle als Leiter auch zu jeder Zeit entweder führen oder in die Irre leiten, eine wertvolle Norm oder ein schädliches Vorbild schaffen, als gutes Beispiel oder schlechte Warnung dienen. Auf welcher Seite wir stehen wollen, liegt ganz an uns.

Kapitel 6

Gehorsam

»Wenn ihr dies wisst – selig seid ihr, wenn ihr's tut.«
(Johannes, 13, 17)

Ein größerer Nachteil, mit dem der Herr Jesus im Umgang mit Seinen Jüngern konfrontiert wurde, war, dass sie sich ständig mit der Frage beschäftigten, welcher von ihnen der Größte war. Ob diese Betrachtungsweise von einer fehlgeleiteten Zentrierung auf Stellung und Prestige stammte oder von Ehrgeiz oder Neid – an der Wurzel all dieser Einstellungen lauerte ein grundlegendes Problem mit dem Stolz.

Christus hatte bereits in Matthäus 11 ihre Aufmerksamkeit auf das Gegenmittel für den Stolz gerichtet, nämlich auf Demut, die sie von Ihm lernen sollten (siehe V. 29). Dann hatte ER das Thema wieder in Kapernaum angesprochen, als er darauf abhob, dass wahre geistliche Größe auf dem Dienen gegründet ist (siehe Mk 9, 33-35). Später lehrte ER sie einmal mehr in ähnlicher Weise und unterstützte Seinen Unterricht, indem ER Sein persönliches Vorbild des demütigen Dienens zitierte (siehe Mt 20, 26f).

Aber offensichtlich hatten es die Zwölf bei keiner der genannten Gelegenheiten verstanden. Lukas 22, Vers 24 berichtet uns, dass sogar nach dem letzten Abendmahl der Disput wieder aufflammte. Und so benutzte der Meister schließlich die stärkste Waffe, um ihre egoistische Neigung zu bekämpfen – und wusch den Jüngern ihre Füße.

Damals waren die Straßen je nach den Wetterverhältnissen entweder sehr staubig oder matschig. Da die Sandalen, die die Leute damals trugen, nur eingeschränkten Schutz boten, war es üblich, dass ein Diener die schmutzigen Füße der Gäste bei ihrer Ankunft mit Wasser und einem Handtuch wusch und erfrischte. Keiner der konkurrierenden Jünger war bereit, sich herabzulassen, dem Meister oder seinen Gefährten die Füße zu waschen. Der Herr jedoch betrachtete solch eine niedere Arbeit keineswegs als unter Seiner Würde und lieferte so ein starkes Beispiel äußerster Demut, die ihren Ausdruck in selbstlosem Dienst fand.

Als ER sich daran machte, Simon die Füße zu waschen, und dem Fischer die Bedeutung der Situation zu dämmern begann, wehrte er sich zuerst gegen die Absicht von Christus, und offenbarte damit seinen Mangel an Verständnis und Reife. Aber dann folgte er der weiteren Erläuterung des Meisters und stimmte Ihm eifrig zu (siehe Joh 13, 8f).

Nachdem er seine Freunde beauftragt hatte, es Ihm gleich zu tun (siehe V. 12-16), beendete Jesus Seinen Unterricht mit der höchsten Ermahnung: »Wenn ihr dies wisst – selig seid ihr, wenn ihr's tut« (V. 17).

Diese ›verspätete Seligpreisung‹ legt ganz besonderes Gewicht darauf, dass am Ende alles Wissen um Grundsätze und Erfahrungen mit Vorbildern immer noch unzureichend ist, wenn es nicht durch die Bereitschaft zum Gehorsam gegengezeichnet ist. Darum hat der Meister Seine Schützlinge nicht aus dieser Lernsituation entlassen, ohne sie auf die ausdrückliche Aufforderung zum Gehorsam hinzuweisen, der sie auf ihrem Weg der Ausbildung zu Leitern immer wieder begegnen würden.

Wir wollen nun gemeinsam versuchen herauszufinden, was diese besondere Aufforderung zum Gehorsam für unser Engagement in der Leiterausbildung heute bedeutet.

6.1 Aufforderung zum Gehorsam

Ein bemerkenswerter, wenn nicht sogar erstaunlicher Zug des Leitungsstils von Jesus Christus war, dass **ER sehr viele Weisungen an seine Jünger erteilte**. Nirgends finden wir, dass ER Treffen anregte, Besprechungen oder Konsultationen etc. plante, um sich mit anderen zu beraten. Nirgends finden wir, dass ER Seine Schützlinge fragte, ob sie bestimmte Dinge tun wollten oder andere bevorzugten, ob sie irgendwelche Vorschläge hätten oder ob sie mit Seiner geplanten Handlungsweise einverstanden waren.

ER kannte nicht nur Seine göttliche Mission ganz genau und die Wege, wie auch die Mittel, die erforderlich waren, um diese Mission zu einem erfolgreichen Abschluss zu bringen, sondern ER war sich auch vollkommen bewusst, dass die äußerste Wichtigkeit und Dringlichkeit Seiner erhabenen Aufgabe keinen Raum ließ für unreife Aktivitäten oder für Störungen. Und so beobachten wir Ihn als Mentor, sowohl liebevoll als auch fordernd, sanft und hart, ermutigend und auffordernd, rücksichtsvoll und kompromisslos.

Für die Zwölf scheint Seine Art der Leitung völlig natürlich gewesen zu sein. Es gibt keinen Hinweis darauf, dass sie Ihn jemals für autoritär oder für diktatorisch gehalten hätten. Seine Wärme zog sie an, Seine Liebe eroberte ihr Herz, Seine Sichtweise der Dinge motivierte sie, Seine Ehrlichkeit weckte ihr Vertrauen. Da sie Ihn respektierten, schätzten und Ihm vertrauten, gaben sie sich Ihm in vollkommenem Gehorsam hin. Sie ordneten sich bereitwillig Seiner Leiterschaft unter, verbeugten sich vor Seiner Weisheit, akzeptierten Seine Prioritäten, folgten Seiner Führung, führten Seine Aufforderungen aus. Ohne einen solch ausdrücklichen Gehorsam wäre es Ihm nicht möglich gewesen, sie zu beeinflussen und zu entwickeln, sie zu stutzen und zu verändern, damit sie zu den Nachfolgern von Jesus werden konnten, zu denen Gott sie bestimmt hatte.

Indem Christus die Zwölf zur Treue gegenüber Seiner Person aufrief, rief ER sie auch zum Gehorsam gegenüber Gott auf. Gott gehorchen bedeutet, bereitwillig Seinen Wünschen und Forderungen entsprechen. **Gehorsam gegenüber Gott kann man nie aushandeln.** Ungehorsam zerstört die Ordnung der Herrschaft Gottes und behindert Seine Ziele.

Biblischer Gehorsam bedeutet auch Abhängigkeit. Die Lebensweise von Christus offenbart uns, dass ER sich dafür entschied, von Seinem Vater abhängig zu sein (vgl. Joh 6, 38). Außerdem war Seine Abhängigkeit vollkommen (vgl. Joh 5, 19; 12, 49f; 7, 6. 8) und von Freude erfüllt (vgl. Joh 4, 34). Aus Hebräer 5, Vers 8 lernen wir, dass

ER, »an dem, was er litt, Gehorsam gelernt« hat. Zuerst lernte ER und übte dann Gehorsam, und zwar unbedingten Gehorsam (siehe Joh 14, 31). Gehorsam war ein zentraler Grundsatz Seiner Existenz. Und verdanken wir denn eigentlich nicht alles Seinem Gehorsam, der seinen Höhepunkt in Gethsemane und auf dem Ölberg fand?

Wenn wir die Aufforderung zum Gehorsam betrachten, dürfen wir die Frage nach dem **eigentlichen Motiv** nicht übersehen, **warum ER dem Willen Gottes entsprochen hat.** Im Licht der Heiligen Schrift ist die angemessene Motivation für den Gehorsam eine doppelte, nämlich erstens Ehrfurcht vor Gott (siehe 5. Mose 13, 4; 3. Mose 18, 4; 19, 37), und zweitens Liebe zu Gott (siehe 2. Mose 20, 6; 5. Mose 6, 5f; Jos 22, 5).

Gehorsam und Liebe gehören zusammen. Dies machte der Herr den Elf ganz deutlich, als ER sie wissen ließ, dass Liebe zu Ihm zum Gehorsam Ihm gegenüber führen würde (siehe Joh 14, 15. 23f), dass ein solcher Gehorsam Freundschaft zu Ihm beweisen würde (siehe Joh 15, 14; vgl. Mt 12, 50). Unser Gehorsam gegenüber Gott sollte unsere liebevolle Antwort auf Gottes Liebesangebot in Jesus Christus sein. Wahrer biblischer Gehorsam wohnt unter der Decke der Liebe, nicht der Angst.

Außerdem macht das Wort Gottes die göttliche Erwartung vollkommenen Gehorsams von unserer Seite ganz klar (siehe 5. Mose 4, 2; 5, 32; 28, 1. 14). Die Gebote Gottes lassen keinen Raum für Diskussionen; wenn Gott uns Seinen Willen kundgetan hat, wer sind wir, mit Ihm darüber zu diskutieren, ob wir gehorchen können oder nicht, ob wir ganz oder nur zum Teil gehorchen wollen? Selektiver Gehorsam ist gleichzusetzen mit Ungehorsam.

Das Reich Gottes wird voran gebracht durch unbedingten Gehorsam. Nur die, die Gott wirklich Gott sein lassen in ihrem Leben und ihrem Dienst, lassen Ihn vollkommen durch sich wirken, um Seine Ziele zu erreichen. Ausgezeichnete »Leiter« werden aus außergewöhnlichen »Gehorchern«.

Wir haben bereits gesehen, dass der Herr Jesus in Johannes 13, Vers 17 verkündete: »Wenn ihr dies wisst — selig seid ihr, wenn ihr's tut.« Der eigentliche Zweck des Gehorsams gegenüber Gott ist, dass wir auf dem Weg Seines reichen Segens bleiben (vgl. Spr 28, 18).

Seinen Gesetzen zu gehorchen ist zu unserem eigenen Nutzen (vgl. 5. Mose 10, 13), spendet Leben (vgl. Hes 20, 11. 13. 21), stellt sicher, dass es uns gut ergeht (vgl. 5. Mose 6, 3). Noch genauer, wie wir aus Passagen wie 3. Mose 26, Verse 3 bis 13, 5. Mose 7, Verse 12 bis 15 und Kapitel 28, Verse 1 bis 14 entnehmen können, verhieß Gott den Gehorsamen Segnungen wie

- seinen Bund der Liebe und Treue
- sein Wohlwollen
- enge Gemeinschaft mit Ihm
- Sicherheit
- Frieden
- Sieg
- Gesundheit
- Wohlstand
- Größe.

Zusätzlich zu diesem Lohn **führt Gehorsam zu Segnungen** wie größeres Vertrauen ins Gebet (vgl. 1. Joh. 3, 21f), größere Erleuchtung (vgl. Joh. 7, 17), Fortschritte in der Heiligung (vgl. 1. Petr 1, 14f. 22) und ein größeres geistliches Erbe (vgl. 5. Mose 8, 1). Zwei besonders bedeutende Facetten der Segnungen durch Gehorsam sind die innere Befriedigung Gott zu gefallen (vgl. 5. Mose 12, 28) und die Freiheit von der Schuld des Nicht-Tuns (vgl. Jak 4, 17).

Andrew Murray (1828-1917), der bekannte südafrikanische Kirchenführer, missionarische Staatsmann und Autor, schrieb einmal: »Der Weg, ein Segen für die Welt zu sein, ist, wenn man ein Mann des Gehorsams ist; von Gott und der Welt durch dieses eine Merkmal erkannt zu werden – ein Wille, der ganz und gar dem Willen Gottes untergeordnet ist.«[19] Ist unser Leben gekennzeichnet von **promptem, vollständigem, beständigem und freudigem Gehorsam?**

Die Inspiration und die Kraft, jeden Tag ein Leben des Gehorsams zu leben, ist abgeleitet von der Erfahrung mit der Gemeinschaft mit Gott, der Gegenwart von Christus, dem Beistand des Heiligen Geistes. Wer Gott wirklich liebt und mit Ihm wandelt, wird es verabscheuen, seinen himmlischen Vater durch respektlosen und widerspenstigen Ungehorsam zu enttäuschen, zu betrüben und zu reizen.

6.2 Die Notwendigkeit des Dienens

In Markus 10, Verse 42 bis 45 ist für uns der Kern des Konzepts von Jesus Christus von der geistlichen Leiterschaft aufgezeichnet:

> »... Ihr wisst, die als Herrscher gelten, halten ihre Völker nieder, und ihre Mächtigen tun ihnen Gewalt an. Aber so ist es unter euch nicht; sondern wer groß sein will unter euch, der soll euer Diener sein; und wer unter euch der Erste sein will, der soll aller Knecht sein. Denn auch der Menschensohn ist nicht gekommen, dass er sich dienen lasse, sondern dass er diene und sein Leben gebe als Lösegeld für viele.«

Hier sehen wir, wie der Meister jedes **weltliche Herrschaftsmuster** als mögliche Vorlage für Seine engen Freunde schlichtweg ablehnt, das darauf beruht, dass über andere geherrscht wird. Es bleibt zu überlegen, dass der »Chef-Ansatz«, Leute herumzukommandieren, und nur auf Stellung, Macht und Privilegien aus zu sein, Stolz und Ehrgeiz nährt und die Würde und die Freiheit der Nachfolger gefährdet. Statt dessen sprach sich Christus für das Dienen aus, das Dienen untereinander, und untermauerte Seine Aufforderung, indem ER auf den »Diener-Ansatz« verwies, den ER in Seinem Leben und Seinem Dienst verfolgte.

Das Profil eines Dieners weist unter anderem folgende Merkmale auf:

- Verfügbarkeit
- Aufmerksamkeit
- Demut
- Bescheidenheit
- Gehorsam
- Engagement

- Disziplin
- Treue
- Loyalität
- Fleiß
- Selbstverleugnung
- Selbstlosigkeit

Ein wahrer Diener gibt seine Treue einem Herrn (siehe Lk 16, 13), setzt die Belange seines Herrn über seine eigenen Präferenzen und hat eigentlich keinen eigenen Plan.

Für die Erfüllung Seiner Interessen in der Welt hat Gott nach Männern mit einem echten Dienerherzen gesucht. Solch einen Mann fand ER in David, der Gottes Ziel zu seiner Zeit diente, indem er das Hüten der Schafe gegen das Hüten von Gottes Volk mit aller Treue und mit kluger Hand eintauschte (siehe Ps 78, 70-72). Er fand auch Johannes den Täufer, der in äußerster Demut den Weg für das Kommen des Messias bereitete. Die einzigartige Wertschätzung, die Jesus Christus seinem Wegbereiter entgegenbrachte, kann man an Seiner Bemerkung in Matthäus 11, Vers 11 ablesen: »Wahrlich, ich sage euch: Unter allen, die von einer Frau geboren sind, ist keiner aufgetreten, der größer ist als Johannes der Täufer …«.

Ein weiteres interessantes Beispiel in diesem Zusammenhang ist Andreas, der Fischer aus Galiläa. Es hat den Anschein, dass es Andreas' ›Spezialität‹ war, Menschen zu Jesus zu bringen (siehe Joh 6, 8f; 12, 20-22). Höchstwahrscheinlich war seine größte Leistung im Leben, dass er seinem Bruder Simon dadurch gedient hat, dass er ihn Jesus vorstellte (vgl. Joh 1, 41f).

Man muss vorsichtig sein, damit man stilles Dienen, das oft von der Öffentlichkeit unbemerkt bleibt, nicht unterschätzt oder gar verachtet. Wer kann beispielsweise den strategischen Beitrag stiller Fürbitte für die Sache der Missionare ermessen?

Für einen christlichen Mentor ist ein dienendes Herz zwingend notwendig. Da echtes Dienen den höchsten Nutzen für einen anderen Menschen anstrebt, liefert es den Schülern den notwendigen Raum, um ihr Potenzial von Gott zu erkennen und zu entwickeln, es hilft ihnen, die Umgebung für ihre Beziehungen zu schaffen, die sie für ein optimales Wachstum brauchen.

Echte dienende Leiter verstehen, dass sie niemals mehr sind als untergeordnete Leiter. Sie sind sich bewusst, dass sie als Hirten für einen Teil der Herde Gottes immer unter der Autorität und Führung »des Erzhirten« (1. Petr 5, 4), Jesus Christus, stehen. Sie legen das Gewicht auf die Ermutigung als besten Katalysator für das Wachstum ihrer Nachfolger. Außerdem haben sie Freude an der Aussicht, dass ihre Lehrlinge sie in der Fruchtbarkeit des Dienstes später einmal übertreffen werden.

Gleichzeitig **schafft aktives biblisches Dienen einen Sicherheitsmechanismus für den Mentor selbst:** Demut bekämpft Stolz, Gehorsam wehrt Unabhängigkeit ab, Treue prüft Unverantwortlichkeit, Selbstlosigkeit neutralisiert egoistische Bestrebungen.

Das Wort Gottes lässt uns nicht im Unklaren über Leiter, die nicht angemessen zu dienen wussten und darum in ihrer Leiterschaft kläglich versagten. Einer unter ihnen war Mose in seinen frühen Jahren, als er versuchte, die Israeliten aus der Sklaverei in Ägypten zu befreien (siehe Apg 7, 20-35, besonders V. 27. 35). Ein anderer war Rehabeam, der aus Unsicherheit heraus Gewalt anstatt Dienst als Führungsprinzip wählte – mit verheerenden Konsequenzen (siehe 1. Kön 12, 1-24).

Es gibt viele **Gefahren, die mit einer ungesunden Überinterpretation des Dienens einhergehen.** Ein Leiter kann nicht nur zu einem Menschen werden, der es den Menschen immer recht machen will; er kann ein Stadium erreichen, wo sein Leben von den Erwartungen und Forderungen anderer bestimmt wird, ganz besonders, wenn er nicht »Nein« sagen kann. Darüber hinaus besteht die Gefahr, dass er seine persönlichen Prioritäten und die seiner Familie vernachlässigt. Diese Schwäche kann, wenn er nichts dagegen tut, auf lange Sicht dazu führen, dass er völlig ausgebrannt ist oder sich seinem Heim entfremdet, im schlimmsten Fall sogar beides.

Größe in der Leiterschaft ist ganz eng verbunden mit hervorragendem Dienen. Die Größe eines Leiters bestimmt sich nicht dadurch, wie viele Menschen ihm dienen, sondern vielmehr, wie vielen Menschen er dient. Gott beurteilt das Leben eines Leiters nicht danach, welche Stellung er als Leiter hat, sondern wie es in seinem Herzen aussieht. Bringt uns dies nicht zum Nachdenken, warum die Bibel als die bevorzugte Bezeichnung für einen großen Anführer den Begriff ›Diener Gottes‹ (Luther: »Knecht«) benutzt (siehe z. B. 4. Mose 12, 7; 14, 24; Jos 24, 29; 2. Sam 7, 5; Mt 12, 18; Tit 1, 1)?

Jeder gottesfürchtige Mentor, der begierig darauf ist, den Menschen zu dienen, die Gott ihm anvertraut hat, sollte ständig die **Frage Elias** stellen: »Bitte, was ich dir tun soll, ehe ich von dir genommen werde.« (2. Kön 2, 9). Dies ist die vernünftigste, tiefgreifendste und praktischste Frage, die ein Mentor stellen kann und sollte, in dem Bewusstsein, dass seine Investition zur Ausbildung nur zeitlich begrenzt ist, und darum ist die Qualität um so bedeutender.

Wir können nicht der ganzen Welt dienen, aber wir können als echte Diener unseren uns zugedachten Anteil dazu beitragen. Wir können nicht jedem dienen, aber wir können den wenigen Menschen wirklich dienen, die Gott uns ganz besonders zuweist.

6.3 Die Schutzfunktion der Rechenschaft

Abgesehen von der Forderung nach Dienst ist der Grundsatz der Verantwortlichkeit eine weitere Facette eines Lebens im Gehorsam, der näher betrachtet werden sollte.

Gott vertraut Seinem Volk große Vermögenswerte zur Verwaltung an, wie z. B. angeborene Talente, geistliche Gaben, Personal, Einrichtungen, finanzielle und andere Mittel. Eine solche Verwalterstellung ist zwar ein großes Privileg, sie bringt aber auch eine große Verantwortung mit sich. **Das von Gott erdachte Mittel, das eine verantwortliche Verwaltertätigkeit erst möglich macht, ist die Ausübung der Rechenschaft.**

Im Rahmen der biblischen Wahrheiten ist **Rechenschaft gegenüber Gott keine freiwillige Sache, sondern zwingend vorgeschrieben.** Römer 14, Vers 12 sagt uns, dass »... jeder von uns für sich selbst Gott Rechenschaft geben« muss. Der Herr Jesus betonte in Seiner Lehre immer wieder, dass Gott von uns erwartet, dass wir Rechenschaft ablegen (vgl. z. B. Mt 12, 36; 18, 23; 25, 19; 25, 31-33; Lk 16, 2) und erklärte: »... Denn wem viel gegeben ist, bei dem wird man viel suchen; und wem viel anvertraut ist, von dem wird man um so mehr fordern« (Lk 12, 48).

Hinsichtlich der geistlichen Leiterschaft im Besonderen hebt Hebräer 13, Vers 17 hervor: »Gehorcht euren Lehrern und folgt ihnen, denn sie wachen über eure Seelen — und dafür müssen sie Rechenschaft geben —, damit sie das mit Freuden tun und nicht mit Seufzen; denn das wäre nicht gut für euch.« Ein geistlicher Leiter kann jedoch nur richtig Rechenschaft für seine Nachfolger gegenüber Gott geben, wenn sie wiederum ihm Zugang zu ihrem Leben gewähren, indem sie bereit sind, ihm gegenüber in vollem Maße verantwortlich zu sein. Bemerkenswert ist sowohl, wie der Herr Jesus Rechenschaft für Seine Schüler gegenüber Gott praktizierte (siehe Joh 17, 6-19), als auch wie sie Ihm gegenüber Rechenschaft ablegten (vgl. Mk 6, 30).

Durch mein langjähriges persönliches Engagement in der Leiterausbildung ist mir zunehmend bewusst geworden, dass Rechenschaft gegenüber einem einzelnen Menschen oder einer Gruppe von einigen vernachlässigt oder vermieden wird, von anderen dagegen respektiert und geschätzt wird. Ohne Zweifel wurde Rechenschaft zu oft missverstanden und dadurch **als Mittel zum Segen nicht genügend genutzt,** ganz besonders als Absicherung sowohl der Erfüllung des Willens Gottes als auch des geistlichen Wohls der betroffenen Personen. Vor dem Hintergrund dieses eher bedauernswerten Umstandes sind die folgenden Hinweise als hilfreiche **Leitlinien zum Aufbau einer nutzbringenden Rechenschaftsbeziehung** empfohlen.

1. In welchen Bereichen sollte man Rechenschaft abgeben?

Langjährige Kontakte mit Hunderten von Leitern aus den verschiedenen Teilen der Welt und mit unterschiedlichen Erfahrungen im Gemeindeleben haben mich davon überzeugt, dass Menschen in geistlichen Leiterpositionen zumindest die folgenden Bereiche als unüberwindbare Rechenschaftsbereiche betrachten sollten:

- religiöses Leben
- Familie
- Beziehungen
- Ehrlichkeit
- Nutzung von Zeit
- Umgang mit Finanzen
- Gedankenwelt
- Ausübung der Autorität als Leiter

Zu jedem dieser Bereiche sollten bestimmte Leitfragen gestellt werden, wie die Folgenden im Zusammenhang mit Ehrlichkeit:

- Im Licht wandeln?
- der Gleiche, ob beobachtet oder nicht?
- Diskrepanz zwischen privatem und öffentlichem Verhalten?
- Versprechen und Vereinbarungen halten?
- Die Wahrheit verdrehen oder verbergen?
- Menschen manipulieren?
- Missbrauch zugewiesener Gelder?
- Verletzung von Gesetzen zum Urheberrecht?

2. Welche Haltungen müsste ich zeigen, wenn ich bereit wäre, mich zur Rechenschaft ziehen zu lassen?

Offenheit wäre gefordert, sogar bis zur Verletzlichkeit. Demut, einschließlich Lernbereitschaft, sowie Vertrauen in meinen Partner, dem gegenüber ich Rechenschaft ablege, wäre ebenfalls eine Voraussetzung. Damit diese Dynamik fruchtbar ineinander greifen kann, müsste natürlich unser Verbindungsglied tief und sicher genug sein.

3. Wenn ich einem anderen Christen gegenüber Rechenschaft ablegen möchte, welche Eigenschaften möchte ich bei diesem Menschen vorfinden?

Ausreichende Verfügbarkeit wäre eine Grundvoraussetzung. Ich würde mir wünschen, Reife und Weisheit, Geduld und eine vorurteilsfreie Haltung zu sehen. Außerdem würde ich regelmäßiges Beten schätzen. Abgesehen von Ehrlichkeit wäre Vertrauenswürdigkeit unerlässlich.

4. Bis zu welchem Grad wäre der Verzicht auf Rechenschaft gefährlich?

Er lässt persönliche blinde Flecke unentdeckt, schlechte Gewohnheiten ungeprüft und unlautere Motive bleiben verborgen. Schwächen können sich halten, ungesunde Beziehungen können ausarten. Man erfährt keine Bestätigung und Ermutigung, keine wertvollen Ratschläge, Ermahnungen und Korrekturen. Man steht der Gefahr gegenüber, insoweit als es um den Willen Gottes geht, sich auf einer Nebenspur zu verrennen oder ganz den Weg zu verpassen. Und schließlich besteht dann noch die Gefahr, mit unklugen oder sündigen Taten davonzukommen.

5. Warum scheuen so viele Menschen vor der Rechenschaft zurück?

Ein Kernproblem ist Stolz, der die Form von ›Ich brauche keinen‹ oder ›ich muss mir mein Heil selbst erarbeiten‹ annehmen kann. Manche Menschen bevorzugen offensichtlich einen unabhängigen Lebensstil und machen einen Bogen um alles, was den Eindruck von potenzieller Kontrolle vermittelt. Andere finden es schwierig, transparent zu sein oder anderen zu vertrauen. Noch andere haben einfach Angst, oftmals, weil sie früher schlechte Erfahrungen gemacht haben, ganz besonders, wenn Vertrauen missbraucht wurde.

Außer der reinen biblischen Lehre über das Wesen, die Notwendigkeit und den Segen der Rechenschaft, ist die beste Werbung für die Sache die Darstellung unserer glaubhaften persönlichen Beispiele, wenn Menschen voller Überzeugung den Schutz, die Sicherheit und die Bereicherung beobachten können, die entsteht, wenn man anderen Mitgliedern des Leibes Christi gegenüber verantwortlich ist.

6.4 Der Praxistest

An früherer Stelle wurde bereits erwähnt, dass wir durch Gehorsam auf dem Segensweg Gottes bleiben. In manchen Ländern gibt es Mautstationen, die man nur passieren kann, wenn man eine Gebühr bezahlt, damit man bestimmte Autobahnen benutzen darf. In ähnlicher Weise müssen wir im Leben praktische Tests absolvieren, indem wir Gehorsam üben, damit wir auf der Straße des Wachstums und der Fruchtbarkeit weiter vorankommen.

Die Zwölf kamen an die erste Mautstation, als der Herr Jesus sie zu ihrem ersten Missionseinsatz aussandte, zu einem kurzen Abstecher zu ihrem eigenen Volk (siehe Mt 10, 1-42). Nachdem Christus ihnen Vollmacht verliehen hatte, sandte ER sie aus, die Botschaft vom Reich Gottes zu predigen, die Kranken zu heilen, Aussätzige rein zu machen, böse Geister auszutreiben und Tote aufzuwecken (vgl. V. 7f).

Dieser Ausflug war sicherlich dazu gedacht, Segen nach außen zu tragen, denn mehr Menschen sollten durch diesen Dienst für Gott erreicht werden. Aber zugleich – und sicherlich war dies im Kontext unserer Untersuchung noch wichtiger – war er auch dazu gedacht, Segen nach innen freizusetzen, nämlich als herausragende Lerngelegenheit für die Lehrlinge des Meisters.

ER spürte, dass die Zeit für sie gekommen war, dass sie ihr theoretisches Wissen gehorsam in die Praxis umsetzen mussten. ER wünschte, dass sie persönlich die geistliche Realität dessen erlebten, was ER ihnen beigebracht hatte. Diese Gelegenheit zum Dienst, die ER geschaffen hatte, war sachdienlich, aufregend, eine Herausforderung, aber durchaus zu bewältigen. Christus hatte Vertrauen in sie, ER glaubte an ihr Engagement und ihren Glauben. Andererseits würde dieser Praxistest zweifellos ihre Hingabe, ihren Mut, ihr Durchhaltevermögen und ihre geistliche Kompetenz auf die Probe stellen. Immer zu zweit ausgesandt könnten sie einander unterstützen durch Rat und Ermutigung, durch praktische Hilfe und Gebet.

Als sie losgingen, konnten sie zum Beispiel erfahren,

- wie es ist, von Gott gebraucht zu werden,
- wie die Vollmacht von Christus durch sie wirkt, ohne dass ER körperlich anwesend ist,
- dass die Wahrheiten, die sie den Leuten verkündeten, ihre Wirkung nicht verfehlten,
- dass ihr Glaube durch Zeichen und Wunder bestätigt wird,
- dass Gott auf übernatürliche Weise für alle ihre Bedürfnisse sorgt,
- dass Gott durch ihren entschlossenen Dienst verherrlicht wird.

Es versteht sich von selbst, dass **praktische Anwendung viel besser im Gedächtnis haften bleibt als rein theoretisches Lernen.** Mit anderen Worten, ein solcher Test war notwendig, damit das, was sie gelernt hatten, auch eingeübt wurde. Nachfolger können nur zu Leitern gemacht werden, wenn sie einbezogen werden, durch die tatsächliche praktische Umsetzung von bekannten Wahrheiten.

Wer bereits seit einiger Zeit in einer Leiterposition ist, wird selbst praktische Tests kennen, die Gott ihm auferlegt hat, um sein Engagement zu vertiefen, Seinen Willen in strengem Gehorsam zu befolgen und auf Seinen Wegen zu bleiben. Abraham hatte einen einzigartigen Test zu bestehen, als Gott von ihm verlangte, Isaak zu opfern (siehe 1. Mose 22, 1f). Diese hervorragende Prüfung kreiste um die Frage, ob Abraham Gott so sehr gehorchen würde, dass er das, was er am meisten liebte, seinen von Gott versprochenen Sohn, opfern würde. War seine Liebe in erster Linie auf die Gabe (Isaak) oder den Geber (Gott) gerichtet? Abraham bestand den Test ›mit Bravour‹, weil er nicht nur ganz und gar für Gott lebte, sondern Ihm auch vertraute, selbst – wenn nötig – für das noch nie dagewesene Wunder einer Auferweckung (siehe Hebr 11, 17-19; vgl. auch Röm 4, 21, 1. Mose 22, 5).

Im Gegensatz dazu fiel Mose bei einer wichtigen Gehorsamsprüfung durch. Nachdem er schon jahrelang ein Problem mit seinem Zorn gehabt hatte (siehe 2. Mose 11, 8; 32, 19; 3. Mose 10, 16; 4. Mose 16, 15), schlug er in Kadesch zweimal im Zorn auf den Fels, obwohl Gott ihm geboten hatte, den Fels nur anzusprechen (siehe 4. Mose 20, 8. 10f). Als Konsequenz dieses offenen Aktes des Ungehorsams, der seinen Ursprung in mangelndem Vertrauen zu Gott hatte, und wodurch Gott nicht als heiliger Gott vor den Israeliten geehrt wurde, verweigerte Gott Mose das Betreten des verheißenen Landes (siehe V. 12). So demonstrierte Gott dem Volk, dass einerseits ein Leitermodell auf der Grundlage von Gehorsam Sein größtes Anliegen war, und auf der anderen Seite, welche Ehrfurcht gebietenden Konsequenzen Ungehorsam haben würde.

In Seiner großen Barmherzigkeit gewährt Gott manchmal ungehorsamen Leitern eine zweite Chance, damit sie auf den Pfad des Gehorsams zurückkehren können, wie im Falle von Josua und

Jona (siehe Jos 7, 1-8, 29 und Jona 1, 1-3, 3). Dass man den Großmut Gottes jedoch nicht überbeanspruchen kann und darf, kann man zweifelsohne aus den bedauernswerten Gegenbeispielen von Achan und Saul ablesen (siehe Jos 7, 1.10-26 und 1. Sam 10, 8; 13, 7-14).

Christus warnte Seine engen Gefährten vor einigen religiösen Anführern Seiner Zeit, vor Gesetzeslehrern und Pharisäern: »Alles nun, was sie euch sagen, das tut und haltet; aber nach ihren Werken sollt ihr nicht handeln; denn sie sagen's zwar, tun's aber nicht (Mt 23, 3). **Sie waren nicht qualifiziert, als Leitervorbilder zu dienen, die es wert gewesen wären, sie nachzuahmen, weil es ihnen aus Ungehorsam an Ehrlichkeit mangelte.**

Was für ein anderer Mann war da Esra, über den wir die bemerkenswerte Aussage lesen: »... die gnädige Hand Gottes über ihm war. Denn Esra richtete sein Herz darauf, das Gesetz des HERRN zu erforschen und danach zu tun und Gebote und Rechte in Israel zu lehren.« (Esra 7, 9f) Studium, persönliches Anwenden, andere unterrichten — das ist immer noch der göttliche Auftrag, damit ein Leiter rechtschaffen Einfluss nehmen kann.

An diesem Punkt ist es von Nutzen, wenn man sich daran erinnert, dass der kraftvollste Einfluss als Leiter durch das Vorbild-Sein erreicht wird. Kein Leiter kann seinen Nachfolgern Gehorsam wirklich vorleben und sie zu einem gehorsamen Leben veranlassen, wenn er nicht zuerst ein beständiges Gehorsamsmuster für sein eigenes Leben aufgestellt hat.

Der Herr Jesus sagte in Matthäus 7, den Versen 24 und 25:

»Darum, wer diese meine Rede hört und tut sie, der gleicht einem klugen Mann, der sein Haus auf Fels baute. Als nun ein Platzregen fiel und die Wasser kamen und die Winde wehten und stießen an das Haus, fiel es doch nicht ein; denn es war auf Fels gegründet.«

Heutzutage gibt es einen großen Mangel an ›Felsenmenschen‹ in Leitungspositionen in allen Bereichen der Gesellschaft. Es besteht ein dringender Bedarf an Männern und Frauen, die so fest im Gehorsam auf den Felsen Jesus Christus gegründet sind, dass der Platzregen, die Wasser und die Winde der Veränderung, weltlicher Einfluss und satanischer Widerstand sie nicht herunterziehen können.

Kapitel 7

Fürbitte

»Simon, Simon, siehe, der Satan hat begehrt,
euch zu sieben wie den Weizen.
Ich aber habe für dich gebeten,
dass dein Glaube nicht aufhöre.
Und wenn du dereinst dich bekehrst,
so stärke deine Brüder.«
(Lukas 22, 31f)

Diese Passage der Heiligen Schrift gestattet uns, einen Blick ›hinter die Kulissen‹ zu werfen, und liefert uns einige bedeutende Einsichten. Auf eine Art, die an die Verfolgung des Mannes Gottes im Eröffnungskapitel des Buches Hiob erinnert, versuchte Satan, die Männer von Christus anzugreifen, aber der Herr schritt ein. Eigentlich, so wird uns gesagt, bat Satan um die Erlaubnis, die Gruppe zu sieben (im griechischen Text heißt es auch in Vers 31 »euch«), so wie Weizen in einem Sieb, aber der Meister betete ganz besonders für Simon (der griechische Text benutzt den Singular »du« in Vers 32).

Da der Fischer die herausragendste Person im engsten Kreis der werdenden Leiter war, war Satans vorrangige Absicht, seinen angehenden Einfluss auszulöschen. Der Herr Jesus jedoch erkannte den bösartigen Plan Satans, wusste, wen er als erstes Ziel seines zerstörerischen Plans ausgewählt hatte, und wusste, dass gegen Satan die Waffe des Gebets benutzt werden musste, ER kannte sowohl Simons wahrscheinliche Schlüsselrolle als auch seine Verletzlichkeit, wusste, dass Sein Gebet erhört würde, und wusste, wie ER beten musste, damit das gewünschte Ergebnis eintreffen würde.

Zuerst betete ER vorbeugend, noch bevor Satan eine Gelegenheit hatte, seinen ersten Schlag anzusetzen. ER betete auch strategisch, und konzentrierte sich dabei auf den Aspekt, der am nötigsten war, nämlich dass Simons Glaube Bestand haben sollte. Außerdem betete ER an seiner Stelle; anstatt Simon zu warnen und ihn aufzufordern, selbst zu beten, diente Jesus Seinem Schützling, indem ER für ihn betete. Und schließlich betete ER erfolgreich und überzeugend, denn ohne jeden Zweifel würde das vertrauensvolle Gebet von Gottes Sohn erhört werden.

Es gibt keinen Hinweis in der Bibel, dass Christus nicht auch für die anderen in der Gruppe betete, aber ER hob besonders Seine Gebetsverpflichtung für Seinen wichtigsten Schützling hervor. Bemerkenswert ist, dass ER nicht betete, Simon möge von dieser Versuchung befreit werden, statt dessen bat ER darum, dass er beschützt würde und die Situation überwinden könnte.

Simon hatte viel Grund, ermutigt zu sein. Erhielt er nicht ein weiteres Mal einen wunderbaren Beweis für die hingebungsvolle Sorge des Meisters für ihn? Sagte nicht der Herr voller Vertrauen »wenn« (und nicht »falls«) Simon sich bekehrt und seine Brüder stärkt?

Wenn sich Simon doch nur die dahinter steckende Lektion zu Eigen gemacht hätte, dass es absolut notwendig ist, sich auf zukünftige Konflikte im Gebet vorzubereiten! Dann hätte er eine völlig andere Grundlage gehabt, von der aus er die vor ihm liegenden Herausforderungen hätte angehen können.

Satan hasst Gott und Sein Werk immer noch und versucht noch immer, Seine Leiter auszulöschen. Jeder christliche Leiter, ob er sich dessen bewusst ist oder nicht, steht in einem ernsten und dauernden geistlichen Kampf. Keiner von uns kann ermessen, wieviel wir den ständigen Fürbitte-Gebeten des Herrn Jesus zu verdanken haben (vgl. Hebr 7, 25). Gegen Satan, der »geht umher wie ein brüllender Löwe und sucht, wen er verschlinge« (1. Petr 5, 8), ist die überzeugende Fürbitte des Herrn unser mächtiger Schutz. Wir sollten aus dem Bewusstsein und der Versicherung größtmögliches Vertrauen ziehen, dass der große Fürbitter an unserer Seite ist, wenn wir immer wieder den erbitterten Anschlägen der Mächte der Finsternis ausgesetzt sind.

7.1 Das Wesen der Fürbitte

Jesus Christus berief Simon durch Seinen Ruf, entwickelte ihn in Seiner Gegenwart und – wie wir gerade gesehen haben – hielt ihn durch Seine Fürbitte.

Eines der beinahe verborgenen Merkmale des Meistermentors war Sein Engagement für beschützendes fürbittendes Eingreifen für Seine Männer; ein zweites Mal taucht es in Seinem sogenannten ›hohepriesterlichen Gebet‹ auf (siehe Joh 17, besonders V. 6-19). Dieser Dienst der Fürbitte, der dem Herrn ein ganz besonderes Anliegen war, gilt heute nicht weniger; ER praktiziert ihn nicht nur immer noch, ER wünscht auch, dass er ein Bestandteil unseres Lebens sei.

Für andere zu bitten bedeutet, dazwischentreten, als Vermittler tätig sein, die Sorgen anderer vor Gott zu vertreten, sich bei Gott für Menschen oder Situationen einzusetzen. Durch die Fürbitte für Seine Schützlinge war Christus wieder Vorbild für ein weiteres zentrales Merkmal, das alle geistlichen Leiter auszeichnen sollte.

Die Gründe, **warum jeder Leiter ein Fürbitter sein sollte**, sind zahlreich. Um nur ein paar zu nennen, Fürbitte bietet die folgenden Vorrechte:

- Gemeinschaft mit Gott zu haben,
- ein tieferes Verständnis von Gott und Seinen Wegen zu bekommen,
- mit Gott für die Ausbreitung Seiner Sache mitzuarbeiten,
- helfen, die Intrigen der Mächte der Finsternis zu vereiteln,
- die Erfahrung des persönlichen Wachstums in der Gnade,
- vielfältige Segnungen für andere zu bewirken,
- sehen, wie Mittel für das Werk Gottes freigesetzt werden,
- sich an die fürbittenden Bemühungen von Christus anzuschließen.

Anders formuliert, ermöglicht und erlaubt uns die Fürbitte, die Grenzen der Herrschaft Gottes auszuweiten, den Einflussbereich Satans zurückzudrängen, unsere Wurzeln in Gott zu vertiefen und unseren Maßstab für unsere persönliche Frömmigkeit höher zu setzen.

Als oberster Fürbitter trat der Herr Jesus in die Fußstapfen herausragender Fürbitter zur Zeit des Alten Testaments:

- Abraham (siehe 1. Mose 18, 20-32)
- Mose (siehe 2. Mose 17, 10-13; 32, 9-14)
- Josua (siehe Jos 10, 12-14)
- Samuel (siehe 1. Sam 12, 16-23)
- David (siehe 2. Sam 7, 18-29)
- Salomo (siehe 1. Kön 8, 22-53)
- Elia (siehe Jak 5, 17f)
- Daniel (siehe Dan 9, 4-19)
- Esra (siehe Esra 9, 6-15)
- Nehemia (siehe Neh 1, 5-11)
- Hiob (siehe Hiob 42, 8-10)

Die Kraft der Leiter oder ihr mangelndes Engagement hinsichtlich einer beständigen inneren Verpflichtung zur Fürbitte wird zeigen, in welchem Maße sie die Nähe zu Gott wertschätzen und sich wünschen zu erkennen, was Gott auf dem Herzen und im Sinn hat. Außerdem wird daran deutlich, wie sehr sie Seinen Verheißungen vertrauen und wie überzeugt sie sind, dass ihr Gebet sich als nützlich erweist. Ganz besonders wird dadurch offenbar, in welchem Maße sie überzeugt sind, dass ihre Fürbitte ein unverzichtbares Mittel zur Formung der Menschen ist, die Gott ihnen zur Fürsorge und Ausbildung anvertraut hat.

Genauso wenig können wir uns in diesem Stadium unserer Untersuchung erlauben, die Tatsache zu ignorieren, dass **das Vernachlässigen der Fürbitte für die Menschen in unserem Einfluss- und Verantwortlichkeitsbereich Sünde ist.** Dass der Prophet Samuel sich dieser Auffassung vollkommen angeschlossen hat, kann man leicht erkennen an der Zusicherung, die er den Israeliten gab: »Es sei aber auch ferne von mir, mich an dem HERRN dadurch zu versündigen, dass ich davon abließe, für euch zu beten.« (1. Sam 12, 23) Andrew Murray gab die scharfsinnige Beobachtung weiter:

»Nicht zu beten missachtet und verschmäht die wunderbare Einladung Gottes, zu Ihm zu kommen und Gemeinschaft mit Ihm zu haben im Hinblick auf jedes unserer Bedürfnisse. Damit schlagen wir Sein Angebot aus, uns als Seine Antwort auf unser Gebet alles das zu geben, was wir für uns oder für andere brauchen. Es entehrt nicht nur Gott, es verursacht auch unendliches Leid für uns selbst ...

Und doch ist das noch nicht das Schlimmste. Es raubt denen, die um uns sind, denen unsere Gebete den Segen Gottes bringen sollten, das, wozu sie ein Recht hätten. Sie werden unsagbar mehr leiden durch den Verlust der Gnade, die ihnen durch unser Gebet hätte zuteil werden können, und die ihnen zugestanden hätte.«[20]

Auf diesem zentralen Gebiet siegreich zu sein und zu bleiben erfordert feste und beständige Entschlossenheit, denn wir sehen uns drei nebeneinander bestehenden Kampfplätzen gegenüber, unserem eigenen Fleisch (vgl. Müdigkeit, Bequemlichkeit und Muße, Trägheit), der Welt (vgl. Geschäftigkeit und Hektik, Lärm, Druck) und dem Feind (vgl. Ablenkung, Versuchung, Verdammung). Wenn wir uns jedoch auf die heilsame Gnade Gottes verlassen, dass ER uns hilft (vgl. Tit 2, 11f), »überwinden wir weit durch den, der uns geliebt hat« (Röm 8, 37).

Zweifellos eröffnet uns die **innere Verpflichtung zur Fürbitte das größtmögliche Spektrum an Möglichkeiten, Menschen zu lieben und zu segnen**, sie zu ermutigen und zu stärken, Lasten leichter zu machen und sie zu trösten. Durch das Gebet können wir unzählige Menschen überall, zu jeder Zeit, unter allen erdenklichen Umständen erreichen. Überzeugte Fürbitte akzeptiert keine scheinbar hoffnungslosen Bedingungen, unlösbare Probleme und unmögliche Situationen; sie hat die Macht, jede Mauer zu überwinden, jede Tür zu öffnen und jedes Hindernis beiseite zu räumen (siehe Mk 11, 23f, vgl. Mt 17, 20). Durch wirksames Beten können wir ein geistliches Erbe unter den Völkern erreichen (vgl. Ps 2, 8).

Gleichzeitig ist **biblische Fürbitte der christlichste aller Dienste**, weil sie sich Christus in Seiner fürbittenden Arbeit zugesellt, sich mit

Seiner Sicht der Welt identifiziert, Seine selbstlose Liebe für die Menschheit widerspiegelt, und Seinem innersten Anliegen Ausdruck verleiht, dass die Welt sich zu Gott hinwenden und gesegnet sein möge.

Es war der Amerikaner, Edward McKendree Bounds (1835-1913), der Autor von zahlreichen einzigartig tiefgreifenden Büchern zum Thema Gebet, der erklärte: »Starkes Beten ist das Zeichen und das Siegel der großen Leiter Gottes ...«,[21] und »niemand außer betenden Leitern kann betende Nachfolger haben.«[22] Der Meister lehrte Seine Männer das Beten, gab ihnen ein Standardgebet und war vor ihren Augen das Vorbild für ein konsequentes Gebetsleben, mit dem Endergebnis, dass aus Seinen Nachfolgern ebenfalls Männer des Gebetes wurden.

Da wir uns den maßgeblichen Grundsätzen einer Leiterschaft im Stil von Jesus verpflichten, lassen Sie die lebenswichtige Dimension des Gebetes in unserem Denken, Handeln und unserem Einfluss ein sichtbares Merkmal sein.

7.2 Grundsätze erfolgreicher überzeugender Fürbitte

Die Gebete des schottischen Reformators John Knox (1514-1572), der inbrünstig zu Gott betete: »Gib mir Schottland, sonst sterbe ich!«, waren von Mary Stuart, der Königin von Schottland, mehr gefürchtet als eine Armee von 10 000 Mann. Sein Schwiegersohn John Welsh (ca. 1570-1622), Pfarrer in Ayr, betete für einen jungen Mann, der von den Ärzten für tot erklärt worden war, und der nach mehr als 48 Stunden wieder ins Leben zurückgeholt werden konnte.

Was, so mag man fragen, war der Grund dafür, dass **die Gebete dieser Männer im Himmel geschätzt, auf der Erde gefürchtet und in der Hölle verhasst waren?** Sie wussten, wie sie siegreich Fürbitte tun mussten, wie sie sich bei Gott durchsetzen konnten, wie sie durchdringen konnten, um von Ihm eine Antwort auf ihre Bitten zu erhalten.

Wer gerne lernen möchte, erfolgreich und überzeugend für andere oder ganz allgemein zu beten, wird bald entdecken, dass er auf dem Weg zu diesem Ziel eine ganze Reihe wichtiger Streckenpunkte passieren muss.

Ein erstes grundlegendes Prinzip ist, dass **wer gut beten will, auch gut leben muss.** Während E. M. Bounds erläuterte: »Es ist ein frommes Geschäft zu beten, und es bedarf frommer Männer dafür«,[23] erklärte C. G. Finney kategorisch: »Nur die Gebete derer, die mit Gott leben und wandeln, sind von irgendeinem Nutzen für sie selbst, für die Kirche oder für die Welt.«[24]

Die Charaktereigenschaften bestimmen die Wirksamkeit von Gebeten. Darum unterstreicht Jakobus 5, Vers 16, dass des Gerechten Gebet viel vermag.

In Lukas 21, Vers 36 beauftragte der Meister die Zwölf, **allezeit wach zu sein und zu beten.** Später, im Garten Gethsemane, ermahnte ER die Drei: »Wachet und betet, dass ihr nicht in Anfechtung fallt! Der Geist ist willig; aber das Fleisch ist schwach.« (Mt 26, 41)

Wenn wir unsere Fürbitte durchsetzen wollen, müssen wir **mit klarer Zuversicht** zu Gott kommen (siehe 1. Joh 3, 21f). Wenn wir mit reinem Herzen und wohlgefällig vor Gott und unseren Mitmenschen leben, können wir volle Zuversicht zu Gott haben. Wenn wir jedoch Sünde und Unrecht in unserem Herzen tragen, wird Gott uns nicht hören (siehe Ps 66, 18; vgl. Jes 59, 1f).

Ferner ist es notwendig, dass wir unsere Wünsche bei Gott **mit der richtigen Motivation** vortragen. Jakobus 4, Vers 3 warnt vor der Möglichkeit, in übler Absicht zu bitten, was zum Beispiel sein könnte: Stolz, Heuchelei, Ehrgeiz, Neid oder Selbstgerechtigkeit. Gott ist nur zu gern bereit, flehentliche Bitten zu erhören, die Ihm gefallen (siehe 1. Kön 3, 5-15, besonders V. 10).

Selbstverständlich müssen wir auch daran denken, dass der **Glaube** die wichtigste Voraussetzung ist (siehe Mk 11, 24; Hebr 11, 6). Durch wahren Glauben bleiben wir im Wissen um Gottes Charakter und Wort und können vertrauensvoll erwarten, dass ER auf unser Gebet reagieren wird. Ein schlechtes Gewissen, Zweifel und Angst sind jedoch ›Glaubenskiller‹.

Aber einen soliden Glauben gibt es nur **in dem**, was wir wahrnehmen als das **Reich des offenbarten Willen Gottes** (siehe 1. Joh 5, 14, vgl. auch Mt 6, 10). In Harmonie mit dem Willen Gottes für andere zu beten setzt die Art Unterwerfung voraus, die der Herr Jesus in Gethsemane praktiziert hat (siehe Mk 14, 36. 39). In jeder gegebenen Situation liegt die Verantwortung bei uns festzustellen, was denn wirklich der Wille Gottes ist, damit wir uns in unserem Gebet danach richten können.

Sprüche 28, Vers 9 sagt uns dazu: »Wer sein Ohr abwendet, um die Weisung nicht zu hören, dessen Gebet ist ein Gräuel«, und bringt somit das Element des **Gehorsams** ins Zentrum der Aufmerksamkeit (siehe auch 1. Joh 3, 22). Man tut gut daran, der Anregung Bounds Beachtung zu schenken: »Wenn du ein echtes Bedürfnis hast, gut zu beten, dann musst du lernen, gut zu gehorchen.«[25]

Außerdem veranlasst uns das Wort Gottes, **ernsthaft** zu beten (siehe Hebr 11, 6; Lk 22, 44), **kurz und knapp** (siehe Mt 6, 7f), und **mit Beharrlichkeit** (siehe Lk 18, 2–8; Eph 6, 18).

In Hinblick auf den letzten Aspekt bemerkte Georg Müller in seiner Autobiographie: »Es reicht nicht aus, mit Beten anzufangen oder richtig zu beten; genauso wenig reicht es aus, *eine gewisse Zeit* weiter zu beten; wir müssen hingegen geduldig, glaubend und beständig weiter beten, bis wir eine Antwort erhalten ...«[26]

Müller betete tatsächlich fast 52 Jahre für die Rettung eines seiner Freunde, und sein Gebet wurde erhört – lange nach seinem Tod.

Der Prophet Hosea erwähnt das bedeutende Prinzip ›**die Worte mit uns nehmen**‹ (vgl. Hos 14, 3), wenn wir vor Gott treten. Unsere Fürbitte gewinnt an Schlagkraft, wenn wir die Heilige Schrift zitieren und Gott daran erinnern, was ER gesagt hat, Ihn an Seine Versprechen erinnern, an Seine Treue als den Bund haltender Gott appellieren. Seine Versprechen sollen benutzt werden und ER besitzt die Liebe, den Wunsch, die Macht und die Mittel, sie zu erfüllen.

Genauso wenig sollten wir die Grundvoraussetzung aus den Augen verlieren, dass wir uns Gott **im Namen von Jesus** nähern (siehe Joh 14, 13f; 16, 23f). Wir können auf keine Verdienste aus uns selbst verweisen, die bei Gott für uns sprechen würden, aber auf der Grundlage dessen, was Christus durch Seinen stellvertretenden Tod und Seine siegreiche Auferstehung für uns erreicht hat, haben wir Zugang zu Gottes Gegenwart und Wohlwollen.

Im Namen von Jesus richtig Fürbitte zu tun verbindet uns mit Seinem Willen, heiligt unser Bitten, wirbt um Sein Eintreten für unser Ansuchen, und sichert Seine Zustimmung vor Gottes Thron.

Und schließlich wissen wir aus Epheser 6, Vers 18, dass es absolut wichtig ist, bei jeder Gelegenheit **im Heiligen Geist** zu beten (vgl. Judas 20). Niemals in unserer geistlichen Entwicklung werden wir einen Punkt erreichen, an dem wir nicht länger völlig vom Heiligen Geist abhängig sind, dass ER unsere Schwächen ausgleicht (vgl. Röm 8, 26f). Wir schaffen es nicht, ohne dass ER uns lehrt, wie man richtig betet, uns entsprechend Gottes Zielen leitet, uns durch Seine Stärke Kraft gibt, unseren Glauben aufbaut und uns mit Seiner Kraft erfüllt.

Wesley L. Duewel, der frühere Präsident der Internationalen Missionsgesellschaft im Orient, warnte: »Zaghaftes Beten wird verursacht durch eine oberflächliche Erfahrung mit dem Heiligen Geist.«[27] Nur wenn wir »vom Geist erfüllt« sind (Eph 5, 18), »im Geist leben« (Gal 5, 16), und »auch im Geist wandeln« (Gal 5, 25), können wir erwarten, dass wir uns mit unserem Gebet wirklich durchsetzen.

König David behauptete: »... ich aber bete« (Ps 109, 4). Dasselbe kann man auch von John Knox und John Welsh, David Brainerd, James O. Fraser und zahlreichen anderen Dienern Gottes sagen, die Sein Reich durch ihre zuversichtliche Fürbitte kräftig voranbrachten. Sind wir es wert, genauso gesehen zu werden?

7.3 Nützliche Gebetsgewohnheiten

Beständige und häufige Wiederholung bestimmter Aktivitäten führt zur Entwicklung bestimmter Gewohnheiten. Solche festgelegten Verhaltensmuster dienen als Gerüst für die Entfaltung von Charakterstärke und auch für effizientes Tun. Unter einer Vielzahl von **Gewohnheiten, die uns eine große Hilfe sein können, effektive Beter zu werden**, sind die Folgenden:

1. Regelmäßig beten

Über den römischen Hauptmann Kornelius lesen wir, dass er »immer zu Gott betete« (Apg 10, 2). David bezeugte, dass er »abends und morgens und mittags klagte und heulte (vgl. Ps 55, 18). Es war allgemein bekannt, dass Daniel sich dreimal am Tag im Gebet zu Gott wandte (vgl. Dan 6, 11. 14). Für das geistliche Wohlergehen eines jeden Christen ist es absolut lebenswichtig, einen gewohnheitsmäßigen Lebensrhythmus zu entwickeln, der eine regelmäßige Gebetsgemeinschaft mit Gott erleichtert.

2. Eine Gebetszuflucht sichern

Aus gutem Grund betonte der Herr Jesus in Matthäus 6, Vers 6, dass wir uns eine ungestörte Umgebung zum Beten suchen sollen. Gott verdient unsere ungeteilte Aufmerksamkeit. Kein Wunder, dass wir den Herrn Jesus an einer einsamen Stätte betend finden (siehe Mk 1, 35), Elia auf dem Gipfel eines Berges (siehe 1. Kön 18, 42), Mose in der Stiftshütte (siehe 2. Mose 33, 7-9).

Um stille Zeit mit Gott zu halten, gingen die Christen in einem westafrikanischen Dorf immer von ihrer Hütte in den Busch, eine Gewohnheit, die nach einer Weile dazu führte, dass ein sichtbarer Pfad entstand. Doch immer wenn jemand das Beten vernachlässigte, wurde es bald für alle sichtbar, weil sein Trampelpfad wieder zuwuchs. Ist unser persönlicher Gebetsweg deutlich sichtbar?

3. Verschiedene Formen des Betens üben

Im Hinblick auf die Vielfalt der Gebetsarten — z. B. Dankgebet, Lobgebet, Anbetung, Beichte, Flehen, Fürbitte, geistlicher Kampf — sollten wir uns bemühen, ein Ungleichgewicht zu vermeiden (siehe Eph 6, 18). Ganz besonders lauert hier die Gefahr, dass man ein zu großes Gewicht auf das Flehen legt, in der Form einer ›Einkaufsliste‹ persönlicher Bedürfnisse.

Abgesehen davon, dass man die wichtige Praxis der Fürbitte nicht vernachlässigt, sollte auch der Beichte und dem Anlegen der kompletten Waffenrüstung Gottes die nötige Aufmerksamkeit geschenkt werden (siehe Eph 6, 11-17).

4. Gott zuhören

Eine weitere Facette des Gebets, die in unserer hektischen und lauten Zeit so leicht übersehen werden kann, ist die Disziplin, auf Gott zu warten. Unsere Gebetszeiten sollten aus einer zweiseitigen Gemeinschaft bestehen, wo wir nicht nur sprechen, sondern auch Gott zuhören.

Sein Wort ruft uns dazu auf, stets auf Ihn zu hoffen (vgl. Hos 12, 7), beständig (vgl. Ps 123, 2), dass ER uns leitet und lehrt (Ps 25, 4f), stärkt (vgl. Jes 40, 29-31) und neue Erkenntnis schenkt (vgl. Jes 64, 4).

D. E. Hoste (1861-1946), der Nachfolger von Hudson Taylor als Generaldirektor der C.I.M., sagte einmal: »Es ist eine Tatsache, dass unser Verstand keine korrekten Eindrücke von Gottes Plan und Seinen Methoden zur Weiterführung der Arbeit bekommen kann, außer wir nehmen uns viel Zeit, auf Ihn zu warten.«[28]

5. Eine Gebetsliste benutzen

Einerseits müssen wir immer sensibel für die spontane Stimme des Heiligen Geistes sein, andererseits jedoch kann es für uns wirklich von großem Nutzen sein, wenn wir eine gut gestaltete Gebetsliste benutzen. Dies wird uns dabei helfen, an die wichtigen Themen zu denken und unsere Gedanken zusammenzuhalten, ganz besonders, wenn wir an uns entdecken, dass wir mit Ablenkungen oder Konzentrationsmangel zu kämpfen haben.

In allem dient eine solche Liste dazu, dass wir einen gut geordneten Gebetszugang haben und dass uns die zur Verfügung stehende Zeit wirklich ausreicht.

6. Fasten

Die Lehre von Christus in Matthäus 6, den Versen 16 und 17 (»Wenn ihr fastet …, wenn du aber fastest«) macht unmissverständlich klar, dass **ER es für selbstverständlich hielt, dass die Kinder Gottes fasten.**

Von Männern Gottes wie John Knox, John Wesley, Jonathan Edwards, Charles G. Finney und John Hyde ist bekannt, dass sie regelmäßig fasteten, dies gilt auch für die Waldenser, Hussiten, Hugenotten, Covenanter*, die Herrnhuter und Methodisten.

Die geistliche Disziplin des Fastens kann unsere Entschlusskraft stärken, unsere Ernsthaftigkeit und unseren Eifer wecken, uns besser vorbereiten für das Wirken des Heiligen Geistes, die Freisetzung neuer Erkenntnisse von Gott erleichtern und zu einem Wachstum geistlicher Vollmacht führen. Vor allem jedoch gefällt es Gott (vgl. Jona 3, 5-10; Apg 13, 2).

7. Viel beten

Bibelstellen wie Lukas 18, Vers 1, Epheser 6, Vers 18 und 1. Thessalonicher 5, Vers 17 machen uns bewusst, dass die Bibel von uns erwartet, dass wir beharrlich im Gebet bleiben sollen. Außerdem fordert uns das Vorbild des Herrn Jesus (vgl. z. B. Lk 5, 16; 6, 12; Joh 6, 15) und auch das Beispiel von Paulus (vgl. Röm 1, 9f; 2. Tim 1, 3) auf, dass es — unter der hilfreichen Gnade Gottes — tatsächlich möglich ist, sich inmitten einer sehr geschäftigen Lebensweise durchaus einen gebetsorientierten Geist zu bewahren. Und haben nicht seit damals zahlreiche Männer des Gebets wie zum Beispiel John Welsh, John Fletcher, Georg Müller und Andrew Murray dieselbe Wahrheit eindrucksvoll unter Beweis gestellt?

Ganz besonders Leiter sind überaus anfällig dafür, fürs Beten zu beschäftigt zu sein. Darum müssen sie sich um so mehr aufmerksam vor einer übertriebenen Geschäftigkeit aus Mangel an von Gott

---

* schottische Presbyterianer des 17. Jahrhunderts

inspirierten Prioritäten hüten, was auf eine grundlegende geistliche Schwäche hindeutet.

8. Gott die beste Zeit geben

Es ist bemerkenswert, dass, wie E. M. Bounds es formuliert: »Die Männer, die für Gott am meisten in dieser Welt getan haben, sind schon frühmorgens vor Ihm auf die Knie gefallen.«[29]

Viele würden diese Sichtweise aus ihrer eigenen Erfahrung unterstützen, denn sie haben entdeckt, dass es leichter ist, sich auf eine wertvolle Zeit mit Gott zu konzentrieren, wenn Geist und Körper noch frisch sind und der Tag noch völlig unbelastet ist. Andere betrachten es aus verschiedenen Gründen als vorteilhaft, Gott am Abend zu treffen, wenn die Aktivitäten des Tages zu Ende gegangen sind, oder auch zu einer anderen Tageszeit. Gleichgültig, welche Tageszeit uns am liebsten ist, **der entscheidende Punkt ist, dass wir unser Äußerstes geben, um die Zeit zu reservieren, in der wir am meisten leisten können,** denn Gott verdient das Optimum dessen, was wir bieten können.

9. Mit anderen beten

Unser Wachstum zu Menschen des Gebets wird nicht nur gefördert durch unsere privaten Gebetsübungen, sondern auch, wenn wir Gelegenheiten nutzen, uns an gemeinsamen Gebeten mit anderen zu beteiligen, sei es mit unserem Ehepartner, in der Familie oder mit Freunden, sei es bei der Arbeit, in einem Hauskreis oder in der Kirche.

Matthäus 18, die Verse 19 und 20 beinhalten die Erklärung von Christus, dass gemeinsames Gebet in Seinem Namen die Verheißung für größere Vollmacht und eine stärkere Erfahrung Seiner göttlichen Gegenwart in sich trägt.

7.4 Der Gebetskalender eines geistlichen Leiters

Die private und die öffentliche Dimension des Lebens und Dienstes eines Leiters zusammengenommen bilden ein breites Feld für potenzielle Gebetsanliegen.

In der folgenden Liste sind die Aspekte, die jedem Christen ein ständiges Anliegen sein sollten – z. B. das Beten für Menschen mit Verantwortung, für die Einheit im Leib von Christus, für Missionen – nicht ausdrücklich herausgestellt. Der Schwerpunkt liegt im Wesentlichen auf den Merkmalen, die für die Praktizierung und das Beispielgeben gottesfürchtiger Leiterschaft relevant sind und daher die bevorzugte Aufmerksamkeit für das Gebetsengagement eines jeden Leiters verlangen. Die genannten Vorschläge sollten allerdings auch nicht als vollständig betrachtet werden.

Eine Möglichkeit, die empfohlenen Kategorien abzudecken, wäre, sich jeden Tag der Woche auf einen anderen Bereich zu konzentrieren.

1. Gemeinschaft mit Gott

- Liebe zu Gott
- Gott gefallen
- Gott verherrlichen
- Dankbarkeit
- Vertrauen
- Weihe
- Demut
- Gehorsam
- die Fülle des Heiligen Geistes
- Frieden und Ruhe in Gott

2. Persönliche Entwicklung

- tieferes Erfassen der biblischen Offenbarung
- wachsende Vollmacht im Gebet
- feineres Erkennen der Führung Gottes

- wachsendes Wohlwollen bei Gott und den Menschen
- stärkerer Glaube
- mehr Selbstkontrolle
- wachsende Heiligung
- besserer Ausdruck der Frucht des Geistes
- gottesfürchtige Mentoren, von denen man lernen kann

3. Familie

- Priesterrolle
- vertrauensvolle Beziehung mit dem Ehepartner
- Familienandachten
- Zeugen von Christus als Familie
- gegenseitiger Respekt
- offene Kommunikation
- liebevolle Elternschaft
- gemeinsamer Spaß und Erholung
- gute Gesundheit
- finanzielle Versorgung

4. Verhältnis zu den Kollegen

- gute Menschenkenntnis
- echtes Dienen
- Bereitschaft zur Vergebung
- Transparenz
- Ehrlichkeit
- Loyalität
- Freundlichkeit
- Geduld
- Mitgefühl
- Mut

5. Einfluss als Mentor

- gottesfürchtiges Vorbild
- umsichtige Auswahl
- freundschaftliche Grundlage
- systematischer Ausbildungs-Ansatz
- beständige Ermutigung
- Gottes ermächtigende Gnade
- Freiheit für den Heiligen Geist, damit ER wirken kann
- Kraftübertragung
- strategische Beziehungen für das Reich Gottes
- Reproduktion und Multiplikation

6. Aufgaben und Projekte

- frische und unbelastete Sichtweise
- von Gott gegebene Prioritäten
- klare Ziele und Strategien
- einen klaren Sinn für Gottes Zeitplanung
- weise Planung und Entscheidungsfindung
- gute Kommunikation
- effektive Verwaltung
- ausreichend finanzielle Mittel
- gute Ausstattung
- angemessene Einrichtung

7. Schutz

- Sicherheit
- ein reiner Verstand
- emotionale Stabilität
- nützliche Beziehungen zur Verantwortlichkeit
- gegen Versuchung
- gegen Irrtümer in der Lehre
- gegen Entmutigung
- gegen Ausgebranntsein

- gegen Stolz
- gegen Angriffe des Satans

Die Bandbreite des Einflusses eines Leiters hängt grundlegend von den durch seine Gebete festgelegten Grenzen ab. Der Schlüssel für eine effektive Leiterschaft ist, dass man zuallererst ein guter Beter ist. Um E. M. Bounds noch einmal zu zitieren: »Die Sache Gottes leidet nicht durch einen Mangel an göttlichen Fähigkeiten, sondern aufgrund einer mangelnden Betfähigkeit der Menschen.«[30]

Kapitel 8

Heiligkeit

»Heilige sie in der Wahrheit; dein Wort ist die Wahrheit.
Wie du mich gesandt hast in die Welt,
so sende ich sie auch in die Welt.«
(Johannes 17, 17-19)

Die letzte Gelegenheit für eine ausgedehnte Gemeinschaft des Meisters mit Seinen Männern näherte sich ihrem Ende. Die Fußwaschung hatte stattgefunden, das letzte Abendmahl war zu Ende gegangen, der Verräter war erkannt worden.

Als Judas Ischariot hinaus in die Nacht trat (Joh 13, 30) und damit seinen endgültigen Eintritt in die »moralische Nacht« zu erkennen gab, die er sich selbst gemacht hatte, änderte sich die Atmosphäre grundlegend. Allein mit den Elf, tröstete sie der Herr Jesus, gab Seiner Freundschaft zu ihnen in noch nicht dagewesener Offenheit Ausdruck, und zog sie noch tiefer als jemals zuvor in Sein Vertrauen. Erst jetzt sprach ER mehrere zentrale Themen an, die für diesen besonderen Augenblick vorbehalten waren, darunter die Notwendigkeit, zu Ihm zu stehen und an dem Wirken des Heiligen Geistes festzuhalten.

Am Ende erleichterte der Meister Sein Herz vor Seinen Freunden in einem langen Gebet, das nur der Evangelist Johannes schriftlich festgehalten hat. ER legt Seinem himmlischen Vater gegenüber Rechenschaft ab über die Entwicklung der Ihm anvertrauten Männer und stellt dabei fest, dass ER in ihnen verherrlicht wurde, weil sie Gottes Wort angenommen hatten und glaubten (vgl. Joh 17, 10). Dann betete ER weiter, damit sie in der Welt beschützt würden, und brachte Seine Bitte auf den Höhepunkt, dass Gott sie heiligen möge (Joh 17, 17), so wie ER sich selbst für sie geheiligt hatte (Joh 17, 19).

»*Hagiaz*«, das griechische Wort, das in den Versen 17 und 19 mit »heiligen« übersetzt ist, bedeutet auch »heilig machen, weihen, reinigen«. Zuvor hatte Christus gesagt, dass die Elf, obwohl sie in der Welt lebten, trotzdem — so wie ER auch — nicht von der Welt waren (siehe V. 14 und 16). Nun gab ER seiner Hingabe Ausdruck, dass ER sich selbst Seinem göttlichen Auftrag weihen wollte, am Kreuz zu sterben, damit sie von Seinem übergroßen Opfer die göttliche Segnung der Reinigung durch die Wahrheit empfangen könnten.

Was, so mag man fragen, könnte all dies für Simon bedeutet haben? Im Verlauf seiner frühen Begegnung mit Christus am Seeufer hatte die Haltung des Fischers: »Herr, geh weg von mir! Ich bin ein sündiger Mensch« (Lk 5, 8), bereits auf sein dringendes persönliches Bedürfnis nach Heiligung hingedeutet. Seitdem muss sein häufiges und enges Zusammensein mit Seinem Mentor, der für ihn in Wissen und Glaube »der Heilige Gottes« (Joh 6, 69) geworden war, zweifellos seinen Wunsch nach größerer Reinheit in den Augen Gottes verstärkt haben.

Während der Fußwaschungsszene hatte der Meister ihm erklärt, dass ein Mensch, der bereits gewaschen ist, nichts bedarf, als dass ihm die Füße gewaschen werden, und versicherte Simon, dass er rein war (siehe Joh 13, 10; vgl. auch 15, 3). Um es anders zu formulieren, Simon, der bereits durch das Bad der Wiedergeburt (vgl. Tit 3, 5) im Laufe seiner gemeinsamen Zeit mit Christus grundsätzlich rein geworden war, brauchte danach nur noch die ständige Reinigung durch die Vergebung Gottes (siehe 1. Joh 1, 9). Nun jedoch hatte die Fürbitte des Meisters eine weitere Dimension hinzugefügt, weil Seine Bitte auf Simons progressive Heiligung abzielte, also dass er einen Status erreichen sollte, wo er immer heilig vor Gott war.

Dieser dreifache Umstand, dass der Herr Jesus zu diesem Zeitpunkt und auf diese besondere Art für Seine Schützlinge betete, ist von allergrößter Bedeutung. Offensichtlich war es Ihm ein besonderes Anliegen, dass sein ganzer Einfluss als Mentor sie zu einer heiligen Lebensweise anhalten sollte. Wenn wir als Mentoren in der Sache von Christus tätig sind, teilen wir Seinen Schwerpunkt und Seine Last?

Und was unsere persönlichen Bemühungen als Mentor betrifft, sind wir fest entschlossen, unseren Blick nicht tiefer anzusetzen, als dafür zu sorgen, dass unsere Schützlinge einen von Heiligkeit gekennzeichneten Lebensweg betreten und darauf bleiben?

8.1 Heiligkeit, Rechtschaffenheit, Frömmigkeit

Jeder Leiter übt, unabhängig von der besonderen Art seiner Rolle, Einfluss aus und tut das nach gewissen Werten, die sein Denken, Handeln und seine Einstellung regieren. Die biblische Offenbarung lenkt unsere Aufmerksamkeit auf drei bedeutende Werte, die das persönliche Leben und auch die Ausübung der Leiterschaft eines jeden Leiters bestimmen sollten.

Der erste dieser drei ist die **Heiligkeit.** Unter verschiedenen Wesensmerkmalen Gottes, die in der Bibel genannt werden, wird keines häufiger genannt als Seine Heiligkeit. Als Äquivalent zu dem alttestamentarischen Gebot: »... dass ihr heilig werdet, denn ich bin heilig« (3. Mose 11, 44), wird im Neuen Testament neu betont: »sondern wie der, der euch berufen hat, heilig ist, sollt auch ihr heilig sein in eurem ganzen Wandel. Denn es steht geschrieben (3. Mose 19, 2): »Ihr sollt heilig sein, denn ich bin heilig.« (1. Petr 1, 15f).

Gott als der heilige Gott wünscht und erwartet von Seinen Kindern, dass sie das »Familienmerkmal« der Heiligkeit demonstrieren. Wenn es fehlen sollte, würde die daraus folgende Unvereinbarkeit mit Seinem göttlichen Wesen eine echte Gemeinschaft mit Ihm unmöglich machen. »Heilig sein in allem was wir tun« beinhaltet

- sich Gott zu weihen
- sich von allem Unreinen fernzuhalten
- ohne Schuld zu sein
- im Licht zu leben
- sich nach der göttlichen Wahrheit zu richten
- ein reines Gewissen vor Gott und den Menschen zu haben.

Rechtschaffenheit ist der zweite wichtige Wert, den es zu berücksichtigen gilt. Als der Gerechte (vgl. Dan 9, 14; Joh 17, 25) liebt Gott die

Rechtschaffenheit* (Ps 33, 5) und die Heilige Schrift fordert uns dazu auf, nach Seiner Rechtschaffenheit zu trachten (Mt 6, 33). Ein rechtschaffenes Leben besteht aus

- korrektem Denken und Handeln
- so zu sein, wie man sein sollte
- so zu leben, dass es Gott gefällt
- auf den Wegen Gottes zu wandeln
- seinen Regeln zu entsprechen
- seinem Willen zu folgen.

Einer der herrlichen Gesichtspunkte des Bundes zwischen Gott und Abraham ist, dass Seine Zusage der Rettung in Christus Seinem Volk den Weg ebnete, dass es Ihm sein Leben lang in Heiligkeit und Rechtschaffenheit dienen kann (siehe Lk 1, 68-75).

Das dritte Schlüsselmerkmal ist **Frömmigkeit**. Epheser 5, Vers 1 enthält die Aufforderung, Gottes Beispiel zu folgen, und macht uns damit aufmerksam auf die Notwendigkeit, göttliche Qualitäten zu pflegen (vgl. Eph 4, 24; Kol 3, 10). Wer Frömmigkeit zeigt, an dem kann man beobachten, dass

- er im Bewusstsein Gottes und auf Gott gerichtet lebt
- er beschlossen hat, in Gedanken, Worten und Taten Gott zu gefallen
- ihm das wichtig ist, was Gott wichtig ist
- er das liebt, was Gott liebt
- er hasst, was Gott hasst
- er tut, was Gott will, dass er tun soll.

Weder Heiligkeit, noch Rechtschaffenheit oder Frömmigkeit geschehen einfach automatisch; vielmehr muss man sie sich als Ziel setzen und pflegen. Der Schreiber des Briefes an die Hebräer drängte: »Jagt dem Frieden nach mit jedermann und der Heiligung, ohne die nie-

---

* Dieser Begriff erscheint treffender als das in der Luther-Übersetzung (1984) verwendete Wort »Gerechtigkeit«.

mand den Herrn sehen wird« (12, 14), und Paulus sprach die Ermahnung aus, nach Rechtschaffenheit und Frömmigkeit zu jagen (siehe 1. Tim 6, 11).

Größere Hindernisse auf dem Weg dieser unentbehrlichen Suche können auf der einen Seite von Unwissenheit herrühren; auf der anderen Seite droht die Gefahr von Unglauben, mangelndem Engagement und Ungehorsam – kurz, die Gefahr der Sünde in welcher Form auch immer.

Man kann Sünde definieren als Zurückweisung der Liebe Gottes, als Auflehnung gegen Seinen souveränen Willen, als Übertretung Seines Gesetzes. Sünde hat zerstörerische Folgen. Während sie Schuld und Entweihung produziert, den Frieden mit Gott raubt und die Gemeinschaft mit Ihm untergräbt, behindert sie auch unser geistliches Wachstum und verletzt unsere Mitmenschen. Ganz besonders jedoch schmerzt sie Gott und ruft nach Seinem Gericht.

Um solche furchtbaren Folgen zu verhindern und um eine unbeeinträchtigte Beziehung zu Seinen Kindern zu erleichtern, hat Gott uns in Seiner unbegreiflichen Weisheit zu einem heiligen, rechtschaffenen und frommen Leben berufen. ER hat uns dazu bestimmt, so zu leben, dass ER uns im Übermaß segnen kann. Die Erweisung der ausgewähltesten Segnungen des heiligen Schöpfers ist also denen vorbehalten, die Seinem Ruf nach Frömmigkeit gefolgt sind.

Im Mittelpunkt der Absichten Gottes mit der Welt stand schon immer der Plan, dass Sein heiliges Volk Sein wunderbares Wesen vor den Völkern sehen sollte (siehe Hes 36, 23; 39, 27). Nur die Menschen, deren Leben den Stempel der Heiligkeit, Rechtschaffenheit und Frömmigkeit trägt, qualifizieren sich wirklich als Werkzeuge für dieses erhabene, göttliche Ziel, und hinterlassen bei ihren Mitmenschen eine übernatürliche Spur. »Ein Leben in Heiligkeit hinterlässt den tiefsten Eindruck. Leuchttürme blasen nicht ins Horn; sie leuchten nur«, betonte Dwight L. Moody.[31] Übrigens erscheint Markus 6, Vers 20 in diesem Zusammenhang bemerkenswert, weil wir hier erfahren, dass König Herodes Johannes den Täufer fürchtete, weil dieser ein heiliger und rechtschaffener Mann war.

Wir leben in einer Zeit, wo das biblische Konzept der Leiterschaft von einer Überbetonung des Glücks gegenüber der Heiligkeit bedroht wird, dass Berechnung über Rechtschaffenheit gestellt wird, und Effektivität einen höheren Stellenwert hat als Frömmigkeit. Darum ist es um so wichtiger, sich daran zu erinnern, dass eine **in Gottes Augen charakterbildende Heiligkeit von viel größerer Konsequenz ist als emsige Aktivitäten für Seine Sache.**

Die Beobachtung, die E. M. Bounds schon vor Jahren machte: »Die Kirche sucht nach besseren Methoden; Gott sucht nach besseren Menschen«,[32] hat nichts an Bedeutung verloren. Die eindringliche Einsicht, die Robert M'Cheyne als Pastor und Leiter verkündete: »Das, was mein Volk am meisten braucht, ist meine persönliche Heiligkeit«,[33] konfrontiert uns mit der Testfrage: Kann ich von ganzem Herzen unterschreiben, dass diese Wahrheit eine Auflage für mein Verständnis und meine Ausübung einer Gott gefälligen Leiterschaft ist?

Gott schuf uns nach Seinem Bild und Ihm gleich (siehe 1. Mose 1, 26f), und deshalb gehört es sich, dass wir auch entsprechend leben. Nur wenn wir dieses göttliche Schicksal für uns annehmen, können wir unsere volle Leistung erreichen, und auch zum reichen Segen für andere werden. Christliche Leiter, an deren Leben man ablesen kann, dass sie sich nach der Welt richten, anstatt sich an Gottes Haltung und Wegen zu orientieren, trachten sich selbst nach dem Leben – um ein Bild aus Sprüche 1, 18 zu entlehnen. Noch bedauerlicher ist die Tatsache, dass sie den Einen, nach dessen Sohn sie genannt werden, in Verlegenheit bringen, Ihn beschämen.

Das ständige Trachten nach einem heiligen, rechtschaffenen und frommen Leben wird ständig von einer frischen Zufuhr von starker Motivation abhängen, die von unserer Liebe zu Gott herkommt, der Abscheu vor der Sünde, dem Wunsch, Gott eine bedeutsame Gemeinschaft anzubieten, der Sehnsucht, Ihm fruchtbare Diener zu sein, und der Sorge um unser geistliches Wohl. Ganz besonders sollten wir jedoch zusätzliche Kraft aus dem Wort Gottes beziehen, das uns nicht im Zweifel darüber lässt, dass **ein auf Gott ausgerichtetes Leben, wie es beschrieben wurde, nicht nur erreichbar, sondern auch versprochen ist:**

»Alles, was zum Leben und zur Frömmigkeit dient, hat uns seine göttliche Kraft geschenkt durch die Erkenntnis dessen, der uns berufen hat durch seine Herrlichkeit und Kraft.« (2. Petr 1, 3)

»Gelobt sei Gott, der Vater unseres Herrn Jesus Christus, der uns gesegnet hat mit allem geistlichen Segen im Himmel durch Christus.« (Eph 1, 3)

Gott hat, wie wir bald genauer sehen werden, im Überfluss für unser Leben gesorgt, zu dem ER uns berufen hat, damit wir herrlich werden – durch die Gnade, auf der Grundlage des Glaubens, in Christus, durch den Heiligen Geist.

8.2 Nach dem Abbild von Christus

Während Seiner Jahre des Wirkens auf der Erde verkörperte Jesus Christus die drei Elemente der Heiligkeit (vgl. Apg 2, 27), der Gerechtigkeit (vgl. Sach 9, 9) und der Frömmigkeit (vgl. Joh 14, 9f) in Perfektion. Gleichzeitig demonstrierte ER der Welt, wie Gott ist und wie die Menschen sein sollten. Darum finden wir im gesamten Rahmen der Offenbarungen des Neuen Testament eine Verschiebung des zentralen Schwerpunkts hin zu dem Aspekt der Christusähnlichkeit.

In den Evangelien wird an zahlreichen Stellen auf das maßgebende Vorbild von Jesus Christus hingewiesen (vgl. Mt 11, 29; Joh 13, 15; Lk 6, 40). Darüber hinaus **erklärte der Apostel Paulus noch weitergehend die göttliche Erwartung und den Auftrag für jeden Gläubigen, Christus immer ähnlicher zu werden:**

»Denn die er ausersehen hat, die hat er auch vorherbestimmt, dass sie gleich sein sollten dem Bild seines Sohnes, damit dieser der Erstgeborene sei unter vielen Brüdern.« (Röm 8, 29)

»... wahrhaftig sein in der Liebe und wachsen in allen Stücken zu dem hin, der das Haupt ist, Christus.« (Eph 4, 15)

»Nun aber schauen wir alle mit aufgedecktem Angesicht die Herrlichkeit des Herrn, wie in einem Spiegel, und wir werden verklärt in sein Bild von einer Herrlichkeit zur andern ...« (2. Kor 3, 18)

»Den verkündigen wir und ermahnen alle Menschen und lehren alle Menschen in aller Weisheit, damit wir einen jeden Menschen in Christus vollkommen machen.« (Kol 1, 28)

Wenn man die verschiedenen Facetten der Christusähnlichkeit betrachtet, könnte man leicht an die beispielhafte Liebe des Herrn Jesus, Sein Mitgefühl, Demut und Gehorsam, Selbstverleugnung und Dienerschaft, Seinen Glauben und Sein Beten, Eifer und Mut denken. Wenn wir jedoch wirklich in die Fußstapfen von Jesus hin zu einer von Heiligkeit gekennzeichneten Lebensweise treten wollen, dürfen wir keinesfalls Seine Einstellung gegenüber der Sünde außer Acht lassen.

Obwohl ER in Versuchung geführt wurde, war der Herr Jesus ohne Sünde. Satan hatte keine Macht über Ihn (vgl. Joh 14, 30). Sünde erfüllte Ihn mit Trauer (vgl. Lk 19, 41f; Mt 23, 37) und gerechtem Zorn (vgl. Joh 2, 14-17). ER betrachtete die Sünde als äußerst ernstes Übel (vgl. Mt 18, 6) mit knechtender Kraft (vgl. Joh 8, 34). Sie muss um jeden Preis vernichtet werden (vgl. Mt 18, 8f), weil sie letzten Endes das ewige Schicksal der Menschheit bedroht (vgl. Joh 5, 14; 8, 11).

Vor dem Hintergrund der wiederholten Auflagen in der Heiligen Schrift stellt sich die Frage, warum gerade wir — als Christen im Allgemeinen und als Leiter im Besonderen — **Christusähnlichkeit als ein nicht übertragbares Ziel verfolgen sollen**? Offensichtlich kann es keinen anderen Weg geben, wie wir die wunderbaren Züge von Jesus Christus nach außen zeigen können. Außerdem dient es der höchsten Verherrlichung Gottes und gleichzeitig unserer tiefsten persönlichen Heiligung. Und schließlich, aber keineswegs zuletzt, sichert es das kraftvollste Zeugnis und den größten Segen für die Welt.

Einmal ersuchte der Missionar E. Stanley Jones (1884-1973) Mahatma Ghandi um Rat, wie das Christentum in Indien heimisch gemacht werden könnte, damit seine Kraft zur Erbauung des Landes beitragen könne. Der Anführer der Hindus begann seine Antwort mit den Worten: »Zunächst einmal würde ich vorschlagen, dass Ihr alle, Christen, Missionare und alles, anfangt, mehr wie Jesus Christus zu leben.«[34]

Viele Jahre zuvor hatte Robert M. M'Cheyne die bedeutsame Einsicht formuliert: »Es sind nicht die großen Talente, die Gott so sehr segnet wie eine große Ähnlichkeit mit Jesus.«[35] Mit ähnlichen Worten erklärte Charles H. Spurgeon: »Ein Christ sollte ein eindrucksvolles Abbild von Jesus Christus sein. Sie haben vom Leben Christi gelesen, wunderbar und sprachgewaltig geschrieben, aber das beste Leben von Christus ist Seine gelebte Biographie, geschrieben in den Worten und Taten Seines Volkes.«[36] Und Andrew Murray forderte mit prägnanten Worten heraus: »Die Welt will Menschen wie Jesus Christus …«[37]

Die Wahrheit der Erklärung von M'Cheyne hat viele historische Beweise hervorgebracht. **Immer wieder ist es offensichtlich geworden, dass die, die Hervorragendes für Gott erreicht haben, zuallererst ihre Christusähnlichkeit hervorragend dokumentiert haben.**

Über John Fletcher wurde die bemerkenswerte Aussage gemacht: »Niemals vielleicht seit dem Aufstieg des Christentums wurde der Geist, der in Christus Jesus wohnte, originalgetreuer kopiert als in dem Vikar von Madeley. Wenn man sagt, er war ein guter Christ, so ist das viel zu wenig. Er war mehr als ein Christ; er war wie Christus!«[38]

Mrs. Mahan bezeugte von ihrem Ehemann Asa, der einige Jahre lang Professor und Kollege von Charles G. Finney am Oberlin-College war, dass er »Tag für Tag in jeder Hinsicht immer liebevoller und Christus ähnlicher wurde«.[39] Als M'Cheyne der Feindseligkeit seiner Zeitgenossen begegnete, »war der einzige Grund hierfür seine Ähnlichkeit mit seinem Herrn«.[40] Einer der Biographen Moodys dokumentierte, »er war der am gründlichsten geweihte Mann und der Christus ähnlichste, den ich jemals kennen gelernt habe.«[41] Wir lesen von John Hyde, »seine Kraft als Seelengewinner kam von seiner Christusähnlichkeit«.[42] Und im Hinblick auf Sadhu Sundar Singhs außergewöhnliches Leben finden wir, »durch seine enge Gemeinschaft mit Jesus und seinen vollkommenen Gehorsam gegenüber Seinem Willen hat er sich seinem Herrn so sehr angenähert, dass überall, wo er geht, die Leute sagen: ›Er ist doch wie Christus!‹[43]

Wenn wir uns in der Arbeit für Gott einbringen, ist nicht die Quantität, sondern die Qualität unseres Dienstes entscheidend. **Der Grad unserer Fruchtbarkeit für Gott kann niemals höher sein als der Grad unserer Ähnlichkeit zu Christus.** Nur was die Leute von Christus in uns sehen und erfahren, übt einen tiefen geistlichen Einfluss auf sie aus. Nur das Leben von Christus, in und durch uns ausgedrückt, kann wahres Leben in unseren Mitmenschen bewirken. Außerdem ist die Position, die wir einnehmen, kein Beweis dafür, ob wir wirklich echte geistliche Leiter sind, sondern vielmehr, inwieweit wir auf andere Menschen Einfluss nehmen, dass sie Christus immer ähnlicher werden.

Wenn wir anderen Menschen begegnen, welche Wirkung hat unser Leben auf sie? Der Präsident der Heilsarmee, Samuel L. Brengle (1860-1936), erhielt einen Brief von einem Brigadekollegen, der das beeindruckende Bekenntnis enthielt: »Ich konnte niemals an Sie denken, ohne an Jesus zu denken, und ich denke selten an Jesus, ohne dass ich an Sie denken muss.«[44] Bei einer anderen Gelegenheit fragte ein kleiner Junge beim Anblick Brengles seinen Vater: »Papa, ist das Jesus?«[45]

Lieben wir den Herrn Jesus genug, um Flachheit und Mittelmäßigkeit ablehnen zu können, und um eine stets wachsende Ähnlichkeit zu Ihm zum obersten Ziel unserer Existenz machen zu können, in dem Bewusstsein, dass der Weg zu diesem Ziel ein Leben lang dauern wird und immer im Bau bleibt? **Können wir von ganzem Herzen und mit gutem Gewissen sagen, dass wir leidenschaftlich danach trachten Christus ähnlicher zu werden?**

Fletcher »streckte sich immer nach Höherem und Besserem aus«,[46] »erschien an der Spitze derer, die nach dem höchsten erreichbaren Zustand von Heiligkeit und Gnade drängten«,[47] »suchte nach einer vollkommenen Übereinstimmung mit dem Geist und dem Wesen seines Herrn«.[48] Über M'Cheyne wird berichtet: »Seine große Lehre musste dem Abbild von Christus entsprechen.«[49]

Als er sein Leben Revue passieren ließ, bemerkte Billy Graham gegen Ende seiner Autobiographie, dass er für vieles dankbar war, aber auch vieles bedauerte. Von den Dingen, die er heute anders machen würde, erwähnte er: »Ich würde mehr Zeit damit verbringen, geistlich zu wachsen und Gott besser kennen zu lernen.«[50]

Der Tag wird kommen, wenn wir als Leiter alles hinter uns lassen müssen, Programme und Projekte, Besitz und Privilegien, Einrichtungen und finanzielle Mittel, Freunde und Familie. Was bleibt, ist der Grad der Christusähnlichkeit, der in uns und in anderen gewachsen ist.

Aus Johannes 17, Vers 10 haben wir erfahren, dass der Herr Jesus verherrlicht wurde durch die geistliche Entwicklung, die sich bereits in Seinen Schülern manifestiert hatte, denn sie waren gereinigt und erneuert worden, waren gewachsen in Verständnis, Hingabe und Vertrauen, ausgeschickt in neue Dimensionen von Dienst und Wirken unter Seiner Vollmacht. Möge auch unser Leben zur Verherrlichung von Jesus Christus beitragen, der uns geehrt hat mit dem erhabenen Privileg, aber auch der Ehrfurcht gebietenden Verantwortung, Sein Abbild widerzuspiegeln.

8.3 Fortschreitende Heiligung

Ein Leben, das gekennzeichnet ist durch stetige Heiligkeit, Rechtschaffenheit, Frömmigkeit und Christusähnlichkeit wird nur auf der Grundlage fortschreitender Heiligung möglich. 1. Thessalonicher 4, Vers 3 sagt unmissverständlich: »Denn das ist der Wille Gottes, eure Heiligung ...« Ermahnungen, wie zunehmen zu unserem Heil (vgl. 1. Petr 2, 2), zum vollendeten Mann werden (vgl. Eph 4, 13), uns ändern (vgl. Röm 12, 2) und geheiligt werden (vgl. Joh 17, 19) halten uns die Ansicht der Bibel vor Augen, dass wir als Kinder Gottes geistliche Reife anstreben sollten.

Für unsere Untersuchung ist es an dieser Stelle von Nutzen, wenn wir uns das besondere Wesen der **Rechtfertigung** auf der einen und der **Heiligung** auf der anderen Seite klarmachen:

Rechtfertigung	Heiligung
Vergebung erfahren	Reinigung erfahren
Hinwegnahme der Strafe für Sünde	Hinwegnahme der Verunreinigung durch Sünde
Gottes Tat für uns	Gottes Wirken in uns
Der Triumph von Christus zugeschrieben	Das Wesen von Christus verliehen
Wiederherstellung der Sohnschaft	Wiederherstellung der Heiligkeit
Einmalige Tat	Fortlaufender Prozess

In Bezug auf die Heiligung ist es außerdem erforderlich, den wesentlichen Unterschied zwischen **Stellung** (Position) und **Zustand** (Entwicklungsstufe) zu erkennen. Bei der Wiedergeburt tritt jeder Gläubige in eine neue Stellung vor Gott ein; durch die Leistung von Christus, die ihm zugute gehalten wird, erklärt ihn Gott in die Stellung eines Heiligen (vgl. Apg 26, 10; 9, 32; 2. Kor 13, 13). In diesem Sinne ist er geheiligt worden (vgl. 1. Kor 6, 11; Hebr 10, 29; Apg 20, 32). Aber von hier an will Gott, dass er sein Leben immer weiter vervollkommnet. In diesem Sinne muss er geheiligt werden (vgl. Hebr 9, 13; 2. Kor 7, 1).

Der Apostel Paulus drückte es gekonnt aus, dass es notwendig sei, die Heiligkeit der Stellung zu einer Heiligkeit des Zustandes zu machen, indem er an die Christen in Philippi schrieb: »Nur, was wir schon erreicht haben, darin lasst uns auch leben« (Phil 3, 16). Weiteres Verständnis können wir aus 1. Korinther 1, Vers 2 ableiten, wo der Apostel von den »Geheiligten in Christus Jesus, die berufenen Heiligen« spricht, und auch aus Hebräer 10, Vers 14, wo betont wird, dass die »für immer vollendet« trotzdem »geheiligt werden«.

Heutzutage scheinen wir weitgehend den Blick für den biblischen Maßstab verloren zu haben, »durch und durch« (1. Thess 5, 23) geheiligt und »für immer« (Hebr 7, 25) gerettet zu sein. Viele Christen scheinen nicht länger eine Lebensweise anzustreben, die nach biblischen Kriterien als »ohne Makel« (Phil 2, 15), »rein« (Ps 51, 12) und »unbefleckt« (2. Petr 3, 14) eingestuft werden könnte. Größtenteils sind sie sich »*aller* Worte des Lebens« (Apg 5, 20, Betonung hinzugefügt). Gottes »Wort *reichlich*« (Kol 1, 25; Betonung hinzugefügt) nicht bewusst. Wie Apollos müssen sie dringend dahin gebracht werden, dass sie »den Weg Gottes noch genauer« (Apg 18, 26) verstehen. Andere, denen nur zu bewusst ist, dass sie weit unter den in Christus möglichen Privilegien leben, könnten sie sich wohl mit Davids Aussage vor Gott identifizieren: »All mein Heil und all mein Begehren wird er gedeihen lassen« (2. Sam 23, 5)?

In den vergangenen Jahren haben **viele christliche Schriftsteller immer wieder einmal einen Anlass gesehen, sich mit dem Thema des »vollkommenen Heils«, der »vollständigen Heiligung«, »dem tieferen Leben«, »dem höheren Leben als Christ«, »dem neuen Leben«, »dem siegreichen Leben«** etc. zu befassen. In der langen Liste berühmter Diener Gottes, die solch ein Leben der Heiligkeit in Ihm erlebt und dafür eingetreten sind, finden wir John und Charles Wesley, John Fletcher, George Whitefield, William Romaine, Jonathan Edwards, David Brainerd, Edward Payson, Asa Mahan, Charles G. Finney, Robert M. M'Cheyne, Dwight L. Moody, Reuben A. Torrey, J. Hudson Taylor, Andrew Murray, William und Catherine Booth, Samuel L. Brengle, John Hyde und zahlreiche Vertreter des Keswick-Konvents.

Ihr Leben war nicht frei von Schwächen, aber voller göttlicher Stärke. Sie konnten auch der Versuchung nicht entgehen, aber sie waren siegreich in Gott. Sie führten kein vollkommenes Leben ganz ohne Sünde, aber sie wuchsen in ihrer Ähnlichkeit zu Christus. Sie waren sich bewusst, dass die Erfüllung ihres Strebens nach fortschreitender Heiligung nur erreicht werden konnte am »Tag Christi Jesu« (Phil 1, 6).

Nachdem er mehr als fünf Jahrzehnte lang die Botschaft der Heiligkeit gepredigt hatte, erklärte John Wesley gegen Ende seines Lebens:

»Diese Lehre ist das große *Depositum*, das Gott den Menschen, die man Methodisten nennt, gegeben hat: und damit dies vor allen Dingen verbreitet wird, scheint er uns erhöht zu haben.«[51]

159

Viele Generationen später schrieb General Booth einen Brief an seinen Sohn Bramwell:

»Ich habe gerade Tyerman's ›Wesley‹ gelesen, als ich krank war, und habe beim Vergleich seiner (Wesleys) Erfahrungen mit meinen einige *wichtige Lektionen* abgeleitet, so denke ich. Eine lautet, dass Wesley unter Gott den Methodismus nicht [nur] durch die Bekehrung von Sündern gegründet hat, sondern auch indem er gut ausgebildete *Heilige* geschaffen hat. Wir müssen seiner Spur folgen, oder wir sind nur ein vergänglicher Haufen Sand.« [52]

Während die Bibel ganz deutlich sagt, dass kein Christ für seine Rettung arbeiten soll (siehe z. B. Eph 2, 8f; Röm 4, 1-6), sagt sie vielmehr, dass er das Werk seiner Rettung ist (siehe Phil 2, 12). Das heißt, es gibt eine wichtige menschliche Seite, sich der vollen Rettung anzunähern, nämlich sich das anzueignen, was Gott uns für unsere Rettung in Christus zugänglich gemacht hat. Auf diesem Weg sind mindestens drei wichtige Bedingungen zu erfüllen.

Die erste Bedingung, die **Weihe**, ist die vollkommene Preisgabe von allem, was ich bin, habe und wünsche. »Es ist«, so definierte E. M. Bounds, »das freiwillige Sich-in-die-Hand-Gottes-Geben, um gesegnet und heilig benutzt zu werden, mit einem heiligenden Ziel im Blick.« [53] Es bedeutet, damit aufhören, alles festhalten zu wollen, alles hergeben. Anders ausgedrückt ist vollkommene Weihe das Begraben jeglicher eigenen Interessen.

Über Georg Müller gibt es die folgende bemerkenswerte Aufzeichnung:

»Auf die Frage nach dem Geheimnis seines Dienstes antwortete er: ›Es gab einen Tag, als ich starb, *ganz und gar starb*‹; und während er sprach, beugte er sich tiefer und tiefer, bis er beinahe den Boden berührte — ›starb für Georg Müller, seine Ansichten, Präferenzen, seinen Geschmack und seinen Willen — starb für die Welt, ihre Zustimmung oder Zensur — starb für die Zustimmung oder Kritik sogar von meinen Brüdern und Freunden — und seitdem lerne ich, dass ich mich so verhalte, wie es Gott gefällt.‹«[54]

Da Müllers vollkommene Hingabe an Gott das Geheimnis zuerst für seine Heiligkeit und dann für seinen besonderen Dienst war, ist — allgemein gesprochen — die völlige Hingabe (vgl. Röm 6, 13. 19; 12, 1) der Eingang zu der Erfahrung vollkommener Rettung und daraus einer besonderen Brauchbarkeit für Gott.

Die zweite Vorbedingung ist der **Glaube**. Die Heilige Schrift sagt uns, dass wir durch den Glauben geheiligt werden (vgl. Röm 1, 17; 1. Joh 5, 4), d. h. durch vorbehaltloses Vertrauen zu Gott und Seinem Wort, und ganz besonders zu Seinen Verheißungen (vgl. 2. Kor 7, 1). Asa Mahan betonte, dass »der Erfolg aller unserer Bemühungen zur Heiligkeit davon abhängt, wie wir die Verheißungen Gottes nutzen«.[55] Das Wort Gottes meint, was es sagt, Seine Verheißungen sollen genutzt werden.

Wahrer Glaube verlässt sich heute auf das Wort Gottes, beansprucht Seine Verheißungen hier und jetzt. Er ist berechnend: »Gott hat es versprochen, ER ist in der Lage, es zu tun, ER ist bereit, es zu tun, ER wird es tun.« Gott hält nichts wirklich Notwendiges vor denen zurück, die sich im Glauben Ihm zuwenden.

Beten ist die dritte Bedingung, die erfüllt werden muss. Einer der Grundsätze im Reich Gottes ist, dass ER darum gebeten werden möchte, Seine Segnungen auszuteilen (vgl. Mt 7, 7; Jak 4, 2), weil ER nicht willkürlich handelt. John Wesley war davon überzeugt: »Gott tut nur etwas als Antwort auf ein Gebet … Jeder neue Sieg, den eine Seele erringt, ist die Folge eines neuen Gebets.«[56]

Die Heilige Schrift liefert mehrere Beispiele für Gebete um Heiligung (siehe z. B. Ps 51, 9. 12-14; Joh 17, 17-19; Eph 3, 14-19; Kol 3, 1; Hebr 13, 20f). Besonders in Hesekiel 36, Vers 37 ermutigt uns Gott, dass ER einmal mehr den Bitten Seines Volkes nachgeben will und für sie handelt. Ernsthaftes, glaubendes, beständiges Beten wird reich gesegnet werden, um die fortschreitende Heiligung Seiner Kinder zu erleichtern.

So wie ein Bauer keine Feldfrüchte schaffen kann, sondern alles in seiner Macht Stehende tut, um seine Felder vorzubereiten, so können wir unsere eigene Heiligung nicht bewirken, sondern sollten alles in unserer Macht Stehende tun, um unser Herz vorzubereiten. Es erfordert keine Arbeit, uns der Gunst Gottes zu »empfehlen«, es gibt keine Leistung, mit der wir Seine Barmherzigkeit »verdienen« könnten. Aber wir können und sollten uns Ihm vollkommen zur Verfügung stellen — in der Weihe, durch den Glauben, durch das Gebet — damit er uns nach Seinem göttlichen Willen und Ziel segnen kann.

8.4 Heiligung in Christus

Im Verlauf der Heiligung stellt die menschliche Dimension, die wir gerade betrachtet haben, nur eine Seite dar. Die menschliche Vorbereitung — durch Weihe, Glaube und Gebet — ruft nach einer göttlichen Verwirklichung, das menschliche Schiff muss mit einem göttlichen Inhalt gefüllt werden.

Gott sorgt für das, was ER fordert. Sein Ruf nach einem heiligen Leben scheint kein unmögliches, sondern ein erreichbares Ziel zu sein; Philipper 2, Vers 13 versichert uns: »Denn Gott ist's, der in euch wirkt beides, das Wollen und das Vollbringen, nach seinem Wohlgefallen«. Während wir, so lange wir auf dieser Welt leben, nicht für uns beanspruchen können, ohne Sünde zu sein (siehe 1. Joh 1, 8.10), so ist der erwünschte biblische Maßstab, dass wir nicht sündigen sollen (siehe 1. Joh 2, 1; 3, 6. 9).

Alle drei Glieder der Gottheit beteiligen sich aktiv am Prozess der Heiligung (vgl. 3. Mose 20, 8; 2. Thess 2, 13.14; 1. Kor 1, 2). **Heiliges Leben auf einer praktischen täglichen Grundlage jedoch ist nur möglich durch Heiligung von Beziehungen**, das heißt, eine vertraute Beziehung zum Herrn Jesus, Einheit mit Christus, da wir auch in ihm leben ... in ihm verwurzelt und gegründet ... (vgl. Kol 2, 6f). Diese Einheit von Herz, Verstand, Wille und Ziel kann nur erhalten werden durch eine immer wieder erneuerte, gesunde und lebendige Gemeinschaft mit Ihm.

Als der Meister versuchte, Seinen Männern diese grundlegende Notwendigkeit zu erklären (siehe Joh 15, 1-16), sprach ER von ihrem Bedürfnis, in Ihm zu bleiben, indem ER das Bild eines Weinstocks und seiner Reben verwendete. Diese Reben können nicht aus sich selbst heraus leben, sie haben Anteil am Leben des Weinstocks, beziehen all ihre Nahrung von dem Baum. Wir als Gläubige sind in Christus eingepflanzt, und eine enge Beziehung zu Ihm ist der Kanal, durch den Sein Leben in uns hinein fließen soll. In einem direkten Kontakt mit Ihm als dem Heiligen, der für uns zur Heiligung geworden ist (siehe 1. Kor 1, 30), **haben wir Anteil an Seinem heiligen Wesen** (vgl. 2. Petr 1, 4, und auch Röm 11, 16).

Wir können aus uns selbst heraus keine heilige Lebensweise hervorbringen. Es gibt nur göttliche Heiligkeit, nur ein heiliges Leben, nämlich das Leben von Christus, und wir werden heilig, werden geheiligt, wenn wir Gefäße für die Heiligkeit von Christus werden. Er ist unsere Heiligung.

In seinen »Vorlesungen über systematische Theologie« erläuterte Charles G. Finney:

> »Ich war erstaunt über das Unwissen der Kirche und der Pfarrerschaft in Bezug auf Christus und ihre Heiligung. ER ist nicht der Heiliger der Kirche in dem Sinn, dass ER mit der Seele etwas macht, das sie in die Lage versetzt, aus eigener Kraft in Heiligkeit zu stehen und zu verharren. ER verändert die Struktur der Seele nicht, aber er wacht ständig über sie und wirkt in ihr nach Seinem Willen und so kommt ihre Heiligung zustande. Sein Einfluss wirkt nicht ein für alle Mal, sondern beständig. Wenn er verstanden und angenommen wird als Heiligung der Seele, so herrscht und regiert er über und in der Seele in einem so hohen Maß, dass er anscheinend seine eigene Heiligkeit in uns entwickelt.«[57]

Weiter bemerkte der Erweckungsprediger:

> »Es ist Christus, in Ausübung seiner verschiedenen Ämter, und entsprechend seiner verschiedenen Beziehungen zu den Bedürfnissen der Seele, durch den Glauben, der unsere Heiligung sichert. Das tut ER, indem ER die Seele göttliche Entde-

ckungen Seiner göttlichen Vollkommenheit und Fülle machen lässt.«[58]

Paulus schrieb an die Kolosser über Christus: »Denn es hat Gott wohlgefallen, dass in ihm alle Fülle wohnen sollte« (1, 19; vgl. auch 2, 9), und später fasste er zusammen: ».. . alles und in allen ist Christus« (3, 11). Jesus Christus ist Gottes unermessliche Fürsorge für uns (vgl. Röm 5, 17). In und durch Ihn haben wir Zugriff auf grenzenlose Barmherzigkeit (vgl. Röm 8, 31). In Christus finden wir mehr als wir jemals brauchen: Sein Reichtum deckt unsere Unzulänglichkeiten mehr als ab. Durch den Glauben können wir uns eine Fülle von Segnungen, die in Seinen vielfältigen Ämtern stecken, zu Eigen machen. Zum Beispiel ist ER für uns

- der Weg
- die Wahrheit
- das Brot des Lebens
- Erlösung
- Rechtschaffenheit
- Heiligkeit
- Weisheit
- der Fels

- der Retter
- der Hohepriester
- der Fürbitter
- der gute Hirte
- der Bruder
- der Herr
- der König
- Gott

Die Verwirklichung des unerschöpflichen Reichtums an Barmherzigkeit, den Gott uns durch Christus verfügbar gemacht hat, sollte uns mit Ehrfurcht und überwältigender Dankbarkeit erfüllen. Zur gleichen Zeit sollte uns dies noch mehr dazu ermutigen, das für uns in Anspruch zu nehmen, was Christus für uns sein möchte. Die Erkenntnis von Schwächen, Fehlern und Mängeln in uns selbst sollte uns von Zeit zu Zeit zu Ihm zurückführen als **einzige Quelle der Barmherzigkeit zur Veränderung.** Um noch einmal Finney zu zitieren:

»Wenn man erkennt, dass der Charakter eines Christen in irgendeinem Bestandteil fehlerhaft ist, kann man immer davon ausgehen, dass derjenige Christus noch vollkommener empfangen muss, in genau der Beziehung, die diesen Fehler wahrscheinlich verursacht.

Der Fehler im Charakter eines Gläubigen, welcher Art er auch sei, wird nur dann behoben werden, wenn der Gläubige die Beziehung zu Christus in diesem bestimmten Teil seines Charakters sucht, damit er durch den Glauben Christus festhalten kann, so dass ER diesen Fehler in ihm beheben kann.«[59]

Als Gläubige haben wir nicht nur durch Christus das Leben bekommen, **ER ist unser Leben** (siehe Kol 3, 4; auch Joh 14, 6; 5. Mose 30, 19f). **Wir müssen bei allem in, durch und von Ihm leben, alle Zeit.** Sein Leben kann und sollte unser Leben werden (siehe Joh 14, 19; Gal 2, 20). Wie auch Andrew Murray bemerkte: »Der Gläubige kann keinen einzigen Augenblick ohne Christus bestehen«,[60] »Christus muss in jedem Augenblick alles für uns sein.«[61] Angesichts solcher vollkommener und ständiger Abhängigkeit von Jesus Christus und Seinem Angebot der vollkommenen Heiligung ist es nicht erstaunlich, dass Asa Mahan folgende Überlegung anstellte:

> »Wenn Christus für unsere vollkommene Heiligung sorgt und somit versprochen hat, uns zu heiligen, unter der Voraussetzung, dass wir an Ihn glauben — worum jeder ernsthafte Christ, der sich seiner Privilegien bewusst ist, bitten sollte, und wenn er weniger von Ihm erwartet, ist dies die unnatürlichste Form christlicher Erfahrung, und eine, deren Auftreten, sollten wir meinen, als seltsame Anomalie unter den Jüngern eines solchen Erlösers betrachtet würde.«[62]

Der Herr Jesus sagte den Elf, dass sie ohne Ihn keine Frucht bringen können (siehe Joh 15, 4f), aber wenn sie in Ihm bleiben, werden sie Frucht bringen (V. 2), mehr Frucht (V. 2), oder sogar viel Frucht (V. 5). Gott wird verherrlicht, wenn sie viel Frucht bringen (V. 8), und die Absicht des Herrn Jesus wird erfüllt, wenn sie Frucht bringen, die bleibt (V. 16).

Wir wollen uns vor Augen halten, dass der Weinstock nicht gepflanzt wurde wegen seiner Schönheit, seines Duftes oder der guten Verwendung seines Holzes, sondern um seinem Besitzer Frucht zu bringen (vgl. Röm 7, 4). Außerdem müssen wir sehr vorsichtig sein, damit wir Arbeit und Frucht nicht verwechseln; Frucht, die Gott annehmen kann, ist das, was aus unserer Beziehung mit Christus fließt, was Sein Leben in und durch uns sichtbar macht. **Das Ausmaß unseres Verbleibens in Christus und somit der Grad unserer Teilhabe an Seinem heiligenden Leben kann an der Qualität der in uns erkennbaren Frucht gemessen werden** (vgl. Mt 7, 16-20; 12, 33), z. B. Liebe, Friede, Ruhe, Freude, Reinheit, Sieg, Freiheit, Sicherheit, Stärke, Kraft.

Das Geheimnis eines Lebens nach dem Vorbild von Christus ist Seine Gegenwart, die durch uns ausgedrückt wird. »Wer durch Christus lebt, kann auch wie Christus leben«, hob Andrew Murray hervor.[63] Über Hudson Taylor lesen wir, dass er »die Schönheit eines Lebens lebte, in unvergänglicher Gemeinschaft mit dem Herrn Jesus«,[64] und »er trug mit sich den Duft Jesu Christi«.[65]

Weiter am Anfang unserer Untersuchung erkannten wir Christus als das Muster für uns als Christen und als Leiter (vgl. besonders Abschnitte 5.1 und 8.2). Nun gewinnen wir die erweiterte Einsicht, dass ER dieses Muster mit Sich selbst füllt, indem ER uns heiligt. **Das Beste in uns ist Christus in uns.**

Als der Herr Jesus über den Heiligen Geist sagte: »Er wird mich verherrlichen; denn von dem Meinen wird er's nehmen und euch verkündigen« (Joh 16, 14), lenkte ER unsere Aufmerksamkeit auf die **bedeutende Tatsache, dass der Heilige Geist vermittelt, kommuniziert und das heiligende Leben von Christus auf uns überträgt** (vgl. Röm 1, 4). Heiligung ist die Inbesitznahme der Fülle von Christus für unser Leben — durch den in uns wohnenden Heiligen Geist. Ob ER uns durch die Wahrheit (Joh 17, 17) lehrt, erinnert, baut, tröstet oder überzeugt, Sein Ziel ist es, Jesus Christus zuerst uns und dann in uns zu offenbaren, um Ihn damit durch uns zu verherrlichen.

Andrew Murray unterstrich: »Ja, was so vielen Christen unmöglich scheint, dass die Gegenwart Gottes selbst mit ihnen sein kann und sie den ganzen Tag tragen kann, ist tatsächlich möglich, wenn wir den Heiligen Geist kennen und an Ihn glauben als die Kraft Gottes, die in uns wirkt.«[66] Und um John Fletchers Beobachtung hinzuzufügen: »Dieses Innewohnen des Trösters vervollkommnet das Geheimnis der Heiligung in der Seele des Gläubigen. Dies ist die größte Segnung des christlichen Bundes auf der Erde.«[67]

Zur Zeit des Alten Testaments konnten die Israeliten ihr letztes Schicksal und die Fülle der von Gott beabsichtigten Segnungen erst erreichen, als sie das verheißene Land betreten hatten. Als das Land aufgeteilt wurde, erhielten die Leviten kein Land, weil Gott ihnen zugesagt hatte, dass ER ihr Erbteil wäre (siehe Jos 13, 33; vgl. 4. Mose 18, 20; 5. Mose 18, 1f). **Für uns als Gläubige ist das Leben der vollkommenen Heiligung in Christus unser verheißenes Land.** Ganz selbstverständlich erhebt sich damit die Überlegung, ob wir es betreten haben und ob Gott für uns — als die königliche Priesterschaft des Neuen Bundes (siehe 1. Petr 2, 9) — wirklich unser Teil geworden ist.

Unsere Eingangsuntersuchung nach der Bedeutung des Gebets des Herrn Jesus für Seine Schützlinge, dass sie gesegnet werden mögen, führte uns auf Entdeckungsreise zu einer Wahrheit von unschätzbarem Wert. Bis jetzt hat diese Suche die zentrale Schlussfolgerung hervorgebracht, dass ein Leben nach dem Vorbild von Christus — und noch mehr seine Frucht des gottgefälligen Einflusses auf das Leben anderer — ohne die fortschreitende Heiligung durch eine Teilhabe an der Beziehung in der Heiligkeit von Christus nicht möglich ist.

Kapitel 9

Güte

»… Der Herr ist wahrhaftig auferstanden und
Simon erschienen.«
(Lukas 24, 34)

Eine der durchgehenden Haltungen des Meisters gegenüber Seinem bevorzugten Kandidaten für die Leiterausbildung war Seine Güte. Höchstwahrscheinlich wurde dies an keiner anderen Begebenheit so deutlich wie bei Seiner Erscheinung bei dem Fischer nach Seiner Auferstehung.

Aus den Aufzeichnungen von Markus erfahren wir, dass Maria Magdalena die erste Person war, die Jesus Christus nach der Wiedererlangung Seines Lebens begegnete (siehe Mk 16, 9). Aber in der Gruppe Seiner elf Freunde wurde Simon geehrt, indem er als Erster den auferstandenen Herrn sehen durfte. Dass dieser Umstand von besonderer Bedeutung war, kann man leicht aus der Beobachtung schließen, dass es der Apostel Paulus für besonders wichtig hielt, den Korinthern zu sagen, dass Christus »gesehen worden ist von Kephas, danach von den Zwölfen« (1. Kor 15, 5).

Das ›Hof-Fiasko‹ von Simons dreifacher Verleugnung (siehe Mt 26, 69-75) war gekeimt aus überheblichem Selbstvertrauen (siehe Mt 26, 31-35), gewachsen aufgrund der Vernachlässigung einer aufmerksamen Vorbereitung des Herzens im Gebet (siehe Mk 14, 37f) und war schließlich aus Furcht ausgebrochen.

Lukas erzählt uns, dass der Fischer sich an die vorangegangene Ankündigung seiner bevorstehenden Verleugnung erinnerte, als Christus sich wandte und Petrus ansah (vgl. 22, 61), und hinausging und bitterlich weinte (vgl. 22, 62).

Was für ein Blick setzte wohl solch eine Lawine frommer Traurigkeit in Bewegung? War es ein Ausdruck von Enttäuschung, Traurigkeit und Kummer, vielleicht vermischt mit einer Spur Beruhigung? Wie auch immer, Simon reagierte mit großer Beschämung und tiefer Reue.

Man mag sich fragen, warum Simon nicht derselben Verzweiflung anheim fiel wie Judas. Zunächst müssen wir uns erinnern, dass der Herr Jesus gebetet hatte, dass Simons Glaube Bestand haben sollte; also selbst wenn sein Mut ihn verließ, sein Glaube verließ ihn nicht. Zweitens war Simon individuell von Christus ermutigt worden, als der Engel die Frau am Grab geschickt hatte: ». . . sagt seinen Jüngern und Petrus, dass er vor euch hingehen wird nach Galiläa.« – Und nun hatte der Meister wieder einmal die Initiative ergriffen, hatte Simon in beispielloser Güte das Privileg gewährt, Ihn allein zu treffen. Ein Schleier respektvollen Schweigens überdeckt den Inhalt ihres heiligen Gesprächs. Aber wir können vermuten, wie Simon in einer Atmosphäre völliger Offenheit die Gelegenheit hatte, sein Scheitern in vollkommener Demut, Gebrochenheit und Reue anzusprechen, während der Meister ihm mit vollkommenem Verständnis, Zärtlichkeit und Vergebung begegnete. Seine einzigartige Rücksicht ersparte Simon auch die Peinlichkeit, dass seine Versöhnung mit dem Herrn von den aufmerksamen Augen der Zehn verfolgt wurde.

In Seiner teilnahmsvollen Gestaltung dieser zentralen Begegnung demonstrierte Christus nicht nur praktisch Seine eigene Lehre, wie man sich mit einem Bruder versöhnt (siehe Mt 18, 15); ER zeigte in dieser Situation eine Seiner herausragenden Qualitäten als Mentor, wie sie in Jesaja 42, Vers 3 beschrieben werden: »Das geknickte Rohr wird er nicht zerbrechen, und den glimmenden Docht wird er nicht auslöschen. . . .« Ganz besonders demonstrierte ER den hervorstechenden Aspekt göttlicher Güte, in Bezug auf das, was Paulus bemerkte, dass es die Güte Gottes ist, die Menschen zur Buße leitet (vgl. Röm 2, 4).

9.1 Annahme

Gottes Güte, Sein ehrliches Wohlwollen und aktives Erbarmen ist ein Kennzeichen Seiner bedingungslosen göttlichen Liebe. Man kann sie erleben in Seiner barmherzigen Sorge für Regen, Ernte, Nahrung und Freude (vgl. Apg 14, 17). Sie ist ewig (vgl. Jes 54, 8) und ist auf uns in einzigartiger Weise in Christus übertragen worden (vgl. Eph 2, 7; Tit 3, 4f).

Das Leben des Herrn Jesus auf der Erde zeigte eine außerordentliche Güte gegenüber Seinen Mitmenschen, besonders gegenüber Seinem Schützling Simon. Einer der bevorzugten Wege, auf dem ER dies zeigte, war Seine vorbehaltlose Annahme Simons. **Christus war nicht nur einfach interessiert an Simons Leistung und Erfolg,** ER war in erster Linie interessiert an ihm als Person. ER konzentrierte sich auf seine Anlagen und nicht auf seine Probleme. ER liebte ihn genug, dass ER seine Stärken annehmen und sie fördern konnte, aber ER liebte ihn auch genug, dass ER seine Schwächen annehmen und daran arbeiten konnte.

Seine gütige Annahme Simons ging so weit, dass ER ihm Raum zum Scheitern ließ. Nachdem er auf dem Berg der Verklärung sehr schläfrig gewesen war (siehe Lk 9, 32), lud ihn der Herr trotzdem ein, in Gethsemane Wache zu halten, wo er ja wieder einschlief (Mk 14, 3-42).

Und dann versagte der Fischer furchtbar, indem er seinen Herrn dreimal verleugnete. Bemerkenswert ist jedoch die Tatsache, dass es Simons Liebe und Loyalität zu Christus war, die ihn in Schwierigkeiten brachten, denn diese hatten ihn ja schon früher dazu veranlasst, sein Schwert gegen den Knecht des Hohepriesters zu erheben, um seinen Meister zu verteidigen (vgl. Joh 18, 10). Außer Johannes waren die anderen neun Schüler aus Galiläa weggelaufen und waren niemals in eine Situation gekommen, in der sie so in Versuchung geführt wurden wie Simon.

Als jedoch das »Hof-Fiasko« zur größten Prüfung für die Beziehung zwischen Christus und Simon wurde, erwies sich ihre langjährige Freundschaft — und hier im Wesentlichen die offenherzige Annahme Seines Schützlings durch den Herrn — als stark genug, um ihre vollkommene Versöhnung zu ermöglichen. Ihre abgeschiedene Begegnung wurde sogar zu einem zentralen Wendepunkt in Simons Leben, von der er als veränderter Mann zurückkam, geheilt von Selbsteingenommenheit, Eigensinn und Selbständigkeit. **Als sich die freundliche Güte von Christus mit Simons demütiger Gebrochenheit verband, entwickelte sich daraus der entscheidende Charakterdurchbruch, den der Fischer so dringend nötig hatte,** seitdem er sich seinem Mentor angeschlossen hatte.

Jeder, der ein Kind Gottes geworden ist, hat »den Reichtum seiner Güte« (Röm 2, 4) erfahren, der daraus entsteht, dass ER uns in Jesus Christus annimmt. ER hat uns nicht nur vergeben und gerechtfertigt:

- Wir wurden mit Ihm gekreuzigt (vgl. Röm 6, 6)
- Wir wurden mit Ihm begraben (vgl. Röm 6, 4)
- Wir wurden mit Ihm lebendig gemacht (vgl. Eph 2, 5)
- Wir wurden mit Ihm auferweckt (vgl. Eph 2, 6)
- Wir wurden mit Ihm im Himmel eingesetzt (vgl. Eph 2, 6)
- Wir werden mit Ihm in Herrlichkeit offenbar (vgl. Kol 3, 4)

Ein tieferes Verständnis für die **Größe solcher unverdienter göttlicher Annahme und Gunst** sollte uns wirklich überwältigen. Solch eine Antwort des Herzens spürt man in dem rührenden Kirchenlied »Mein und Dein«, komponiert von dem schottischen Pfarrer Horatius Bonar (1808-1889):

»Alles was ich *war* – meine Sünde, meine Schuld,
Mein Tod war alles mein;
Alles was ich *bin*, verdanke ich dir,
meinem barmherzigen Gott allein.

Das Böse meines alten Seins
war mein und nur mein;
Das Gute, an dem ich mich nun freue,
ist dein und nur dein.

Das Dunkel meines alten Seins
Die Fessel war alles mein;
Das Licht des Lebens, in dem ich nun wandle,
Die Freiheit ist dein.

Deine Barmherzigkeit ließ mich erst meine Sünde spüren,
sie lehrte mich glauben;
Dann fand ich Frieden im Glauben,
und nun lebe ich, lebe ich.

Alles, was ich bin, auch hier auf der Erde,
Alles was ich hoffe zu sein,
Wenn Jesus kommt und die Herrlichkeit aufgeht,
verdanke ich, Herr, dir allein.«[68]

Das Wort Gottes verpflichtet Christen dazu, sich Freundlichkeit anzuziehen (vgl. Kol 3, 12), untereinander freundlich zu sein (vgl. Eph 4, 32), und darüber hinaus dem Guten gegen jedermann nachzujagen (vgl. 1. Thess 5, 15). Von einzigartigem Interesse für alle geistlichen Leiter sollte 2. Timotheus 2, Vers 24 sein, wo insbesondere gefordert wird: »Ein Knecht des Herrn soll ... freundlich gegen jedermann ...« sein.

Zweifellos müssen sich Leiter vor der Gefahr der selektiven Annahme hüten. Es ist so einfach, die Begabten und Vielversprechenden, die Eindrucksvollen und Liebenswerten zu bevorzugen, aber was ist mit den Verletzlichen und Unsicheren, den Unreifen und Schwierigen? Außerdem gibt es noch die Bedrohung, Vorurteile zu hegen aufgrund von Unterschieden im Alter, Geschlecht, Persönlichkeit oder kulturellem Hintergrund. Wer immer von Gott einem Leiter anvertraut worden ist, verdient seine vorbehaltlose Annahme und sein ungeteiltes Engagement, weil er oder sie die Person Seiner Wahl ist.

Aber wie, so mögen wir fragen, kann ein Leiter diese göttliche Erwartung erfüllen, allen Menschen gegenüber freundlich zu sein? Solch eine Fähigkeit zu unvoreingenommenem guten Willen kann nur aus einer göttlichen Quelle fließen. Es ist die Liebe Gottes, ausgegossen in unsere Herzen durch den Heiligen Geist (vgl. Röm 5, 5), der uns dazu befähigt, gütig zu sein (1. Kor 13, 4) und andere vollkommen anzunehmen. Wenn wir einen Gedanken aus 2. Korinther 5, Vers 14 hinzufügen, ist es die Liebe Christi, die uns »drängt«; das griechische Verb »*synecho*« erlaubt uns auch zu übersetzen, die Liebe Christi »drängt, schützt, grenzt uns ein«. Welcher Leiter braucht nicht die motivierende als auch regulierende Funktion der Liebe von Christus auf einer dauerhaften Grundlage?

Indem ER Seine beständige freundliche Annahme anbot, befähigte Christus Simon dazu, sein schmerzliches Scheitern zu einem Schluss zu bringen und eine entscheidende Charakterveränderung durchzumachen. So wurde die solide Grundlage gelegt, auf der seine weitere Persönlichkeitsentwicklung aufgebaut werden konnte.

9.2 Ermutigung

Ganz offensichtlich hat die vertrauliche Erscheinung von Christus Simon ganz außerordentlich ermutigt. Es war der unmissverständliche Beweis für den Fischer, dass der Herr immer noch zu ihm stand, ihn immer noch liebte, immer noch eine Zukunft für ihn sah, immer noch Pläne mit ihm hatte.

Dies war weder das erste noch das letzte Mal, dass Christus die Entwicklung Seines Schützlings durch Ermutigung voranzubringen suchte. Eine genauere Untersuchung der Evangelien führt zutage, dass der Herr in Seinem Umgang mit Simon sogar eine zweifache Technik der Ermutigung anwendete.

ER ermutigte ihn auf der einen Seite **durch Worte**. Wir erinnern uns, wie ER Simon gleich zu Beginn sagte, er würde Petrus (›Fels‹) genannt werden (vgl. Joh 1, 42); später versprach ER ihm, aus ihm einen Menschenfischer zu machen (vgl. Mk 1, 17). Als Petrus in der Gegend von Cäsarea Philippi sein bemerkenswertes Bekenntnis über Christus machte, lobte Jesus ihn und sagte ihm, er hätte durch eine geistliche Offenbarung gesprochen und hatte ihn mit Namen »Petrus« angeredet (vgl. Mt 16, 16-18). In Lukas 22, Vers 34 sagte ER voraus, dass Simon eine Kehrtwendung machen würde. Man sollte auch festhalten, dass die Ankündigung des Engels in Markus 16, Vers 7 ebenfalls von Simon als »Petrus« spricht, und damit darauf hinweist, dass sogar zu diesem Zeitpunkt er aus der Sicht Gottes immer noch der »Felsenmann« war.

Auf der anderen Seite ermutigte der Meister Seinen Mann **durch Taten.** Schon gleich am Anfang beschloss ER, in Simons Boot zu steigen (vgl. Lk 5, 2f), später ermutigte ER ihn, auf dem Wasser zu gehen (vgl. Mt 14, 28f). ER erwählte Simon in den inneren Kreis der Drei (vgl. Mk 5, 37; Mt 17, 1; 26, 37) und gab ihm Privatunterricht (vgl. Mt 17, 25-27; 18, 21-35). Außerdem übertrug ER ihm verschiedentlich Verantwortung (vgl. Lk 22, 8; 22, 32; auch Joh 3, 2; Mk 5, 37-41; Mt 10, 1. 5-8).

Menschen, die zu einem Leiter ausgebildet werden sollen, entwickeln sich am besten in einem Umfeld engagierter Beziehungen und in einer Atmosphäre beständiger Ermutigung. Dementsprechend legen kluge Mentoren großen Wert auf die Vermittlung von Anerkennung, Wertschätzung und ganz besonders auf die Bestätigung ihrer Schützlinge.

In diesem Zusammenhang ist Josuas Erfahrung als werdender Leiter besonders lehrreich, denn während sein Mentor Mose ihn wiederholt ermutigte (siehe 5. Mose 3, 21f; 31, 7f), tat es Gott sogar in noch größerem Maße (siehe 5. Mose 1, 38; 3, 28; 31, 23; Jos 1, 1-9). Offensichtlich brauchte Josua eine solch intensive Bestätigung, damit sein Glaube und seine Zuversicht gestärkt wurden im Hinblick auf seine große Verantwortung, die er in der Zukunft übernehmen sollte.

In Zeiten des Scheiterns ist Ermutigung besonders wichtig. Gute Mentoren wissen, wie sie die Arbeit eines Menschen, der einen Fehler gemacht hat, von dem Verhalten trennen müssen, das den Fehler verursacht hat. Gute Mentoren lassen die nicht fallen, die einen Fehler gemacht haben, sondern sie richten sie wieder auf durch Annahme, Bestätigung und Unterstützung. Gute Mentoren betrachten Misserfolge nicht als das Ende des Weges, sondern lediglich als eine momentane Verzögerung auf dem Weg zum endgültigen Erfolg. **Gute Mentoren lenken die Aufmerksamkeit weniger auf den entstandenen Schaden als auf die Lektion(en), die man daraus lernen kann.**

Neben dem Herrn Jesus war ein Levit aus Zypern der biblische Mentor, der das größte Gewicht auf Ermutigung legte. Die Apostel zeichneten ihn aus, indem sie ihm den Namen »*Barnabas*« gaben, was »*Sohn des Trostes*« bedeutet (vgl. Apg 4, 36). Barnabas war großzügig (vgl. Apg 4, 37), ein Mann von moralischem Format, voll Heiligen Geistes und Glaubens (vgl. Apg 11, 24) und besaß das Herz eines Dieners (vgl. Apg 11, 25f). Da er eine von Ermutigung geprägte Lebensweise hatte und sein Schüler Paulus in seinen vorbildhaften Einflussbereich kam (siehe Apg 14, 20-22), entwickelte der Mann aus Tarsus eine ähnliche Stärke (siehe Apg 16, 40; 20, 1f; Röm 1, 11f), und forderte wiederum seine Schützlinge Timotheus und Titus auf, andere zu ermahnen und ermutigen (siehe 2. Tim 4, 2; Tit 2, 15).

Man mag sich fragen, warum es Barnabas so gut gelang, die Lebensweise der Ermutigung an Paulus weiterzugeben. Die Antwort findet sich in der Tatsache, dass Barnabas als Mentor über längere Zeit einen tiefen Einfluss auf Paulus ausgeübt hatte, zuerst während ihres gemeinsamen Jahres in Antiochia (siehe Apg 11, 25f) und dann im Laufe ihrer gemeinsamen Missionsreisen.

Wenn wir heutzutage effektive Mentoren sein möchten, müssen wir erkennen, dass noch mehr als durch wiederholte Bemerkungen der Bestätigung, **wir unsere Schützlinge am meisten durch unser sichtbares beständiges Engagement ermutigen, sie durch ein gut geplantes und in die Tiefe gehendes Mentorenprogramm zu führen.** Schließlich waren die Worte und Taten der Ermutigung des Herrn Jesus gegenüber Simon verteilt auf ein einzigartig geplantes langfristiges Schulungskonzept.

Zu diesem Zeitpunkt scheint es von Nutzen zu sein, eine Anzahl von zentralen Grundsätzen herauszuarbeiten, die aus dem beispiellosen Mentorenmodell von Christus abgeleitet sind, die alle längerfristigen Leiterschulungen unsererseits regieren sollten:

1. Einigen Sie sich mit Ihren Schülern auf die Schulungsziele, die erreicht werden sollen.
2. Seien Sie in erster Linie Mentor auf der Grundlage von Gemeinschaft.
3. Bauen Sie enge Freundschaften auf.

4. Schaffen Sie eine solide Vertrauensbasis.
5. Verhalten Sie sich selbst vorbildhaft.
6. Reservieren Sie die Menge und Qualität an Zeit, die notwendig ist, um Ihre Rolle als Mentor effektiv erfüllen zu können.
7. Passen Sie den Lehrplan den erkannten Schulungsbedürfnissen an.
8. Behalten Sie immer das Wort Gottes im Zentrum Ihres Unterrichts.
9. Verpflichten Sie sich zum gemeinsamen Dienst.
10. Legen Sie den Schwerpunkt auf Ermutigung.
11. Schaffen Sie eine Verbindung der Rechenschaft mit Ihren Schützlingen.
12. Stellen Sie ihnen immer wieder sinnvolle Herausforderungen.
13. Konzentrieren Sie sich auf Ihre Ermächtigung durch den Heiligen Geist.
14. Entwickeln Sie eine Vision und Motivation für Nachahmung und Wachstum.
15. Gewähren Sie Ihren Schülern Zugang zu Ihrem Netzwerk aus Beziehungen und Ressourcen.
16. Prüfen Sie regelmäßig die Effektivität Ihrer Bemühungen als Mentor.
17. Verlieren Sie nie den bedeutenden Stellenwert des Gebets aus den Augen.
18. Bringen Sie den Schulungsprozess zu einem Abschluss, aber behalten Sie die Freundschaft bei.

Um andere ermutigen zu können, müssen wir zunächst einmal ermutigt sein. Hilfreich sind hier bereichernde Einsichten aus den Erfahrungen von Zeugen vergangener Jahrhunderte, wie auch erbauliche Bemerkungen von Mitchristen und die Stärkung der Zuversicht, wenn man in unseren heutigen Lebensumständen Gott am Werk sieht. Was wir letztendlich jedoch brauchen, ist eine direkte Zufuhr geistlicher Kraft. Römer 15, Vers 4 berichtet uns, dass wahre Ermutigung aus der Schrift kommt; sie wird uns zuteil von Gott dem Vater (siehe Röm 15, 5), dem Heiligen Geist (siehe Apg 9, 31) und von Jesus Christus (siehe 2. Thess 2, 16).

Was alle geistlichen Leiter – und besonders die Mentoren, weil sie noch mehr Beziehungen ausgesetzt sind – ganz dringend brauchen, ist, dass sie von Zeit zu Zeit ihre inneren Ressourcen in Gott wieder auffüllen. Die Schrift verheißt: die auf den Herrn harren, kriegen neue Kraft (vgl. Jes 40, 31). David wusste, **wie er Stärke und Ermutigung in Gott finden konnte** (siehe 1. Sam 30, 6), ebenso der Herr Jesus (siehe Mk 14, 32-42). Unausgesprochene Segnungen erwarten die, die Gott lieben (vgl. 1. Kor 2, 9) und die das Geheimnis kennen gelernt haben, sich auf Ihn als ihr ein und alles zu verlassen.

9.3 Berufung

Ein weiterer Zusammenhang, in dem der auferstandene Christus Seine Freundlichkeit gegenüber Simon auf bemerkenswerte Weise zeigt, finden wir im einundzwanzigsten Kapitel des Johannesevangeliums.

Simon hatte beschlossen fischen zu gehen und sechs seiner Gefährten hatten ihn begleitet. Ihre Arbeit war jedoch nicht von Erfolg gekrönt. Aber als sie früh am Morgen den Rat eines Fremden am Ufer befolgten und das Netz auf der rechten Seite ihres Bootes auswarfen, machten sie einen reichen Fang. Der wunderbare Fischfang öffnete Johannes die Augen und er erkannte den Fremden: »Es ist der Herr!« (V. 7) Der Ausruf seines Freundes veranlasste Simon dazu, ins Wasser zu springen, um als Erster den Herrn zu erreichen.

Der erste vergebliche Versuch der Fischer, der uns die ähnliche Szene ins Gedächtnis ruft, wie sie bei Lukas beschrieben ist (siehe 5, 4-7), diente dazu, Simon und seinen Gefährten die Lektion klarzumachen, dass was immer ohne Gottes Unterstützung und Richtungsweisung unternommen wird, also nur aus der Kraft des Fleisches heraus, zum Scheitern verurteilt ist. Gleichzeitig eröffnete das Wunder die ermutigende Aussicht, dass immer, wenn die Männer des Herrn auf Seine Aufforderung hin losgehen würden, um Menschen zu fangen, sie erstaunliche Ergebnisse erzielen würden.

Nachdem die Freunde von Jesus ihr Frühstück beendet hatten, das ER für sie zubereitet und ihnen gereicht hatte, wandte ER sich an Simon und begann das folgende Gespräch:

»Simon, Sohn des Johannes, liebst du mich mehr als diese?«
»Ja, Herr, du weißt, dass ich dich lieb habe.«
»Weide meine Lämmer!
Simon, Sohn des Johannes, liebst du mich?«
»Ja, Herr, du weißt, dass ich dich lieb habe.«
»Kümmere dich um meine Schafe!
Simon, Sohn des Johannes, hast du mich lieb?«
»Herr, du weißt alle Dinge, du weißt, dass ich dich lieb habe.«
»Weide meine Schafe!« (vgl. Verse 15-17)

Es gibt wohl kaum einen Zweifel, dass beim Anblick des Feuers (vgl. V. 9) und angesichts der drei einfachen, aber doch zielgerichteten und prüfenden Fragen des Herrn, Simon an die drei Fragen in der Nähe des Feuers im Hof erinnert wurde, die dazu führten, dass er Jesus dreimal verleugnet hatte. Außerdem hatte ihm die Bemerkung von Christus »mehr als diese« (V. 15) seine frühere Prahlerei wieder ins Gedächtnis gerufen, dass er den Herrn mehr liebte als die Zehn (vgl. Mt 26, 33).

Wenn wir uns den griechischen Originaltext ansehen, entdecken wir den bedeutsamen Unterschied, dass während Christus in Seinen ersten beiden Fragen Simon fragte, ob er Ihn bedingungslos und selbstlos liebte (das hier verwendete Verb ist »*agapain*«), Simon antwortete, dass er Christus lieb hatte (»*philein*« wird hier benutzt). Mit der dritten Frage änderte der Herr Seinen Ansatz und fragte Seinen Schützling, ob er Ihn lieb hätte. Der Fischer, traurig darüber, dass der Meister scheinbar seine Zuneigung zu Ihm in Frage stellte, erwiderte mit der Versicherung, dass er Ihn tatsächlich lieb hätte.

Simons drei ernsthafte und bescheidene Antworten haben bewiesen, dass seine intensive Reue seine frühere Selbstsicherheit und seinen Stolz in Nichts aufgelöst hat. Nun, in tiefer Demut, als Ergebnis der Prüfung und Verfeinerung seiner Beziehung zu Christus, wagte er nicht einmal mehr, für sich in Anspruch zu nehmen, dass seine Liebe zu Ihm derart war, wie der Herr sie erfragte. Vielmehr appellierte er daran, dass Christus sein Herz in- und auswendig kannte, das Ihm doch wahrhaftig ergeben war.

Jedem Geständnis von Seiten Simons folgte ein Auftrag von Seiten Christi: »Weide meine Lämmer« — »Kümmere dich um meine Schafe« — »Weide meine Schafe«. Nach Simons früherer Wiederherstellung in der Abgeschiedenheit, setzte Christus ihn nun in der Öffentlichkeit wieder ein, indem ER Seinen verwandelten Schützling zu dem doppelten Amt berief, den jungen, unerfahrenen und verletzlichen Kindern Gottes geistliche Nahrung zu geben, und den reifen und starken Pflege, Anleitung, Schutz und Sorge.

Es ist an dieser Stelle bemerkenswert, dass nach der »Gruppenberufung« der Elf (siehe Joh 20, 21, vgl. 17, 18) es der Herr für besonders angebracht hielt, Simon mit einer separaten »persönlichen Berufung« zu ehren. Dies war nicht nur eine weitere Gelegenheit zur freundlichen Ermutigung Simons, sondern auch die wesentliche öffentliche Aussage, dass ER sein volles Vertrauen in den wiederhergestellten Simon setzte, damit er die zukünftige Leiterrolle ausfüllen sollte, für die ER ihn gefördert hatte.

Gegen Ende ihrer ereignisreichen Begegnung prophezeite Jesus Simon, wie dieser Gott durch seinen Tod preisen würde und forderte ihn auf: »Folge mir nach!« (Joh 21, 19). Als der Fischer eine ähnliche Antwort hinsichtlich der Zukunft seines besten Freundes Johannes begehrte mit der Frage: »Herr, was wird aber mit diesem?« (V. 21), ermahnte ihn Christus, sich nicht von der Sorge um Johannes ablenken zu lassen und wiederholte Seine Aufforderung: »Folge du mir nach!« (V. 22)

Man könnte sich fragen, warum Simon, der gerade als geistlicher Leiter wieder eingesetzt und berufen worden war, nicht aufgefordert wurde: »Leite für mich!« Stattdessen nahm der Herr Seine erste Berufung am Seeufer wieder auf (siehe Mk 1, 17), und beauftragte Simon erneut, Ihm nachzufolgen. Diese knappe Aufforderung enthielt die Herausforderung, alle anderen Ziele fallen zu lassen, das Geheimnis der fortschreitenden Heiligung, den Entwurf zur Fruchtbarkeit, den Weg zur Verherrlichung Gottes — kurz, den gesamten Wegweiser hin zum Abbild von Christus.

Vor dem Hintergrund der verschiedenen Beobachtungen, die wir im Laufe unseres vorangegangenen Gedankenganges gemacht haben, **dürfen die folgenden Gefahren nicht unserer Aufmerksamkeit entgehen:**

- Die Gefahr, geistlichen Dienst rein aus menschlicher Kraft zu leisten und damit ein Scheitern herauszufordern.
- Die Gefahr, sich zur Arbeit für Gott zu verpflichten, ohne auf einer soliden Grundlage der Liebe zu Ihm zu stehen.
- Die Gefahr, die allgemeinen Ziele Gottes als ausreichende Legitimation zum Dienst überzubeanspruchen, anstatt eine persönliche göttliche Berufung auszuführen.
- Die Gefahr, sich zu erlauben, sich von sekundären Anliegen ablenken zu lassen, anstatt sich auf die Prioritäten Gottes zu konzentrieren.

Der Weg, diesen Gefahren zu entrinnen, ist kein anderer als genau der, den Christus Simon aufgezeigt hat, als ER ihm den Auftrag gab: »Folge du mir nach!« Abseits dieses Weges gibt es keine Sicherheit, keinen inneren Frieden, keine gottgefällige Frucht. Für jeden Diener Gottes besteht das gottgewollte lebenslange Programm darin, Jesus nachzufolgen. Wenn wir das tun, werden wir niemals an einen Punkt kommen, wo der Herr nicht schon vor uns gewesen ist. **Die Qualität der geistlichen Leiterschaft ist bestimmt durch die Qualität der inneren Verpflichtung des Leiters, Christus nachzufolgen;** auf der anderen Seite entsteht jede Unzulänglichkeit in der Leiterschaft, wenn Sein Beispiel zu kurz kommt.

9.4 Segnung

Haben Sie sich jemals gefragt, was die letzte Tat auf der Erde war, die der Herr Jesus für Seine elf Freunde unternommen hat? Lukas lieferte die Antwort gegen Ende seines Evangeliumsberichts:

»Er führte sie aber hinaus bis nach Bethanien und hob die Hände auf und segnete sie. Und es geschah, als er sie segnete, schied er von ihnen und fuhr gen Himmel.« (24, 50f).

Während Seines gesamten Wirkens unter den Männern war das Leben von Jesus Christus ein Kanal des Segens. Zu Beginn Seines öffentlichen Redens verkündete ER die Seligpreisungen, also die Bedingungen, die zum reichen Segen eines Lebens im Reich Gottes befähigen (siehe Mt 5, 3-10). Aus der Apostelgeschichte erfahren wir: »... der ist umhergezogen und hat Gutes getan ...« (10, 38). Abgesehen von Seinen zahlreichen Akten der Freundlichkeit segnete ER Seine Zeitgenossen durch Sein frommes Beispiel, Seine Worte, und ganz besonders durch Seine Gebete. Markus berichtet uns, dass ER die Hände auf die Kinder legte und sie segnete (vgl. 10, 16), und gerade haben wir in Lukas gesehen, dass **ER die Ausbildung Seiner Männer zu Ende brachte, indem ER den Segen Gottes für Sie erbat.** Was mag in diesem letzten Augenblick wohl in Seinem Herzen Simon betreffend vorgegangen sein?

Durch Sein Leben und Sein Wirken, das so beschaffen war, dass ER zum Segen für jeden wurde, repräsentierte Christus einmal mehr das wunderbare Wesen Seines Vaters. Kurz nachdem Gott den Menschen nach Seinem Bild, Mann und Frau, geschaffen hatte, segnete ER sie (vgl. 1. Mose 1, 26-28; 5, 2). ER schuf den Menschen sozusagen als Gefäß für den göttlichen Segen. Im Laufe der Zeit sehen wir, wie Gott Menschen segnet, darunter z. B. Noah (vgl. 1. Mose 9, 1), Abraham (vgl. 1. Mose 12, 2f; 24, 1), Isaak (vgl. 1. Mose 25, 11; 26, 12), Jakob (vgl. 1. Mose 32, 29; 35, 9), Hiob (vgl. Hiob 1, 10; 42, 12), das Volk Israel (vgl. 5. Mose 2, 7; Jos 24, 10) und an sich alle Völker der Erde (vgl. 1. Mose 28, 14; Apg 3, 25).

Für uns heute kann Gottes weltweite Strategie des Segnens nur durch die Erlösung und unser Festhalten an Jesus Christus vollkommen wirksam werden. Der Apostel Paulus lehrte uns, dass Gott »uns erlöst hat, ... damit der Segen Abrahams unter die Heiden komme in Christus Jesus ...« (Gal 3, 13f), und »uns gesegnet hat mit allem geistlichen Segen im Himmel durch Christus« (Eph 1, 3). Es war Andrew Murray, der in diesem Zusammenhang bemerkte: »So sicher wie der Ast, der an einem fruchtbaren Weinstock bleibt, Frucht trägt, so sicher, ja, *noch viel sicherer*, wird eine Seele, die an Christus mit Seinem reichen Segen festhält, zu einer Segnung gemacht werden.«[69]

Wenn wir das Abendmahl feiern, so soll dies einzig und allein bedeuten, dass unser Glaube erneuert, hochgehalten und gefestigt wird, um die Fülle des in Christus verfügbaren Segens in Besitz nehmen zu können, so dass wir ein Segen für unsere Mitmenschen sein können und werden. Sich in dieser Weise an das Opfer des Herrn für uns zu erinnern soll mehr sein als nur die Erinnerung an eine historische Tatsache, mehr als das Gedenken an die Erfahrung unserer Rechtfertigung in der Vergangenheit. Vielmehr sollte es eine Quelle der Ermutigung sein, mit der Gegenwart und der Kraft von Christus in unserer heutigen Zeit zu rechnen, Ihm zu vertrauen, dass Seine volle Erlösung auch heute gilt, alle Segnungen in Anspruch zu nehmen, die von Seinem Dienst heute auf uns fließen.

Einen göttlichen Segen zu erhalten bedeutet das Anvertrauen des göttlichen Segens für andere. Als tägliche Empfänger der vielfältigen Segnungen Gottes in Christus sind wir aufgefordert: »Gutes zu tun an jedermann, allermeist aber an des Glaubens Genossen« (Gal 6, 10; Eph 2, 10; 1. Tim 6, 18). Paulus konnte den Christen in Rom mit bemerkenswerter Zuversicht bezeugen: »Ich weiß aber, wenn ich zu euch komme, dass ich mit dem vollen Segen Christi kommen werde« (Röm 15, 29).

Gottes Segen in eine Welt zu bringen, die voller Finsternis ist, weil der Satan dieser Welt den Sinn verblendet hat (2. Kor 4, 4), voller Unglauben, Schuld, Hoffnungslosigkeit und Angst, macht uns zu einem Licht der Welt (vgl. Mt 5, 14), das Ihn widerspiegelt, der erklärte, ER sei das Licht der Welt (vgl. Joh 8, 12). Jedoch können wir nur wirklich für Gott als »Kinder des Lichts« leuchten (Joh 12, 36), d. h. wenn wir als diejenigen, die in die göttliche Familie aufgenommen worden sind (vgl. Röm 8, 15), unter dem göttlichen Schutz leben (vgl. Röm 13, 12. 14) und uns auf die göttliche Unterstützung verlassen (vgl. Joh 14, 16-19).

»Wenn wir uns als Segen zur Verfügung stellen, können wir ganz besonders auf den Segen Gottes zählen«, erklärte Andrew

Murray.[70] Mit anderen Worten, wenn wir andere Menschen segnen, kommt die **Verheißung des auf uns zurückfallenden Segens** ins Spiel:

- Segnet, und ihr werdet gesegnet werden (vgl. 1. Petr 3, 9)
- Gebt, und ihr werdet bekommen (vgl. Lk 6, 38)
- Liebt, und ihr werdet geliebt werden (vgl. Spr 8, 17)
- Vergebt, und euch wird vergeben werden (vgl. Mt 6, 14)
- Ehrt Gott, und ER wird euch ehren (vgl. 1. Sam 2, 30).

Die Heilige Schrift verheißt außerdem, dass wer im Segen sät, der wird auch ernten im Segen (vgl. 2. Kor 9, 6) und wer großzügig ist, wird selbst auch gesegnet werden (vgl. Spr 22, 8).

Während wir Menschen segnen können durch das Beispiel, das wir geben, die Worte, die wir sprechen und die Taten, die wir tun, **sind unsere Gebete das beste Mittel, das wir zur Hand haben, um Segen in das Leben anderer Menschen zu leiten.** Ob wir uns dabei auf die Jungen oder Alten konzentrieren, die Schwachen oder Starken, die Ausgestoßenen oder Umjubelten, ob wir dabei an Fremde oder Freunde denken, an Schützlinge oder Leiter, durch unsere Segensgebete können wir für diese Menschen in Nah und Fern Ermutigung, Trost, Hoffnung, Zuversicht, Weisheit, Anleitung, Kraft, Heilung, Schutz und Fürsorge bringen.

Das Volk Gottes zur Zeit der Bibel lebte in diesem Verständnis, zum Beispiel:

- Isaak segnete Jakob (vgl. 1. Mose 28, 1. 3)
- Jakob segnete seine Söhne (vgl. 1. Mose 49, 28)
- Mose segnete die Israeliten (vgl. 2. Mose 39, 43; 5. Mose 33, 1)
- Josua segnete Kaleb (vgl. Jos 14, 13)
- David segnete seine Familie (vgl. 1. Chr 16, 43)
- Noomi segnete Boas (vgl. Rut 2, 19f)
- Simeon segnete Josef und Maria (vgl. Lk 2, 33f).

Gott selbst maß den Segensgebeten eine solch außerordentliche Bedeutung zu, dass ER Aaron und seine Nachkommen aussonderte, damit sie in Seinem Namen die Israeliten segnen sollten (vgl. 1. Chr 23, 13; 5. Mose 21, 5). ER gebot sogar Mose, Aaron und seine Söhne zu lehren, nach welchem Vorbild sie den Segen sprechen sollten:

»Der HERR segne dich und behüte dich; der HERR lasse sein Angesicht leuchten über dir und sei dir gnädig; der HERR hebe sein Angesicht über dich und gebe dir Frieden.« (4. Mose 6, 24-26)

Aus Lukas' Bericht haben wir nicht erfahren, was der Meister sagte, als ER die praktische Ausbildung Seiner Schützlinge abschloss. Aber wir kennen den letzten Akt der Freundlichkeit, den ER, der erhabene Mann des Gebets, auf der Erde an Seinen galiläischen Freunden getan hat, nämlich Gottes Segen für sie zu erbitten. Nachdem sie die Lektionen gelernt hatten, die sie sich durch die direkte Gemeinschaft mit Ihm angeeignet hatten, ließ ER sie gehen, damit sie bald eine neue geistliche Dimension erfahren sollten. Simon, der die Leiterschafts-ausbildung durch Christus mit Auszeichnung abgeschlossen hatte, hatte nun das nötige Rüstzeug, um sich unter der glorreichen Anleitung des Heiligen Geistes noch weiter zu entwickeln.

Kapitel 10

Kraft

»Aber ihr werdet die Kraft des heiligen Geistes empfangen,
der auf euch kommen wird,
und werdet meine Zeugen sein in Jerusalem und
in ganz Judäa und Samarien und bis an das Ende der Erde.«
(Apostelgeschichte 1, 8)

Bevor der Herr Jesus in den Himmel auffuhr, befahl ER Seinen elf Freunden, Jerusalem nicht zu verlassen, sondern auf das Geschenk zu warten, das Sein Vater versprochen hatte, die Ausrüstung mit Kraft aus der Höhe (vgl. Apg 1, 8; Lk 24, 49).

Sie sollten in Jerusalem bleiben! Waren sie nicht drei Jahre lang oder länger ausgebildet worden, um das Werk, das Christus begonnen hatte, zu übernehmen und weiterzuführen? Waren dort nicht Mengen von Menschen, die geistliche Leitung dringend nötig hatten (vgl. Mt 9, 36f)? War nicht da draußen eine Welt, die in der Sünde starb, und waren nicht sie allein die Träger der einzigen Wahrheit, die die Verschmachtenden retten konnte?

Ja, aber sie taten genau das, was der Herr Jesus ihnen befohlen hatte, weil sie davon überzeugt waren, dass hinter Seiner Bitte zu bleiben ein guter Zweck steckte. Als sie über den Auftrag nachdachten, den sie erhalten hatten – ihren Dienst in der Stadt zu beginnen, deren Bewohner ihren Herrn gekreuzigt hatten, die Botschaft des Kreuzes in die Welt zu tragen, das Reich Gottes gegen die feindlichen Mächte der Dunkelheit aufzubauen – fühlten sie sich ungeeignet, schwach und hilflos. Sie waren sich nur zu gut bewusst, dass sie, um ihre übermenschliche Aufgabe erfüllen zu können, göttliche Autorität dringend brauchten (vgl. 2. Kor 3, 5f). Die Apostel wollten nur gehen, wenn sie mit der Ausrüstung Gottes gehen konnten; sie wussten, dass sie nichts ausrichten konnten ohne das, was der Herr Jesus selbst brauchte, bevor ER bereit war, öffentlich zu wirken: übermenschliche Kraft (vgl. Mk 1, 10; Lk 4, 1.14; Apg 10, 38; 2. Petr 1, 16).

Ihr strikter Gehorsam gegenüber der Weisung von Christus, in Jerusalem zu bleiben, zeigt sowohl ihre vollkommene Weihe zu Ihm und ihr volles Vertrauen, dass die Verheißung Gottes an sie »nicht lange nach diesen Tagen« (Apg 1, 5) erfüllt würde. Sie blieben unerschütterlich in dem oberen Raum im Glauben und Gebet und gaben so Gott eine weitere Gelegenheit, ihr Herz zu erforschen im Hinblick auf ihren persönlichen Wandel mit Ihm und ihren Beziehungen untereinander.

Als sie mit Gott und miteinander in Harmonie zusammen waren, goss Christus am Pfingsttag den Heiligen Geist über sie aus (siehe Apg 2, 33). Während die Elf bereits vorher »den Heiligen Geist genommen« hatten (siehe Joh 20, 22), wurden sie dieses Mal »alle erfüllt von dem Heiligen Geist« (Apg 2, 4). Während sie zuvor Seine Gegenwart gespürt hatten, hatten sie nun Seine Kraft bekommen. Diese überfließende Ausrüstung aus der Höhe stärkte und verwandelte sie. Sie steckte sie in Brand für Gott; sie erweiterte ihre geistliche Aufnahmefähigkeit, rüstete sie mit neuen Gaben aus, erfüllte sie mit Mut und Eifer, gab ihnen die Kraft, in ihrem jeweiligen Dienst für Gott effektiv zu sein. Kurz, sie hob sie auf eine neue Ebene der Erfahrung mit Gott und der Kompetenz für Seine Sache.

Bei Simon bewirkte diese göttliche Erscheinung, dass der Same, den der Herr Jesus durch Seine beispiellose Mentorenschaft gepflanzt hatte, zu voller Reife aufsprang. Sie gab den letzten Anstoß für seine Entwicklung hin zu einer hervorragenden Leiterschaft. Sie brachte ihn ganz dahin, wo Christus ihn schon die ganze Zeit gesehen hatte. Seine Schwäche wurde ersetzt durch Stärke und das Fleisch durch den Geist; so wurde Simon zu einem einflussreichen Leiter. Von nun an war der Fischer ein echter Menschenfischer — etwa 3000 Menschen bekehrten sich zu Gott auf seine erste Predigt hin (vgl. Apg 2, 4). Er erwies sich als mächtig in Wort und Tat und wurde sehr anziehend und seinem Herrn immer ähnlicher.

Erfüllt mit dem Heiligen Geist, war er von Gott in die Lage versetzt, seinen ihm zugedachten Platz in dem weltweiten Plan Gottes einzunehmen. Als Säule der frühen Kirche und als Pioniermissionar (vgl. Gal 2, 7-9) spielte er eine führende Rolle im Aufstieg und der Verbreitung der vom Meister geplanten weltweiten Zeugnisbewegung, genau die Rolle, zu der Jesus ihn zunächst berufen und dann ausgebildet hatte.

10.1 Die Person und das Wirken des Heiligen Geistes

In der Bibel wird der dritte Teil der Dreieinigkeit unter einer großen Vielfalt an **Namen** eingeführt, zum Beispiel: der Geist Gottes (1. Mose 1, 2), der Geist des HERRN (1. Sam 16, 13), der Geist Jesu Christi (Phil 1, 19), der Heilige Geist (Mt 1, 18), der Geist, der heiligt (Röm 1, 4), der Geist der Wahrheit (1. Joh 4, 6), der Geist der Weisheit und des Verstandes (Jes 11, 2), der Geist des Rates und der Stärke (Jes 11, 2), der Geist der Erkenntnis und der Furcht des HERRN (Jes 11, 2), der Geist des Lebens (Röm 8, 2), der Geist der Gnade (Hebr 10, 29), der kindliche Geist (Röm 8, 15) und der Geist der Herrlichkeit (1. Petr 4, 14).

Außerdem wird der Heilige Geist durch die **Symbole** Tau (Hos 14, 6), Wasser (vgl. Joh 7, 37-39), Öl (vgl. Hebr 1, 9) und Feuer (vgl. Apg 2, 3) beschrieben; von Ihm wird gesprochen als Odem (Hiob 33, 4) und Wind (vgl. Apg 2, 2). Seine Rolle wird mit Hilfe der **Metaphern** der Erstlingsgabe (Röm 8, 23), Unterpfand (2. Kor 5, 5) und Siegel (vgl. Eph 1, 13) charakterisiert.

Eine der grundlegenden Wahrheiten über den Heiligen Geist ist, dass ER keine reine Kraft oder Einfluss ist, sondern eine Person. ER zeigt die wesentlichen Persönlichkeitszüge des Sinns (vgl. Röm 8, 27), der Gefühle (vgl. Eph 4, 30) und des Willens (vgl. 1. Kor 12, 11). ER ist der oberste göttliche Vermittler unter den Menschen.

Ohne Seine Gegenwart und Sein Tun ist es absolut unmöglich, als Christ zu leben. Andrew Murray bemerkte so passend: »Im Leben als Christ hängt alles davon ab, dass man den Heiligen Geist und Sein gesegnetes Werk richtig kennt.«[71] Unter einer **Vielzahl von Funktionen,** die ER für das Volk Gottes ausübt, finden wir, dass ER

- Leben spendet (Joh 6, 63)
- erneuert (vgl. Tit 3, 5)
- lehrt (vgl. 1. Kor 2, 13)
- erinnert (vgl. Joh 14, 26)
- offenbart (vgl. 1. Kor 2, 10)
- berät (vgl. Apg 16, 6-10)
- überzeugt (vgl. Joh 16, 8)
- bezeugt (vgl. Joh 15, 26)
- regiert (vgl. Gal 5, 18)
- hilft (vgl. Röm 8, 26)
- Christus verkündigt (vgl. Joh 16, 15)
- uns vertritt (Röm 8, 26)
- reinigt (vgl. Jes 4, 4)
- befreit (vgl. 2. Kor 3, 17)
- heiligt (vgl. 1. Petr 1, 2)
- verwandelt (vgl. 2. Kor 3, 18)
- beruft (vgl. Apg 13, 2)
- salbt (vgl. 1. Joh 2, 20)
- ermächtigt (vgl. 1. Kor 2, 4)
- Frucht bringt (vgl. Gal 5, 22f)
- Gaben verteilt (vgl. 1. Kor 12, 11)
- stärkt (vgl. Eph 3, 16)
- tröstet (vgl. Joh 14, 16)
- Christus verherrlicht (vgl. Joh 16, 14)

Es ist sehr wichtig, dass man sich klarmacht, dass, eben weil der Heilige Geist eine Person ist, auch **verschiedene Sünden gegen Ihn begangen werden können:**

- man kann Ihm widerstreben (siehe Apg 7, 51)
- man kann sich gegen Ihn verstocken (siehe Hebr 3, 7f)
- man kann gegen Ihn widerspenstig sein (siehe Jes 63, 10)
- man kann Ihn versuchen (siehe Apg 5, 9)
- man kann Ihn verachten (siehe Apg 8, 20)
- man kann ihn schmähen (siehe Hebr 10, 29)
- man kann Ihn belügen (siehe Apg 5, 3)
- man kann gegen Ihn lästern (siehe Lk 12, 10)
- man kann Ihn betrüben (siehe Eph 4, 30)
- man kann Ihn dämpfen (siehe 1. Thess 5, 19)

Immer wenn ein Mensch Christ wird durch eine Wiedergeburt des Heiligen Geistes (vgl. Joh 3, 8), nimmt der Geist Wohnung in dem Gläubigen und lebt dann in ihm (vgl. 1. Kor 6, 19; 2. Tim 1, 14). Der innewohnende Geist gibt Zeugnis seinem Geist, dass er ein Kind Gottes ist (vgl. Röm 8, 15f). Wenn man jedoch den Heiligen Geist auf diese Weise empfangen hat, fordert das Wort Gottes dazu auf, mit dem Geist erfüllt zu sein (siehe Eph 5, 18). Diese Unterscheidung zwischen dem Empfangen und dem Erfülltsein mit dem Geist bezieht sich ganz offensichtlich nicht auf die Art, sondern auf den Grad.

Genauso wie die Elf zuerst den Geist empfingen (siehe Joh 20, 22) und dann an Pfingsten mit Ihm erfüllt wurden (siehe Apg 2, 4), ist auch **die biblische Erwartung für jeden Christen, dass er mit dem Heiligen Geist erfüllt werde.** Tatsächlich gibt uns die im griechischen Originaltext in Epheser 5, Vers 18 verwendete Zeitform Aufschluss darüber, dass wir auf einer dauerhaften Basis mit dem Geist erfüllt werden sollen. In diesem Zusammenhang ist die Erfahrung Simon Petrus' von besonderem Interesse, denn nachdem er an Pfingsten erfüllt wurde, wurde er nach einer denkwürdigen Gebetsgemeinschaft mit Johannes und anderen Gläubigen in Jerusalem erneut mit dem Geist erfüllt (siehe Apg 4, 31).

Vom Heiligen Geist erfüllt zu sein war die Richtschnur für die frühen Christen. Das kann man nicht nur an der gerade hervorgehobenen biblischen Anordnung erkennen, sondern auch an dem Umstand, dass einflussreiche Persönlichkeiten wie Stephanus, Barnabas und Paulus vom Geist erfüllt waren (siehe Apg 6, 5; 11, 24; 13, 9). Außerdem können wir beobachten, dass die Apostel offensichtlich das Wirken Gottes in Gläubigen so lange als unvollständig betrachteten, bis sie mit dem Heiligen Geist erfüllt wurden (siehe Apg 8, 14-17; 19, 1-6).

Diese Erfahrung ist ein Privileg, das allen Nachfolgern von Jesus Christus heute offen steht. Mit den Worten Andrew Murrays bedeutet das:

>»Es ist das Privileg, das jedes Kind Gottes von seinem Vater in Anspruch nehmen kann, mit dem Geist erfüllt zu werden. Nur so kann der Mensch das Leben leben, zu dem er erlöst wurde, wenn er in Christus bleibt, Seine Gebote hält und viel Frucht bringt.«[72]

Und was noch viel wichtiger ist, **mit dem Heiligen Geist erfüllt zu werden, ist eine Pflicht, und ganz besonders eine glatte Notwendigkeit.** Um Murray noch einmal zu zitieren:

>»In der Kirche Christi sollte jeder Tag ein Pfingsttag sein.«[73]

>»Nichts weniger als die Fülle des Geistes ist unbedingt notwendig, um als wahrer Christ, nach dem Abbild von Christus zu leben.«[74]

>»... das Eine, das die Kirche braucht, und wonach die Menschen vor allem anderen einmütig und von ganzem Herzen streben sollten, ist mit dem Geist Gottes erfüllt zu werden.«[75]

Welcher Gläubige, der Seinem Herrn ernsthaft gefallen, ihn ehren und ihm dienen möchte, könnte es sich leisten, seinen Weg als Christ zu gehen, und sich dabei unter dem Maßstab zu bewegen, ständig mit dem Heiligen Geist erfüllt zu werden?

10.2 Das Reich Gottes, von Kraft gekennzeichnet

Die Bibel betont in 1. Korinther 4, Vers 20: »Denn das Reich Gottes steht nicht in Worten, sondern in Kraft.« Alle Kraft ist bei Gott (siehe Offb 19, 1), alle Teile der Dreieinigkeit stehen für göttliche Kraft (siehe 2. Kor 13, 4; 1. Kor 5, 4; Gal 4, 29), alle übermenschliche Kraft ist dem Menschen durch den Heiligen Geist gegeben (siehe Eph 3, 16).

Wenn wir uns zum Dienst für Christus verpflichten, **qualifiziert uns einzig die übermenschliche Kraft wirklich dazu, dass wir in bedeutendem Maße zur Ausbreitung des Reiches Gottes beitragen können.** Wir brauchen die göttliche Salbung sowohl für unsere persönliche Heiligkeit als auch für die Effektivität im Dienst.

Es war die Ausrüstung mit dieser Sicherheit gebenden, stärkenden, heiligenden, Mut machenden, ausrüstenden und fruchtbringenden Kraft aus der Höhe, die Simon Petrus verwandelte, und ihn für

Gott in Brand setzte. Nachdem er an Pfingsten mit dem Heiligen Geist erfüllt worden war, entdecken wir in seinem Dienst neuen Schwung bei

- der Kraft im Glauben (siehe Apg 3, 6; 9, 34)
- der Kraft im Gebet (siehe Apg 4, 23-31)
- der Kraft im Zeugnisgeben (siehe Apg 10, 34-44)
- der Kraft zum Predigen (siehe Apg 2, 14-41)
- der Kraft zum Lehren (siehe Apg 4, 1-4)
- der Kraft zum Leiten (siehe Apg 5, 1-11)
- der Kraft, anderen die Kraft des Geistes zu geben (siehe Apg 8, 14-17)
- der Kraft, Wunder zu vollbringen (siehe Apg 5, 15f; 9, 36-41)

Diese offensichtliche Salbung, die auf ihm lag, machte aus Simon einen Leiter, der Gottes kraftvolle Gegenwart auf außerordentliche Art und Weise deutlich machte. Er wurde für seine Zeitgenossen der Kanal, durch den sie die Verurteilung von Sünde, Heil, geistlichen Fortschritt, wunderbare Zeichen und Wunder, ja sogar das Gericht Gottes erfahren konnten. Ohne dieses kraftvolle göttliche Hilfsmittel wären weder Simon noch seine Freunde in der Lage gewesen, den Auftrag zu erfüllen, den der Meister ihnen gegeben hatte. Mit dieser Kraft jedoch wurden sie zum Werkzeug, die frühe Kirche aufzubauen und dann eine weltweite Bewegung christlicher Zeugen zu initiieren, die schließlich auch unser Leben erreicht hat.

Der große Auftrag, diese Welt für Gott zu erreichen, gilt auch heute noch, wie auch die Verheißung der Kraft des Heiligen Geistes. Der fromme John Fletcher war davon überzeugt: »Bis diese Kraft kommt, scheint es mir, dass ich meine armselige Kraft vergebens gebrauche, und dass ich genauso gut still sitzen könnte.«[76] Und Charles G. Finney sagte mit Nachdruck: »Niemand hat zu keiner Zeit das Recht, Erfolg zu erwarten, außer er sichert sich zuerst die Ausrüstung mit dieser Kraft.«[77] Der Erweckungsprediger warnte vor »dem großen Fehler der Kirche und dem Dienst«, der darin besteht, dass »sie in der Bekehrung stecken bleiben und nicht weitersuchen, bis sie diese Ausrüstung mit Kraft aus der Höhe erhalten haben«; das Ergebnis ist, dass so viele Christen »keine Kraft haben, weder bei Gott noch bei den Menschen«.[78]

Ohne Zweifel können Christen andere Menschen anziehen, unterhalten, lehren, motivieren, herausfordern und mobilisieren, aber sie können nicht ihr Herz verwandeln. Das ist ein göttliches Werk und ist das, worum es im Kern bei biblischen Evangelisationen und Leiterschulungen geht. **Das Werk Gottes kann nur auf Gottes Art und durch die Kraft Gottes getan werden.** Betrachten wir uns selbst als gänzlich und ständig bedürftig in dieser Hinsicht?

Um auf die Frage zu antworten, wie man diese Ausrüstung heute erhalten kann, sind viele Anforderungen genannt worden. Ganz offensichtlich hat eine Unterbrechung bei der Erfüllung der Bedingungen Gottes eine Unterbrechung der Übertragung der Fülle der Kraft Gottes zur Folge. Die drei grundlegendsten Vorbedingungen in diesem Zusammenhang sind keine anderen als die, die wir bereits gestreift haben, als wir uns den Weg zum vollkommenen Heil angesehen haben: Weihe, Glaube und Gebet (vgl. Abschnitt 8. 3). Mit Finneys Worten ausgedrückt heißt das:

> »Jeder Christ besitzt ein gewisses Maß am Geist von Christus; ausreichend vom Heiligen Geist, damit wir zu wahrer Weihe geführt werden, und damit in uns der Glaube geweckt wird, der für ein siegreiches Beten von Bedeutung ist. Darum wollen wir Ihn nicht betrüben oder uns Ihm widersetzen; sondern den Auftrag annehmen, uns vollkommen und mit allem, was wir haben, der Rettung von Seelen als unserer größten Aufgabe und unserem einzigen Lebenswerk zu widmen. Wir wollen zum Altar vortreten, mit allem, was wir haben und sind, und dort liegen und im Gebet verharren, bis wir die Ausrüstung erhalten.«[79]

Meinen wir es persönlich völlig ernst mit dieser äußerst dringenden Vorbedingung für wahre Fruchtbarkeit im Dienst für Gott? Sind wir uns unserer Verantwortung in dieser Hinsicht voll bewusst? In einer ihrer Predigten formulierte Catherine Booth (1829-1890) diese eindrucksvollen Gedanken:

»Wer kann denn schon sagen, was Gott mit einem Mann oder einer Frau tun kann, auch wenn sie schüchtern oder schwach ist, wenn sie Ihm nur vollkommen ergeben ist. Mein Bruder, meine Schwester, ER macht dich dafür verantwortlich ... Die Welt liegt im Sterben — Seelen werden jeden Tag in schrecklich großer Zahl verdammt. Männer laufen geradewegs in die Vernichtung. Stürme aus Gräueltaten fegen durch unsere Straßen und durch unsere Welt. Gott ist schon beinahe müde ob all der Schreie unserer Sünden und unserer Gräueltaten, die an Seine Ohren gelangen. Was willst du dagegen tun, Bruder? Was willst du tun? Willst du dich ans Werk machen? Willst du diese Kraft haben? Willst du alles hinter dir lassen, das dich behindert? Willst du sie um jeden Preis?«[80]

Eine Persönlichkeit, die so erpicht darauf war, sich von der Kraft des Heiligen Geistes entzünden zu lassen, war Dwight L. Moody.

Eines Tages wurde der Evangelist von einem alten Mann angesprochen: »Junger Mann, wenn Sie das nächste Mal reden, ehren Sie den Heiligen Geist.«[81] Monate später benutzte Gott dieses Wort, um Moody seine völlige Abhängigkeit vom Heiligen Geist zu offenbaren. Damals waren zwei fromme Frauen in einem seiner Sonntagabendgottesdienste in Chicago. Sie ließen ihn wissen, dass sie für ihn beteten, weil er die Kraft Gottes nötig hatte. Moody dachte, er hätte diese Kraft, weil er doch die größte Gemeinde in Chicago leitete und erlebt hatte, wie so viele bekehrt wurden. Aber nachdem er über die Bemerkung der beiden Damen über sein Bedürfnis nach einer besonderen Salbung noch einmal nachgedacht hatte, richtete er es ein, noch einmal mit ihnen zu sprechen und zu beten. Sie baten Gott, Moody mit Seinem Geist zu erfüllen. Ein wachsender Hunger ergriff seine Seele, bis er nie wieder ohne göttliche Kraft für den Dienst leben wollte.

Moodys ständiger Ruf des Herzens nach der Erleuchtung Gottes wurde beantwortet, während er auf seiner Reise nach England in New York Halt machte. Gott gewährte ihm eine solch kraftvolle Offenbarung Seiner selbst, dass Moody das Gefühl hatte, er müsste Gott darum bitten, Seine Hand halten zu dürfen. Über den daraus folgenden enormen Schub in seiner Fruchtbarkeit im Dienst sagte der Evangelist:

>Ich mag einigen unter Ihnen als Wunder erscheinen, aber ich bin mir selbst ein größeres Wunder als jedem Einzelnen von Ihnen. Dies sind genau dieselben Predigten, die ich in Chicago gehalten habe, Wort für Wort. Es sind keine neuen Predigten, sondern es ist die Kraft Gottes. Es ist kein neues Evangelium, sondern das alte Evangelium mit dem Heiligen Geist der Kraft.«[82]

Über die Christenheit als Ganzes kam Moody zu diesem bedeutenden Schluss:

>Ich glaube heute, dass obwohl christliche Männer und Frauen den Heiligen Geist in sich wohnen haben, er doch nicht mit Kraft in ihnen wohnt; mit anderen Worten, Gott hat eine große Zahl kraftloser Söhne und Töchter.«[83]

Gott konnte Moody einen gesegneten internationalen Dienst anvertrauen, weil Moody ein Leben nach dem Vorbild von Christus führte. **Gottes Kraft ist nur sicher in der Hand der Heiligen.** Seine Kraft kann nur von den Gehorsamen angemessen verwendet werden, zu Seiner Verherrlichung nur von den Demütigen, nur die mit gebrochenem Herzen können sie behalten, und nur in den Schwachen wird sie mächtig (vgl. 2. Kor 12, 9).

Wir wollen in allem Ernst darüber nachdenken, ob unser Weg als Christen und unsere Praxis als Leiter diesen Kriterien genügt.

10.3 Kraftübertragung

Das zentrale Ziel – aber auch die große Prüfung – ist für jeden effektiven Mentor die Übertragung von Kraft auf den Schützling. Wenn dem Schüler im Verlauf der Lernverbindung Kraft gespendet wird, so bedeutet das, dass eine Kraftübertragung stattgefunden hat, dass er die Energie bekommen hat, andere kraftvoll beeinflussen zu können.

Im Rahmen unserer vorliegenden Untersuchung beanspruchen zwei Kategorien der Kraftübertragung unsere Aufmerksamkeit. Man kann sie mit Hilfe der entgegengesetzten Sichtweisen von menschlicher zu übermenschlicher und menschlicher gegenüber göttlicher Kraftübertragung unterscheiden.

Hinsichtlich der **menschlichen Kraftübertragung** kann ein Mentor aus vier Schlüsselquellen Kraft beziehen. Zuerst ist da der Einfluss, den er auf der Grundlage seiner Stellung hat. Zweitens hat er intellektuelle Kraft aufgrund seines Wissens und seiner Ausbildung. Drittens wird jeder Mentor feststellen, dass je enger sein Kontakt mit seinem Schützling ist, desto besser er ihn beeinflussen kann. Viertens und am wichtigsten im Bereich der Kraft der Persönlichkeit bringt der Leiter seinen Charakter mit, der sich auf seinen Schüler auswirkt.

Um das oberste Ausbildungsziel der Kraftübertragung sicherzustellen, muss der Mentor einen Leitungsstil wählen und beibehalten, der zu diesem obersten Ziel passt. Diese Forderung wird noch offensichtlicher, wenn wir einige Merkmale einer Leiterschaft **ohne Kraftübertragung** einem **Kraft übertragenden Ansatz** gegenüberstellen. Wenn wir uns der ersten Möglichkeit zuwenden, beobachten wir:

Verhalten des Mentors	*Gefühle des Schützlings*
missachtet	erniedrigt
mischt sich ein	kontrolliert
schränkt ein	frustriert
dominiert	eingeschüchtert
entmutigt	demotiviert
kritisiert	beleidigt
verurteilt	abgelehnt

Auf der anderen Seite ist die Kraft übertragende Form durch Züge gekennzeichnet wie:

Verhalten des Mentors	*Gefühle des Schützlings*
schätzt aktive Mitarbeit	respektiert
zeigt Sorge	umsorgt
ermöglicht	wertgeschätzt
bestätigt	ermutigt
vertraut	aufgebaut
lässt Fehler zu	zuversichtlich
lässt los	frei

Tatsächlich kann man Kraft behindernde Abteilungen und Organisationen an folgenden Merkmalen erkennen: die oberste Führung ist weit weg, nicht ansprechbar, Initiative und kreatives Denken wird nicht gewährt, fällige Anerkennung wird nicht gegeben, Mitarbeiter arbeiten ohne einen echten Sinn für Eigentum, hohe Fluktuationsrate bei talentiertem Personal.

Übernatürliche Kraftübertragung ist die andere Kategorie, die untersucht werden muss. Für geistliche Leiter reicht es nicht aus, ihre Schützlinge lediglich auf der Ebene des Menschlichen zu beeinflussen, ihre wahre Kraftgrundlage ist immer und einzig die göttliche Kraft des Heiligen Geistes. Jemandem geistliche Kraft zu übertragen bedeutet — durch die barmherzige Befähigung des Geistes —, Werte, Charaktereigenschaften, Einsichten, Wissen und Kraft zu vermitteln, so dass der andere ein Leben führen kann, das dem von Christus ähnlicher ist, und dass er seinen Dienst mit größerer göttlicher Bestätigung leisten kann.

Vollmacht ist das Recht, Kraft auszuüben. Vollmacht kann man sich nicht nehmen, sie muss einem gegeben werden. **Geistliche Vollmacht ist an eine Beziehung gebunden**; sie ist gegründet auf die vertraute Gemeinschaft mit Gott und manifestiert sich durch die Kraft des Heiligen Geistes, die in und durch das Individuum freigesetzt wird. Einige Leiter zur Zeit der Bibel trugen den Stempel einer solchen auf sie übertragenen göttlichen Salbung und waren darum qualifiziert, anderen Kraft zu geben.

Wir lesen in 4. Mose 27, den Versen 18 bis 23, wie Mose Josua seine Hände auflegte, um ihn als seinen Nachfolger zu bestimmen;

zur gleichen Zeit wurde ein Teil von Moses Vollmacht auf Josua übertragen. Außerdem erfahren wir, dass der Sohn Nuns »erfüllt wurde mit dem Geist der Weisheit; denn Mose hatte seine Hände auf ihn gelegt. Und die Israeliten gehorchten ihm und taten, wie der HERR es Mose geboten hatte« (5. Mose 34, 9). Der Prophet Samuel war das Werkzeug für die Kraft Gottes über Saul (siehe 1. Sam 10, 1-10) und David (siehe 1. Sam 16, 13).

Durch Simon Petrus und Johannes erfuhren Christen in Samarien den Heiligen Geist (siehe Apg 8, 14-17). Als Hananias die Hände auf Paulus legte, wurde der Mann aus Tarsus mit dem Heiligen Geist erfüllt (siehe Apg 9, 17f). Paulus wiederum wurde benutzt, um Gläubige in Ephesus zur Fülle des Geistes zu führen (siehe Apg 19, 6). Aquila und Priszilla führten Apollos in eine tiefere Begegnung mit der Kraft Gottes ein (siehe Apg 18, 24-28).

Wie steht es mit uns? Sind wir Katalysatoren für die göttliche Kraft, damit sie Verwandte, Freunde, Schützlinge und andere, mit denen uns Gott verbindet, erreicht? Wir sollten uns ganz ehrlich fragen, ob wir den Wunsch mit General Booth teilen, den er in einer Neujahrs-Grußbotschaft (1906) zum Ausdruck brachte, in der er sich einmal mehr mit dem Gedanken beschäftigte, was er tun würde, wenn er dieses Leben noch einmal leben könnte:

>»Ich würde danach streben, mit dem Geist erfüllt zu werden und wie die Apostel von damals hoffen, durch die Welt zu gehen und den Heiligen Geist auszuteilen, und Licht und Hoffnung und Kraft auf die Seelen von Menschen auszuhauchen. Wahrlich, wahrlich, ich wäre ein Beispiel für die Prophezeiung des Meisters, dass aus ihm Ströme lebendigen Wassers fließen würden.«[84]

So bedeutsam wie der Beitrag des Mentors zum Prozess der Kraftübertragung ist, so wesentlich ist auch die Reaktion des Schützlings. Nur wenn er die Bemühungen des Mentors mit Respekt und Dankbarkeit, Lernbereitschaft und Gehorsam beantwortet, kann die Kraft natürlich übertragen werden und wird nicht vorzeitig abgeschnitten. Noch wichtiger ist aber, dass die übernatürliche Kraftübertragung behindert wird durch eine Herzenshaltung, die für Gott unannehmbar ist. Damit steht die grundlegende Forderung: Zeigt der Schützling einen ernsthaften Hunger nach Heiligkeit und einen rechtschaffenen Durst nach der Kraft Gottes?

In dieser Hinsicht erscheint Elisa als »der ideale Kandidat«, als er mit Elias Frage konfrontiert wurde: »Bitte, was ich dir tun soll, ehe ich von dir genommen werde.« Und Elisa erwiderte: »Dass mir zwei Anteile von deinem Geiste zufallen.« (siehe 2. Kön 2, 9) Die Beobachtung seines Mentors hatte ihn das Geheimnis göttlicher Effektivität gelehrt, die Gemeinschaft mit ihm hatte in ihm das heilige Streben geschürt, mit einer Extraportion an Kraft aus der Höhe versehen zu werden. Und Gott gewährte ihm diese Bitte (vgl. 2. Kön 2, 10-15).

10.4 Göttliche Kraft zur Multiplikation

Im Gleichnis vom Senfkorn (siehe Mk 4, 30-32) gab uns der Herr einen kleinen Einblick in Seine Vorstellung von der Entwicklung des Reiches Gottes, indem er die Tatsache hervorhob, dass das kleinste Samenkorn zum größten Baum im Garten heranwachsen kann.

Durch die Unterrichtung und Begleitung des harten Kerns Seiner Schützlinge machte der Meister eine kleine Anfangsinvestition, die sich in der Zukunft zu einem großen Netzwerk fruchtbarer Verbindungen im Dienst ausweiten sollte. Indem ER ihre sorgfältige Vorbereitung und die göttliche Kraftübertragung sicherstellte, **legte** ER das Fundament für eine unaufhaltsame Bewegung, die ihre Dynamik nicht aus äußerlichen Mitteln, sondern aus dem inneren Antrieb Seiner ewigen Gegenwart bezieht (vgl. Mt. 28, 20), die durch den Heiligen Geist vermittelt wird.

Der Herr Jesus sehnte sich danach mit anzusehen, wie sich eine Bewegung wie Feuer ausbreitet (vgl. Lk 12, 49) und auf alle Völker übergreift (vgl. Mt 28, 19), vorangetrieben durch Einzelne, die nach strategischen Gesichtspunkten in die Welt ausgesät wurden (vgl. Mt 13, 37f), und einige unter ihnen bringen durch ihr Leben und ihren Dienst hundertfach, manche sechzigfach, andere dreißigfach Frucht. Sein weitreichendes Gebet vor Seiner Gefangennahme offenbarte auch die Multiplikation, die ER anvisiert hatte, als ER bereits für die betete, die sich als Ergebnis der Bemühungen Seiner Schützlinge der Bewegung noch anschließen würden.

Im Hinblick auf Sein weltweites Anliegen und Seinen Plan, versuchte Christus dennoch nicht, allein zum Erfolg zu gelangen. Sein einzigartiger Erfolg wurde in die umfassende Vorbereitung Seiner Nachfolger gesät und erwies sich als **die effektivste Übertragung der Leiterschaft, die jemals unternommen worden war**, denn Seine Schüler führten nicht nur Sein Werk fort, sie erweiterten es. ER erwies sich als solch ein beispielloser Leiter, weil Seine Nachfolger Einzigartiges für Gott erreichten. Diese Handvoll Männer verließ sich auf ihre Lernerfahrungen mit Ihm und auf die Kraft des Heiligen Geistes, und sie waren damit genügend, um den Lauf der Geschichte zu verändern; **nicht ihre Anzahl, sondern ihre Qualität war der Schlüssel** für ihre Fruchtbarkeit bei der Errichtung des Reiches Gottes.

Die Speerspitze der aufkeimenden Bewegung war Simon Petrus. Angeworben als der am besten geeignete Kandidat für eine zukünftige hervorragende Leiterschaft, eingeladen zu einer vertrauensvollen Freundschaft mit dem Meister, in den inneren Kreis erwählt, ausgebildet in der Wahrheit, ermutigt, bewährt, bedingungslos geliebt, durch die Fürbitte von Christus gehalten, wieder eingesetzt und wieder eingestellt, persönlich beauftragt, mit Kraft versorgt durch den Heiligen Geist, geheiligt, als Abbild von Christus geformt, in die Leiterschaft entlassen, — er wurde ein wahrer Menschenfischer und trug als strategischer Multiplikator wesentlich zur Erweiterung des Netzwerks des Reiches Gottes bei, indem er auf einzelne Menschen, Haushalte, Kirchen und Regionen wirkte. Die barmherzige Investition von Christus in Simon als Mentor hat ihn sogar nicht nur dazu befähigt, seinen ihm zugedachten Platz in dem weltweiten Plan Gottes einzunehmen, sondern ein geistliches Erbe zu erlangen, das auch heute noch ständig wächst.

Über die Jahrhunderte sind aus dem Volk Gottes immer wieder einmal bemerkenswerte Multiplikatoren aufgestiegen. Ein besonders ermutigendes Beispiel ist August Tholuck (1799-1877). Geboren in Breslau und aus kleinen Verhältnissen stammend, war er außer-

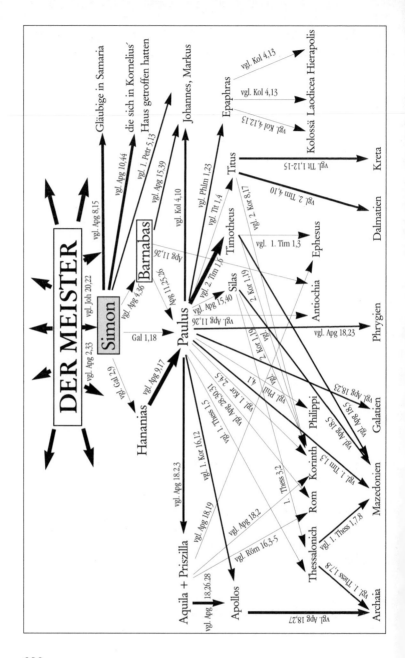

ordentlich begabt und war als Siebzehnjähriger bereits mit neunzehn Fremdsprachen vertraut. Unter dem Einfluss seines frommen Mentors Baron von Kottwitz fand er neues Leben in Christus. Als Professor für Theologie, zuerst in Berlin und später in Halle, war Tholuck äußerst einflussreich als Lektor, Autor, Prediger und als Initiator von Missionen.

Am bedeutendsten jedoch ist, dass er der geistliche Vater von Tausenden von Studenten wurde, vor allem aus Deutschland, aber auch aus England und Amerika. Er eroberte sie für Christus durch seine großzügige Gastfreundschaft, Einladungen zu Spaziergängen und gemeinsamen Ferien, Besuche, durch seine Lehre, Beratungstätigkeit und Gebete; er gewann sie mit seiner Liebe, Ehrlichkeit, Geduld und auch mit Freude und Humor. Anlässlich des fünfzigsten Jahrestages seines Lebenswerks enthüllte Tholuck das Geheimnis seiner außerordentlichen Produktivität als geistlicher Multiplikator:

>»Meinen ganzen Erfolg verdanke ich dem Feuergeist, den ich ganz zu Beginn meiner öffentlichen Karriere empfing, und dem Grundsatz der suchenden und nachgehenden Liebe.«[85]

Wenn ein Mensch, mit so viel Kraft aus der Höhe ausgerüstet, ein solch wertvolles Werkzeug zur Verbreitung des Gesetzes Gottes in den Herzen Tausender wurde, was könnte erreicht werden durch viele gesalbte Multiplikatoren?

Der frühe Methodismus lieferte hierfür ein eindrucksvolles Beispiel. John Wesley schrieb in sein Tagebuch am 1. Januar 1739 über den göttlichen Ursprung dieser dynamischen Bewegung:

>»Die Herren Hall, Kinchin, Ingham, Whitefield, Hutchins, und mein Bruder Charles waren bei unserem Liebesfest in der Fetter-Lane zugegen, mit etwa sechzig unserer Brüder. Gegen drei Uhr morgens, als wir immer noch im Gebet waren, kam die Kraft Gottes mit aller Macht über uns ...«[86]

Und wer kann die geistliche Bedeutung und Frucht der Zusammenkunft auf einem Berg in Northfield/Massachussets am 8. Juli 1894 ermessen, als unter Moodys Leitung die 456 Anwesenden für eine übernatürliche Kraft beteten und der heilige Geist über sie kam?

Gott kann und möchte uns auch heute als Multiplikatoren für die Herrschaft Seines Reiches benutzen. Sie und ich können einen einzigartigen Beitrag zur Sache von Christus leisten. Die Methode des Meisters hat nichts von ihrer inneren Kraft verloren. Um das Reich Gottes in unserer Zeit kräftig wachsen zu sehen, **brauchen wir keine neue Strategie,** nur mehr Menschen nach dem Abbild von Christus, die die Strategie von Christus in göttlicher Kraft anwenden. Wer sich selbst gestorben ist und Jesus von ganzem Herzen nachfolgt, bringt immer noch viel Frucht (vgl. Joh 12, 24. 26). Und wir wollen nicht die hervorstechende Tatsache übersehen, **dass es nicht so sehr darum geht, was wir als Leiter erreichen, sondern zu welchem Ziel wir unsere Schützlinge ausrüsten, was am Ende über das Ausmaß unseres geistlichen Erbes entscheidet.**

Wenn wir Gott dienen, haben wir dabei die Ewigkeit im Blick? Sind wir unzufrieden mit nur vorübergehenden Ergebnissen und streben vielmehr danach, die Zeit, die Gott uns anvertraut, so zu verwenden, dass wir immerwährende Frucht bringen? Ganz besonders als Leiter und Mentoren sollten wir Andrew Murrays Herausforderung befolgen:

>»Fragt, ob Ihr eure Spur der Ewigkeit in eurem Umfeld hinterlasst. Es ist nicht euer Predigen oder Lehren, eure Willenskraft oder euer Einfluss, der dies gewährleistet. *Alles hängt davon ab, dass euer Leben in der Fülle Gottes und Seiner Kraft ist.*«[87]

Die Worte von Christus ermahnen Seine Nachfolger, sich Schätze im Himmel anzusammeln (vgl. Mt 6, 20) und bei Gott reich zu sein (vgl. Lk 12, 21). Doch nur Gott allein kann uns ewige Schätze und Reichtum gewähren, **nur das, was in der Kraft Gottes unternommen wird, wird die Prüfung der Zeit bestehen und bis in alle Ewigkeit seine Geltung behalten.**

In unserer heutigen Zeit tun wir gut daran, unsere christliche Existenz mit »biblischem Realismus« zu betrachten. Kein anderer als Simon Petrus stellte angesichts des Tags des Herrn, der wie ein Dieb kommt, die Überlegung an: »... wie müsst ihr dann dastehen in heiligem Wandel und frommem Wesen, die ihr das Kommen des Tages Gottes erwartet ...« (2. Petr 3, 11f).

Freuen wir uns auf den Tag, - wenn der Große Auftrag abgeschlossen ist — wenn Menschen aus Osten und Westen, Norden und Süden kommen, die zu Tisch sitzen werden im Reich Gottes (vgl. Lk 13, 29), wenn sich Vertreter aller Nationen, Stämme, Völker und Sprachen vor dem Thron Gottes versammeln (vgl. Offb 7, 9)? Erwarten wir auch — durch die Erfüllung unseres persönlichen Auftrags durch ein heiliges Leben und praktische Leiterschaft nach dem Vorbild von Christus — den Tag, wenn der Herr Jesus Christus schließlich für Sein Leiden voll belohnt wird (vgl. Jes 53, 10f)?

NACHWORT

Die Nachfolge von Jesus führte Simon auf den Weg von der Schwäche zur Stärke, vom Fleisch zum Geist, von der Begrenzung zur Vervielfachung – kurz, *von der Veranlagung zur Kraft*. Durch die Nachfolge von Jesus fand er das konzentrierteste, fruchtbarste und erfüllendste Leben. Er nahm sein Schicksal an und erreichte vollkommen seine Fähigkeiten in Gott und trug bedeutend zur Verbreitung des Reiches Gottes bei. Ganz besonders verherrlichte er Gott durch sein heiliges Leben nach dem Vorbild von Christus.

Ist eine solche Lebensweise auch heute noch zu realisieren? Ganz sicher, es gibt viele heilige Nachfolger von Christus, Nachfahren von Fletcher, M'Cheyne, Hyde, Singh, etc. auch in unserer Zeit. Ich betrachte es als besonderes Privileg und als eine der unbezahlbaren Segnungen meines Lebens, vielen von ihnen begegnet zu sein. Einem von ihnen – Gordon Legg – habe ich auch dieses Buch gewidmet, weil ich in ihm das sah, was ich als Christ und als Leiter sein wollte, in ihm sah ich das schöne und kraftvolle Abbild des Herrn Jesus Christus widergespiegelt.

Wir wollen uns ganz Gott weihen, Ihm vertrauen und beten, dass der unerschöpfliche Reichtum der Gnade, die jedem von uns in Christus zusteht, sich als herrlich ausreichend erweist, damit ein Leben und eine Leiterschaft nach dem Vorbild von Christus auch in uns Realität werden kann.

Vorschlag für einen Leitfaden für 40 Schulungseinheiten

1. Veranlagung
1.1 Werden Leiter geboren oder gemacht?

(1) Denken Sie über die Bedeutung von 1. Mose 1, 27f für geistliche Leiterschaft nach.

(2) Setzen Sie sich mit folgender Aussage auseinander: »Man kann potenzielle Leiter finden, effiziente Leiter müssen allerdings ausgebildet werden.«

(3) Was kann man an den Beispielen von Mose und David lernen hinsichtlich Gottes Befähigung derer, die ER zu geistlicher Leiterschaft beruft?

(4) Betrachten Sie die Aussage, dass ein geistlicher Leiter das Wesen und die Ziele Gottes widerspiegeln soll.

1.2 Die Notwendigkeit einer sorgfältigen Auswahl

(1) Warum und wie las der Herr Jesus Seine Schüler aus?

(2) Was machen Sie aus der Tatsache, dass ER sie nicht auf der Grundlage ihrer offensichtlichen Leistungen auswählte, sondern auf der Grundlage ihrer latenten Anlagen?

(3) Welche Gefahren sind damit verbunden, wenn man bei biblischen Normen in der Leiterauswahl Kompromisse eingeht?

(4) Nennen Sie Gründe, warum bei der Auswahl der Kandidaten nach der Wahl Gottes die Qualifikation des Herzens einen höheren Stellenwert erfordert als die angeborene Eignung.

1.3 Das Erwartungsprinzip

(1) Nennen Sie einige der einzigartigen Qualitäten, die Jesus Christus als Mentor auszeichneten.

(2) Äußern Sie sich zu der besonderen Bedeutung der Reaktionen jedes Schülers für seine Entwicklung zu einem Leiter.

(3) Beschreiben Sie Ihre wichtigsten von Gott gegebenen Fähigkeiten.

1.4 Nicht jeder ist für herausragende Leiterschaft geeignet

(1) Welche Schlüsse ziehen Sie aus Ihren Überlegungen über Jeremia 45, 5 und 1. Timotheus 3, 1?

(2) Warum braucht jeder geistliche Leiter einen göttlichen Ruf?

(3) Stellen Sie die divergierenden Funktionen von Leiterschaft und Management heraus.

(4) Vollkommene Hingabe ist unerlässlich, wenn man Leiter werden will, wie Gott ihn gemeint hat. Erklären Sie bitte, warum.

2. Richtung
2.1 Kooperation mit einem strategischen Gott

(1) Listen Sie einige Leitlinien auf, wie man das Werk Gottes auf Gottes Art machen soll.

(2) Belegen Sie anhand der Bibel, wie Paulus einen von Gott gegebenen evangelistischen Plan ausführte.

(3) Lesen Sie eine Biographie über J. Hudson Taylor. Welche zentralen strategischen Lehren können Sie aus seinem Beispiel ableiten?

(4) Auf welche Weise hat Gott Sie als Licht und Salz in die Gesellschaft ausgesandt?

2.2 Ihre göttliche Vision der Mission

(1) Was denken Sie über Mission?

(2) Wie würden Sie Ihr Missionsverständnis beschreiben?

(3) Was könnte Sie Ihrer Ansicht nach von Ihrer Lebensmission ›abbringen‹?

(4) Warum haben Sie noch nicht Gottes besonderes Ziel für Ihr Leben erkannt?

2.3 Gottgefällige Prioritäten entwickeln

(1) Erklären Sie aufgrund Ihrer persönlichen Erfahrung, warum es nicht ausreicht, einfach einer Notwendigkeit zu folgen oder sich durch bestimmte Umstände leiten zu lassen.

(2) Überlegen Sie, ob andere in Ihnen einen Menschen erkennen, der sich auszeichnet durch klare, feste und Gott gefällige Prioritäten.

(3) Untersuchen Sie jede der neun wichtigsten Prioritäten und die genannten Bibelstellen.

(4) Welche praktischen Einsichten leiten Sie aus dem Beispiel in 2. Mose 18, 13-27 ab?

2.4 Die herausragende Bedeutung der Charakterbildung

(1) Nennen Sie Gründe, warum die Charakterbildung das oberste Anliegen für alle geistlichen Leiter sein muss.

(2) »Einflussreiche Leiterschaft entwickelt sich aus dem Charakter«. Bitte liefern Sie Beispiele.

(3) Was bedeutet es, ein Leiter nach dem Herzen Gottes zu sein?

(4) Welche Folgen hat es, wenn man seine Charakterbildung vernachlässigt?

3. Gemeinschaft
3.1 Gemeinschaft zum Zweck der Information

(1) Nennen Sie die unterschiedlichen Züge göttlicher Wahrheit.

(2) Erläutern Sie, warum die Kommunikation von Christus mit den Zwölf so effektiv war.

(3) Was halten Sie von der Entdeckung, dass Jesus Christus Seine Männer zum Teil durch ausschließliche Informationen lehrte?

(4) Wie macht sich die Grundvoraussetzung der Lernbereitschaft in Ihrem Leben bemerkbar?

3.2 Gemeinschaft zum Zweck der Schulung

(1) Machen Sie die Menschen, die Sie besuchen, mit der Wahrheit bekannt?

(2) Diskutieren Sie die Aussage: »Charakter wird viel eher übernommen als gelehrt.«

(3) Beschreiben Sie, wie Christus Seinen Männern half, zu den Männern zu werden, die sie anders niemals hätten werden können.

(4) Untersuchen Sie jede der sechs genannten Testfragen.

3.3 Wasser aus den Brunnen der Vergangenheit

(1) Wenn Sie über Psalm 78, 2-8 nachdenken, welche Bedeutung haben die einzelnen Verse?

(2) Nennen Sie die fünf Menschen – aus der Vergangenheit oder der Gegenwart –, die Ihr Leben am meisten beeinflusst haben, und erläutern Sie warum.

(3) Welchen Nutzen kann man aus dem Studium von Biographien ziehen?

(4) In welcher Hinsicht sind die Worte von General Booth eine Herausforderung für Sie?

3.4 Beziehungen

(1) Charakterisieren Sie die Beziehungen, durch die der Meister Seine Männer lehrte.

(2) Welche Stolpersteine auf dem Weg zum Aufbau bedeutsamer Beziehungen kennen Sie?

(3) Liefern Sie praktische Hinweise, wie man gesunde Beziehungen bauen kann.

(4) Warum, glauben Sie, hängt Ihre Fähigkeit, menschliche Bezie-

hungen zu entwickeln, letztendlich von der Reife Ihrer Beziehung zu Gott ab?

4. Vertrautheit
4.1 Ebenen der Freundschaft

(1) Charakterisieren Sie verschiedene Ebenen von Beziehungen und Freundschaften, die Sie eingegangen sind.

(2) Ist das Verfolgen von vertrauten Freundschaften in Ihrem Leben eine Priorität?

(3) Was ist organisatorisch erforderlich, damit Sie den zu Recht bestehenden Erwartungen Ihrer Freunde gerecht werden können?

(4) Betrachten Sie die praktischen Konsequenzen, die sich daraus ergeben, wenn man dem Vorbild von Christus nachfolgt und die meiste Zeit für die Menschen reserviert, die das größte Potenzial in sich tragen?

4.2 Züge biblischer Freundschaften

(1) Welche möglichen Gründe kann die allgemeine Vernachlässigung von Freundschaft in der heutigen Leiterausbildung haben?

(2) Stellen Sie die wichtigsten Bestandteile der biblischen Freundschaft heraus.

(3) Was fällt Ihnen am meisten auf an der Freundschaftsbeziehung zwischen Jonatan und David?

(4) Inwiefern finden Sie Salomos Grundsätze über die Freundschaft in Sprüche 17, 17 und 27, 6 provozierend?

4.3 Strategische Freundschaften für das Reich Gottes

(1) Definieren Sie die besonderen Merkmale von strategischen Freundschaften für das Reich Gottes.

(2) Erläutern Sie, warum solche Freundschaften für Leiter unerlässlich sind, damit sie ihr volles Potenzial in Gott erreichen.

(3) Beschreiben Sie kurz die strategischen Freundschaften, die Ihnen bisher am meisten genutzt haben.

(4) Werden Sie von anderen ausersehen, weil diese Ihre Gesellschaft als strategisch günstig für ihre Mitarbeit am Werk Gottes betrachten?

4.4 Freunde finden und behalten

(1) Welche Erwartungen und Anforderungen an tiefgehende Beziehungen kennen Sie?

(2) Kommentieren Sie die acht Grundsätze für den Aufbau und den Erhalt von engen Beziehungen.

(3) Wie haben Sie persönlich erfahren, dass das Gebet für die Vitalität von Beziehungen lebenswichtig ist?

(4) Warum sollten ganz besonders Mentoren es anstreben, noch näher bei Gott zu sein?

5. Vorbild sein
5.1 Der Herr Jesus als Richtschnur

(1) Was veranlasste die Zwölf dazu, immer mehr wie ihr Meister werden zu wollen?

(2) Nennen Sie Beispiele aus dem täglichen Leben, die zeigen, dass Vorbilder die natürlichste und kraftvollste Art sind, Menschen zu beeinflussen.

(3) Überlegen Sie sich einige mögliche Konsequenzen des Vorbildes von Christus für die Leiterausbildung in verschiedenen kulturellen Umfeldern.

(4) Warum ist im Rahmen der christlichen Leiterausbildung jeder andere Ansatz als das Folgen nach dem Vorbild von Christus ein nutzloses Unterfangen?

5.2 Vorbild sein in Wort, Tat und Überzeugung

(1) Studieren Sie sorgfältig Jakobus 3, 1-12; 4, 11f und 5, 12, um zusätzliche Einsichten über den richtigen Umgang mit der Zunge zu gewinnen.

(2) Welche von Salomos Sprüchen über weises Verhalten ist Ihrer Meinung nach von besonderer Bedeutung?

(3) Warum ist abgesehen von den Worten und Taten eines Leiters seine Einstellung so bedeutend?

(4) Bereiten Sie mit Hilfe einer Konkordanz eine Themenstudie über ›Gottesfurcht‹ vor und zeigen Sie, welche Einsichten Sie aus dieser Untersuchung gewonnen haben.

5.3 Der Kern von Paulus' Strategie der Leiterausbildung

(1) Machen Sie sich Gedanken zu 1. Korinther 11, 1. Könnten Sie guten Gewissens Menschen genauso herausfordern?

(2) Was ist nötig, um ein »weiser Baumeister« (1. Kor 3, 10) für Gott zu sein?

(3) Stellen Sie sich vor, wie Sie den Grundsatz in 2. Timotheus 2, 2 persönlich umsetzen können.

(4) In welcher Hinsicht ist Paulus' Zeugnis in 1. Korinther 4, 15-17 wirklich bemerkenswert?

5.4 Positives oder negatives Vorbild?

(1) Beurteilen Sie die Tatsache, dass Sie als Leiter überall Vorbild sind, wo Sie sich in Gesellschaft anderer Menschen befinden.

(2) Welcher Gedankengang in der Erklärung von General Booth stimuliert Sie am meisten und warum?

(3) Belegen Sie anhand der Bibel, welche schlimmen Konsequenzen die Bevorzugung Jakobs für Josef und seine Brüder hatte.

(4) Entwickeln Sie angesichts Jerobeams katastrophalem Vorgänger praktische Ratschläge, was man tun kann, um moralische Vergiftung durch negative Vorbilder zu vermeiden.

6. Gehorsam
6.1 Aufforderung zum Gehorsam

(1) Nennen Sie Gründe, warum die Zwölf niemals gegen den Führungsstil des Herrn Jesus protestierten.

(2) »Über den Gehorsam gegenüber Gott kann man nicht verhandeln.« Diskutieren Sie diese Aussage.

(3) Heben Sie anhand der Bibel verschiedene Segnungen hervor, die aus dem Gehorsam gegenüber Gott entstehen.

(4) Überlegen Sie, ob Ihr Leben durch unmittelbaren, vollkommenen, beständigen und freudigen Gehorsam bestimmt ist.

6.2 Die Notwendigkeit des Dienens

(1) Nennen Sie einige ernste Folgen, die auftreten, wenn weltliche Führungsprinzipien als Vorbild für geistliche Leitung angewandt werden.

(2) Ein dienstbereites Herz ist zwingend notwendig für jeden christlichen Mentor — warum?

(3) Machen Sie ein Bibelstudium über die Verbindung zwischen Dienen und Größe aus Gottes Sicht.

(4) Bei einem frommen Mentor wird eine besondere Mentalität vorausgesetzt. Wie kann diese mit Hilfe der ›Elia-Frage‹ charakterisiert werden?

6.3 Die Schutzfunktion der Verantwortlichkeit

(1) Beschreiben Sie die Beziehung zwischen dem Verwalteramt und der Verantwortlichkeit.

(2) Was hat Ihrer Meinung nach dazu geführt, dass die Verantwortlichkeit als Quelle des Segens zu wenig benutzt wird?

(3) Arbeiten Sie einen Katalog hilfreicher Leitfragen für jeden der genannten Verantwortlichkeitsbereiche aus.

(4) Mit wem sind Sie in nutzbringenden Verantwortlichkeitsbeziehungen verbunden?

6.4 Der Praxistest

(1) Bearbeiten Sie die Beobachtung »praktische Anwendung bleibt viel besser im Gedächtnis haften als reines theoretisches Lernen« auf der Grundlage Ihrer eigenen Erfahrungen.

(2) Welche persönlichen Warnungen leiten Sie aus Moses Scheitern bei der Gehorsamsprüfung in Kadesch ab?

(3) Untersuchen Sie Matthäus 23, 1 - 36 unter dem Blickwinkel, wie ein Mangel an Ehrlichkeit eine vorbildliche und nachahmenswerte Leiterschaft zunichte macht.

(4) Versuchen Sie die bisher erlernten Wahrheiten in die Praxis umzusetzen.

7. Fürbitte
7.1 Das Wesen der Fürbitte

(1) Warum sollte jeder Leiter ein Fürbeter sein?

(2) Wenn Sie Daniels Gebetsleben untersuchen, welche hilfreichen Leitlinien für die Fürbitte fallen Ihnen auf?

(3) Nennen Sie einige der ernsthaften Folgen, die in der zitierten Passage von Andrew Murray enthalten sind.

(4) In welcher Hinsicht, glauben Sie, wird eine wahre Leidenschaft für Christusähnlichkeit das Gebetsleben eines Leiters beeinflussen?

7.2 Grundsätze überzeugender Fürbitte

(1) Glauben Sie, dass Ihre Gebete im Himmel geschätzt werden, auf der Erde gefürchtet und in der Hölle gehasst?

(2) Machen Sie sich gründlich vertraut mit den aufgelisteten Grundsätzen, wie man im Gebet Gott überzeugen kann.

(3) Welche praktischen Schlussfolgerungen für das tägliche Leben müssen Sie aus der grundlegenden Tatsache ziehen, dass Sie zuerst ein gutes Leben führen müssen, um auch gut beten zu können?

(4) Beschreiben Sie Ihre persönlichen Erfahrungen des Gebets im Heiligen Geist.

7.3 Nützliche Gebetsgewohnheiten

(1) Skizzieren Sie Ihre Gebetsgewohnheiten, die Sie über die Jahre als nützlich empfunden haben.

(2) Erstellen Sie eine Liste aus Bibelzitaten, die sich mit der Praxis des Wartens auf Gott befassen.

(3) Welche Bedeutung hat für Sie das Fasten?

(4) Wie haben Sie in Ihrem Wochenplan sichergestellt, dass Sie Gott Ihre beste Zeit geben?

7.4 Der Gebetskalender eines geistlichen Leiters

(1) Haben Sie eine persönliche Gebetsliste ausgearbeitet? Wenn nicht, warum nicht?

(2) Die Benutzung einer Gebetsliste und die spontanen Eingebungen des Heiligen Geistes sollten zusammenfließen. Stimmen Sie dieser Aussage zu?

(3) Gibt es andere Kategorien oder Unterpunkte, die Sie gerne dem Gebetskalender hinzufügen würden?

(4) Auf welche Weise ist die Effektivität der Leiterschaft über andere abhängig von der Effektivität des Betens für andere?

8. Heiligkeit
8.1 Heiligkeit, Rechtschaffenheit, Frömmigkeit

(1) Stellen Sie die wichtigsten Unterschiede zwischen Heiligkeit, Rechtschaffenheit und Frömmigkeit heraus.

(2) Wenn das Wort Gottes Sie dazu auffordert, jede Anstrengung zu unternehmen, um heilig zu sein (vgl. Hebr. 12, 14), was bedeutet das für Ihr tägliches Leben?

(3) Welche Bedeutung würden Sie M'Cheynes tiefer Einsicht beimessen: »Das größte Bedürfnis meines Volkes ist meine persönliche Heiligkeit«?

(4) Erstellen Sie eine Liste aus Bibelversen, die verheißen, dass ein auf Gott zentriertes Leben erreichbar ist.

8.2 Nach dem Abbild von Christus

Warum muss jeder Leiter das Abbild von Christus zum Ziel haben?

(1) Lesen Sie eine Biographie über John Hyde und versuchen Sie herauszufinden, was ihn in die Lage versetzte, solch ein Leben nach dem Abbild von Christus zu führen.

(2) Welchen Einfluss hat Ihr Leben auf andere?

(3) Was müsste Ihrer Meinung nach geschehen, damit mehr christliche Leiter dem Abbild von Christus seinen angemessenen Platz in ihrem Leben und Dienst geben?

8.3 Fortschreitende Heiligung

(1) Finden Sie die wesentlichen Unterschiede zwischen Rechtfertigung und Heiligung.

(2) Denken Sie über Apostelgeschichte 18, 24-28 nach. Welche persönlichen Schlüsse ziehen Sie aus der Erkenntnis der Veränderung, die Apollos durchmachte?

(3) Warum haben es aus Ihrer Sicht so viele christliche Schriftsteller immer wieder einmal für nötig gehalten, sich mit dem Thema der vollkommenen Heiligung zu beschäftigen?

(4) Erfüllen Sie die drei wichtigsten Bedingungen der Weihe, des Glaubens und des Gebets in Ihrem Leben?

8.4 Heiligung in Beziehungen

(1) Die Heiligkeit in uns stammt von der Teilhabe an der göttlichen Heiligkeit. Untermauern Sie anhand von Johannes 15, 1-8 diese grundsätzliche Wahrheit.

(2) Welche Bibelzitate würden Sie benutzen, um einen anderen Menschen dazu zu bringen, dass er versteht, dass das Geheimnis eines Lebens nach dem Abbild von Christus darin besteht,

sich Christus in Seinen verschiedenen Diensten mehr und mehr zu eigen zu machen?

(3) Erläutern Sie ausführlich die zentrale Rolle des Heiligen Geistes für eine ständige Heiligung.

(4) Verbringen Sie Zeit im Gebet und danken Sie Gott für die unermessliche Gnade, die ER Ihnen in Jesus Christus erwiesen hat.

9. Güte

9.1 Annahme

(1) Menschen in Güte anzunehmen bedeutet auch, Ihnen Raum für Fehler zu lassen. Diskutieren Sie darüber.

(2) Welche Eigenschaften von sich möchten Sie verändern lassen?

(3) Sammeln Sie Bibelstellen, die die Größe der unverdienten Annahme Gottes widerspiegeln, die Ihnen zuteil geworden ist. Schlagen Sie Möglichkeiten vor, wie ein Leiter sich dagegen schützen kann einige ihm anvertraute Menschen zu bevorzugen und andere wieder zu benachteiligen.

9.2 Ermutigung

(1) Welche Worte und Handlungen sind nach Ihrer Einschätzung besonders geeignet, andere Menschen zu ermutigen?

(2) Was bedeutet die Tatsache, dass gute Mentoren weniger auf das Scheitern als auf die Lektion(en) achten, die daraus zu lernen sind.

(3) Wenn Sie über jeden der achtzehn Grundsätze nachdenken, versuchen Sie, ihre Bedeutung für Ihre Mentoren-Beziehung einzuschätzen.

9.3 Berufung

Wann haben Sie sich in der Vergangenheit von Gott ermutigen lassen und was haben Sie dabei getan?

(1) Haben Sie für irgendeine Aufgabe eine persönliche Berufung von Gott erhalten?

(2) Machen Sie deutlich, warum der Auftrag, Jesus nachzufolgen, der höchste und umfassendste Auftrag für jeden geistlichen Leiter ist.

(3) Beurteilen Sie die möglichen Konsequenzen, die mit jeder der vier genannten Gefahren verbunden sein könnten.

(4) Welche persönlichen Prioritäten leiten Sie aus der grundlegenden Tatsache ab, dass »die Qualität der geistlichen Leiterschaft eines Menschen durch die Qualität seiner Nachfolge von Christus bestimmt wird«?

9.4 Segnung

(1) Ist Ihr Leben ein bedeutender Teil der weltweiten Segensstrategie Gottes geworden?

(2) »Der göttliche Segen, den man erhält, ist göttlicher Segen, anvertraut für andere.« Bitte kommentieren Sie diese Aussage.

(3) Wo in Ihrer persönlichen Erfahrung haben Sie den Grundsatz der zurückkehrenden Segnung am Werk gesehen?

(4) Auf welche Art leiten Sie, auf einer beständigen Basis, Segnungen in das Leben anderer Menschen?

10. Kraft
10.1 Die Person und das Wirken des Heiligen Geistes

(1) Welchen Unterschied machte es, dass die Elf nicht nur den Heiligen Geist empfingen, sondern mit Ihm erfüllt wurden?

(2) Mit dem Geist erfüllt zu werden war die Norm in den Tagen der frühen Kirche. Welche Schlussfolgerungen ziehen Sie daraus für uns heutige Christen?

(3) Erklären Sie, warum die Fülle des Geistes unabdingbar für wahres christliches Leben ist.

(4) In welcher Hinsicht ist eine Leiterausbildung so lange unvollständig, bis die Schüler die Fülle des Geistes haben?

10.2 Das Reich Gottes, gekennzeichnet von Kraft

(1) Erarbeiten Sie, was Finney als das größte Scheitern der Kirche und des Dienstes betrachtete.

(2) Wie fordert das Prinzip »Das Werk Gottes kann auf Gottes Art nur durch Gottes Kraft getan werden« Ihrer Ansicht nach heutzutage zu verschiedenen christlichen Aktivitäten auf?

(3) Welche von Catherine Booths eindrucksvollen Gedanken beeindrucken Sie am meisten?

(4) Beurteilen Sie die beispielhafte Bedeutung von Moodys Erfahrung für unser Leben und Werk.

10.3 Kraftübertragung

(1) Definieren Sie die wesentlichen Merkmale von natürlicher und übermenschlicher Kraftübertragung.

(2) Stellen Sie Ihre persönlichen Erfahrungen mit Leitungsansätzen mit und ohne Kraftübertragung vor.

(3) »Geistliche Vollmacht ist an Beziehungen gebunden«; bitte kommentieren Sie diese Aussage.

(4) Dürstet es Sie als Schützling nach der Kraft Gottes wie Elisa? Vermitteln Sie als Mentor Hunger nach der Kraft Gottes wie Elia?

10.4 Göttliche Kraft zum Wachstum

(1) Beschreiben Sie die effektivste Verwandlung zum Leiter, die es jemals gab.

(2) Zählen Sie die Faktoren auf, die für die Formung Simons zu einem solch kraftvollen Multiplikator für Gott entscheidend waren.

(3) Was wird letztlich die Größe Ihres geistlichen Erbes bestimmen?

(4) Wie werden Sie ganz praktisch dazu beitragen, das Kommen des Tages Gottes zu erwarten?

NAMENINDEX

THEMENINDEX

Annahme 12, 21, 38, 60, 73, 91, 171-175, 220
Anwendung 16, 126, 217
Auswahl 11, 21, 22, 25, 27-29, 144, 209

Berufung 12, 22, 35, 43, 59, 86, 178, 180-181, 220, 221
Beten 44, 51, 54, 84, 89, 90, 92, 94, 123, 129-145, 154, 161, 194, 195, 207, 217, 218
Beziehungen 11, 28, 32, 42, 73-76, 78, 79, 81, 84-87, 90-93, 119, 122, 124, 144, 162-163, 175, 177-178, 188, 212-214, 219
Biblische Freundschaften 82-86
Biographien 35, 69-70, 72, 212
bleiben in Christus 71

Charakter 7, 11, 14-15, 19, 21, 24, 32, 36-37, 41-42, 50, 54-57, 60, 64-67, 70, 76, 82, 84, 91, 98, 135, 137, 152, 164-165, 172, 174, 189, 197-198, 211-213, 216
Christusähnlichkeit 71, 100, 153-155, 157, 217

Dienen 12-13, 17, 33, 44, 47, 51, 57, 64, 94, 96, 112-113, 118-121, 127, 137, 143, 150, 192, 204, 216

Ebenen der Freundschaft 11, 79, 81, 213
Einfluss 14, 23, 30, 33, 37, 38, 42, 45, 54-56, 64-67, 78, 88, 90, 92-94, 98, 100, 108-110, 127, 129, 131-132, 134, 144-145, 148-149, 156, 163, 167, 176, 188-189, 191, 197, 203-204, 219
Elias Frage 200
Erfüllt mit dem Heiligen Geist 189
Ermutigung 9, 110, 119, 124-125, 144, 174-178, 180, 183-184, 220
Erwartungsprinzip 11, 30, 31, 210
Frömmigkeit 12, 67, 132, 149-153, 157, 218
Frucht 14, 50, 56, 63, 66, 70, 75, 82, 85, 87, 90, 93, 99, 101, 107, 120, 123-124, 143, 152, 156, 165-167, 180-181, 183, 190-192, 194, 196, 200-201, 203-204, 207
Fürbitte 12, 71, 89, 119, 129-145, 148, 164, 201, 217

Gebet 9, 12, 17, 23, 26, 29, 32, 34, 48, 52, 59, 70-71, 80, 85, 87-93, 117, 125, 129-145, 147, 161-162, 167, 169-170, 177, 182, 184-185, 188, 191, 193-194, 200, 203, 214, 217-220
Gebetsgewohnheiten 12, 137, 218
Gebetskalender 12, 142, 218
Gehorsam 12, 17, 28, 38, 54, 65, 77, 83, 97, 108, 113-121, 124-127, 136, 142, 154-155, 188, 196, 199, 216-218, 120-121, 124-127, 136, 142, 154-155, 188, 196, 199, 216-217
geistliches Erbe 34, 88, 117, 133, 201
Gemeinschaft 11, 41, 48, 55, 59-60, 63-64, 66-67, 78-81, 91, 94, 117, 131, 133, 139,

ANMERKUNGEN

1 A. Mahan, Die Taufe durch den Heiligen Geist (London, s.a.) S. 1
2 J. Telford (Hrsg.), *The Letters of John Wesley, Bd. 6 (London, 1931) S. 272*
3 *W. R. Moody, The Life of Dwight L. Moody* (London, s. a.) S. 122
4 Ebenda
5 Autobiographie von Georg Müller, zusammengetragen von G. F. Bergin (London, 1905), S. 81
6 H. Begbie, *Life of William Booth, Bd. 1 (London, 1926), S. 329*
7 *Ebenda, S. 348*
8 *Quelle unbekannt*
9 *E. Lutzer, Chiseled by the Mater's Hand (Wheaton, 1993), S. 151*
10 *Bibliographische Einzelheiten entnehmen Sie bitte den Seiten 68, 69, 85 - 88 dieses Buches.*
11 C. Whittaker, *Seven Guides to Effective Prayer* (Minneapolis, 1987), S. 119
12 *The Seven Spirits* (London, 1907) S. 74 und 78
13 D. R. Smith, *John Fletcher* (Braughing, 1968), S. 15
14 Dr. Dixon, ein Zeitgenosse von Fletcher, zitiert in J.G. Lawson, *Deeper Experiences of Famous Christians* (Anderson, 1911), S. 137
15 M. Allen, *Fletcher of Madeley* (London, 1905), S. 59
16 *The Works of John Wesley*, 3. Auflage, Band 11 (Grand Rapids, 1872/ 1996), S. 365
17 Der dritte und vierte Vers von Charles Wesleys Lied »Oh welch ein Herz, das preiset Gott ...« wurden ausgewählt aus *A Collection of Hymns for the Use of the People Called Methodists. By the Rev. John Wesley* (London 1876), S. 83
18 *The Seven Spirits, S. 2*
19 *The School of Obedience* (London, 1898), S. 16f
20 *The Supreme Need* (Edinburgh, ohne Jahr), S. 12f
21 *Power through Prayer* (Grand Rapids, 1976), S. 99
22 Ebenda, S. 125
23 *The Essentials of Prayer (Grand Rapids, 1925), S. 13*
24 *Prevailing Prayer* (Grand Rapids, 1965), S. 39
25 *The Necessity of Prayer* (Grand Rapids, 1976), S. 99
26 *Autobiographie, S. 320*
27 *Touch the World through Prayer* (Grand Rapids, 1986), S. 200
28 *If I Am to Lead* Sevenoaks, 1968, S. 14
29 *Power through Prayer, S. 55*
30 *The Weapon of Prayer,* (Grand Rapids, 1931/1975), S. 50
31 W. R. Moody, *Life of Moody, S. 322*
32 *Power through Prayer, S. 5*

[33] *G. Inrig, A Call to Excellence,* (Wheaton, 1985), S. 44

[34] E. S. Jones, *Mahatma Ghandi* (Lucknow, 1948/1963), S. 65

[35] A. A. Bonar, *Memoir and Remains of Robert Murray M'Cheyne* (Edinburgh, 1892/1966), S. 282

[36] *Morning by Morning,* (London 1865), S. 42

[37] *Love Delights to Give,* (London, 1896), S. 15

[38] Nach C. J. Abbey und J. H. Overton in J. Marrat, *John Fletcher: Saint and Scholar,* (London 1901), S. 4

[39] Zitiert nach E. H. Madden und J. E. Hamilton, *Freedom and Grace: The Life of Asa Mahan,* (Metuchen, 1982), S. 215

[40] Bonar, *Memoir and Remains* S. 83

[41] J. W. Chapman, *The Life and Work of Dwight Lyman Moody,* (Birmingham, ohne Jahr), S. VI

[42] Nach F. A. McGaw, zitiert in E. G. Carr — (Hrsg.) *Praying Hyde,* (London, ohne Jahr), S. 57

[43] Mrs. A. Parker, *Sadhu Sundar Singh,* (London, 1927), S. XV

[44] Aufgezeichnet in C. W. Hall, *Samuel Logan Brengle* (New York, 1933), S. 212

[45] Ebenda, S. 190

[46] J. Benson, *The Life of the Rev. John W. de la Flechere (New York, 1855), S. 336*

[47] *Ebenda, S. 322*

[48] *Ebenda, S. 308*

[49] *Bonar, Memoir and Remains,* S. 169

[50] *Just as I am,* (London 1997), S. 724 *[So wie ich bin (Gießen, Basel 1998), S. 667]*

[51] Zitiert in A. M. Hills, *Holiness and Power (Cincinnati, 1897), S. 74*

[52] *Begbie, William Booth,* Band 1, S. 333f

[53] *The Essentials of Prayer,* S. 83

[54] A. T. Pierson, *George Müller of Bristol* (London, 1899), S. 367

[55] A. Mahan, *Christian Perfection* (London, 1874), S. 142

[56] J. Wesley und J. Fletcher, Entire Sanctification Attainable in This Life (London, ohne Jahr), S. 121f

[57] *Lectures on Systematic Theology (London 1851), S. 643 f*

[58] *Ebenda, S. 635*

[59] *Lectures to Professing Christians* (New York, 1878), S. 376

[60] *The Inner Chamber and the Inner Life (London, 1907), S. 13*

[61] *The Full Blessing of Pentecost* (Edinburgh 1918), S. 119

[62] *Christian Perfection, S. 88*

[63] *Like Christ* (London, 1885), S. 227

[64] Entnommen aus Dr. und Mrs. Howard Taylor, *Hudson Taylor and the China Inland Mission (London, 1918), S. 497*

[65] *Ebenda, S. 444*

66 *Aids to Devotion* S. 52
67 Benson, *John W. de la Flechere*, S. 195
68 *Hymns of Faith and Hope* (New York, 1859), S. 144f
69 *Abide in Christ (London, 1888), S. 141*
70 *With Christ in the School of Prayer* (London, 1886), S. 57
71 *Aids to Devotion* S. 32
72 *The Spirit of Christ* (London, 1888), S. 302
73 *The Full Blessing of Pentecost, S. 3f*
74 *Like Christ* S. 218
75 *The Full Blessing of Pentecost, S. 1*
76 *Benson, John W. de la Flechere*, S. 105
77 Dieses Zitat wurde gefunden in Mahan, *Holy Ghost*, S. 232
78 Ebenda, S. 234
79 Ebenda, S. 250
80 »The Holy Ghost« S. 13f, in *Papers on Aggressive Christianity* (London, 1880)
81 Zitiert nach A. Mahan, *Autobiographie* (London, 1882), S. 445
82 Ebenda, S. 443
83 *Secret Power* (Chicago, ohne Jahr), S. 36f
84 C. J. Barnes (Hrsg.) *The Founder Speaks Again* (London, 1960), S. 165
85 Quelle des Zitats ist Hills, *Holiness and Power, S. 340*
86 *The Journal of the Rev. John Wesley, Bd. 1 (London, 1901) S. 160f*
87 *The Mystery of the True Vine* (London, 1899), S. 165

AUSGEWÄHLTE BIBLIOGRAPHIE

Simon Petrus

Atkinson, Terry. *The Growing Pains of Peter*, New Living Publishers, Manchester, 1994.

Berglar, Peter. *Petrus. Vom Fischer zum Stellvertreter*, Langen Müller, München, 1991.

Birks, H.A. *Studies in the Life and Character of St. Peter*, Hodder and Stoughton, London, 1887.

Bishop, Mary H. *A Comrade of Christ. Studies in the Life of Simon Peter*, The Kingsgate Press, London, s.a.

Briscoe, Jill. *By Hook or by Crook. How God Shaped a Fisherman into a Shepherd*, Guideposts, Carmel, 1987.

Castleman, Robbie. *Peter. Fisherman to Follower*, Harold Shaw Publishers, Wheaton, 1989.

Chevrot, Mgr Georges. *Simon Peter*, Sinag-tala Publishers, Rizal, 1959.

Coleman, William. *Peter. Atta Kefa: You Are Rock*, Harvest House Publishers, Eugene, 1982.

Cullmann, Oscar. *Peter. Disciple, Apostle, Martyr*, 2nd rev. ed., SCM Press, London, 1962.

De Haan, M.R. *Simon Peter. Sinner and Saint*, Zondervan Publishing House, Grand Rapids, 1954.

Dyet, James T. *Peter. Apostle of Contrasts*, Accent Books, Denver, 1982.

Elton, Lord. *Simon Peter. A Study of Discipleship*, Peter Davies, London, 1965.

Fereday, W. W. *Peter the Apostle*, John Ritchie, Kilmarnock, 1990.

Findlay, J. Alexander. *A Portrait of Peter*, Hodder and Stoughton, London, 1935.

Foakes-Jackson, F. J. *Peter: Prince of Apostles*, Hodder and Stoughton, London, 1927.

Green, Samuel G. *The Apostle Peter: His Life and Letters*, 3rd ed., Sunday School Union, London, s.a.

Hodder, Edwin. *Simon Peter: His Life, Times and Friends*, Cassell & Company, London, 1884.

Hogg, Quintin. *The Story of Peter. From Bethsaida to Babylon*, Horace Marshall & Son, London, 1900.

Lewis, Z. H. *Petros: Being Notes on the Life, Character and Works of the Apostle Peter as Manifested in the New Testament and Early Traditions*, Henry Lewis, Cardiff, s.a.

Lutzer, Erwin. *Chiseled by the Master's Hand*, Victor Brooks, Wheaton, 1993.

Macduff, J. R. *The Footsteps of St Peter: Being the Life and Times of the Apostle*, James Nisbet & Co., London, 1876.

McNabb, Fr. Vincent. *The New Testament Witness to Saint Peter*, Sheed & Ward, London, 1928.

Martin, Hugh. *Simon Peter*, The Banner of Truth Trust, Edinburgh, 1967.

Meyer, F. B. *Peter. Fisherman, Disciple, Apostle*, Marshall, Morgan & Scott, London, 1950.

Norris, Alfred. *Peter: Fisher of Men*, »The Christadelphian«, Birmingham, 1972.

Owen, J. Glyn. *From Simon to Peter*, Evangelical Press, Welwyn, 1985.

Patten, John A. *Simon Peter's Ordination Day. Studies in the Twenty-First Chapter of St. John's Gospel*, James Clarke & Co., London, s.a.

Robertson, A. T. *Epochs in the Life of Simon Peter*, Broadman Press, Nashville, 1976.

Robinson, Charles Seymor. *Simon Peter. His Life and Times*, Thomas Nelson and Sons, London, 1890.

Southouse, Albert J. *The Making of Simon Peter*, Hodder and Stoughton, London, 1906.

Spence, James. *Scenes in the Life of St. Peter. A Biography and an Exposition*, The Religious Tract Society, London, s. a.

Thiede, Carsten P. *Simon Peter. From Galilee to Rome*, Academie Books, Grand Rapids, 1988.

Thomas, W.H. Griffith. *The Apostle Peter. Outline Studies on His Life and Writings*, Kregel Publications, Grand Rapids, 1984.

Underhill, Francis. *Saint Peter*, The Centenary Press, London, 1937.

Wolston, W.T.P. *Simon Peter: His Life and Letters*, Bible Truth Publishers, Addison, 1981.

Die Zwölf

Barclay, William. *The Master's Men*, SCM Press, London, 1959.

Bryan, William Jennings. *Christ and His Companions. Famous Figures of the New Testament*, Fleming H. Revell Company, New York, 1925.

Caulfield, S. F. A. *The Lives of the Apostles. Their Contemporaries and Successors*, Hatchards, London, s.a.

Clere, Mrs. *The Apostles of Jesus*, Hatchard & Co., London, s.a.

Cumming, James Elder. *»He Chose Twelve«: A Study in Apostolic Character and Labour*, Drummond's Tract Depot, Stirling, s.a.

Davies, Trevor H. *The Inner Circle. Studies in the Associates of Jesus*, Hodder and Stoughton, London, 1924.

Freyne, Seßn. *The Twelve: Disciples and Apostles. A Study in the Theology of the First Three Gospels*, Sheed & Ward, London, 1968.

234

Greenhough, J. G. *The Apostles of Our Lord*, Hodder and Stoughton, London, 1904.

Holden, J. Stuart. *The Master and His Men*, Marshall, Morgan & Scott, London, 1953.

Jackson, Helen E. *The Friends of Jesus*, S.W. Partridge and Co., London, s. a.

Jones, J. D. *The Glorious Company of the Apostles. Being Studies in the Characters of the Twelve*, James Clarke & Co, London, s.a.

Klein, Felix. *Jesus and His Apostles*, Longmans, Green and Co., London, 1932.

M'Lean, Daniel. *Studies on the Apostles and Monographs on Nicodemus, Barnabas, Stephen, Paul*, John Menzies & Co., Edinburgh, s.a.

Penstone, M.M. and Huges, M.V. *The Story of Christ's First Missioners. Biographical Lessons on the Acts of the Apostles*, rev. ed., National Society's Depository, London, s.a.

Rattenbury, J. Ernest. *The Twelve. Studies in Apostolic Temperament*, Charles H. Kelly, London, 1914.

Reed, Charles E.B. *The Companions of the Lord. Chapters on the Lives of the Apostles*, 2nd ed., The Religious Tract Society, London, s.a.

Symington, Alexander Macleod. *The Apostles of Our Lord: Practical Studies*, Hodder and Stoughton, London, 1880.

Jesus als Mentor

Belben, Howard. *The Mission of Jesus*, Navpress, Colorado Springs, 1985.

Brown, Charles Reynolds. *The Master's Influence*, Cokesbury Press, Nashville, 1936.

Bruce, A.B. *The Training of the Twelve*, Kregel Publications, Grand Rapids, 1971.

Chanderpilla, P. T. *The Master-Trainer*, Gospel Literature Service, Bombay, 1974.

Coleman, Robert E. *The Master Plan of Evangelism*, 2nd ed., Fleming H. Revell Company, Old Tappan, 1964.

— *The Master Plan of Discipleship*, Fleming H. Revell Company, Old Tappan, 1987.

Ford, Leighton. *Jesus: The Transforming Leader*, Hodder and Stoughton, London, 1991.

Fosdick, Harry Emerson. *The Manhood of the Master*, Student Christian Movement, London, 1925.

Griffiths, Michael. *The Example of Jesus*, Hodder and Stoughton, London, 1985.

Hull, Bill. *Jesus Christ Disciplemaker*, Navpress, Colorado Springs, 1984.

Jones, Laurie Beth. *Jesus, CEO. Using Ancient Wisdom for Visionary Leadership*, Hyperion, New York, 1995.

Krallmann, Günter. *Mentoring for Mission: A Handbook on Leadership Principles Exemplified by Jesus Christ*, Jensco, Hong Kong, 1994.

Latham, Henry. *Pastor Pastorum or the Schooling of the Apostles by Our Lord*, Deighton Bell and Co., Cambridge, 1907.

McDowell, William Fraser. *In the School of Christ*, Fleming H. Revell Company, New York, 1910.

McIntyre, David M. *The Prayer Life of Jesus*, Christian Focus Publications, Fearn, 1992.

Murdock, Mike. *The Leadership Secrets of Jesus*, Honor Books, Tulsa, 1996.

Olson, Harry A. *Power Strategies of Jesus Christ*, Triumph Books, Tarrytown, 1991.

Rush, Myron. *The New Leader*, Victor Books, Wheaton, 1987.

Sidey, W.W. *The First Christian Fellowship. A Study of the Life of Jesus and His Twelve Disciples*, Andrew Melrose, London, 1908.

Smith, John. *The Magnetism of Christ. A Study of Our Lord's Missionary Methods*, Hodder and Stoughton, London, 1904.

Speer, Robert E. *Studies of the Man Christ Jesus*, 4th ed., S.W. Partridge & Company, London, s. a.

— *The Principles of Jesus*, Fleming H. Revell Company, New York, 1902.

Strong, John Henry. *Jesus the Man of Prayer*, The Judson Press, Philadelphia, 1945.

Thomson, James G. S. S. *The Praying Christ. A Study of Jesus' Doctrine and Practice of Prayer*, Tyndale Press, London, 1959.

Wallis, Arthur. *Jesus Prayed*, Christian Literature Crusade, Fort Washington, 1972.

Youssef, Michael. *The Leadership Style of Jesus*, Victor Books, Wheaton, 1986.

Heiligung

Anderson, Neil T. and Saucy, Robert. *The Common Made Holy*, Monarch, Crowborough, 1997.

Boardman, W. E. *The Higher Christian Life*, abridged ed., Morgan and Scott, London, s. a.

— *In the Power of the Spirit, or, Christian Experience in the Light of the Bible*, Daldy, Isbister, & Co., London, 1875.

Brengle, S. L. *Heart Talks on Holiness*, The Salvation Army Supplies and Purchasing Department, Atlanta, 1897.

— *Helps to Holiness*, Salvationist Publishing and Supplies, London, 1896.

Bridges, Jerry. *The Pursuit of Holiness*, Alpha, Aylesbury, 1985.

Duewel, Wesley L. *God's Great Salvation*, Duewel Literature Trust, Greenwood, 1991.

— *God's Power Is for You. Reflections on the Deeper Life*, Zondervan Publishing House, Grand Rapids, 1997.

Eaton, Michael. *How to Live a Godly Life. The Biblical Doctrine of Sanctification*, OM Publishing, Carlisle, 1998.

Finney, Charles G. *Lectures to Professing Christians*, Fleming H.Revell Company, New York, 1878.

Hills, A.M. *Holiness and Power for the Church and the Ministry*, Revivalist Office, Cincinnati, 1897.

Hopkins, Evan H. *The Law of Liberty in the Spiritual Life*, Marshall, Morgan & Scott, London, 1952.

Mahan, Asa. *The Baptism of the Holy Ghost*, Elliot Stock, London, s.a.

— *Christian Perfection*, F.E. Longley, London, 1874.

— *Out of Darkness into Light; or, The Hidden Life Made Manifest*, Wesleyan-Methodist Book-Room, London, 1894.

Marshall, Walter. *Sanctification or The Highway to Holiness*, abridged ed., James Nisbet & Co., London, s.a.

Murray, Andrew. *Abide in Christ: Thoughts on the Blessed Life of Fellowship with the Son of God*, James Nisbet & Co., London, 1888.

— *Absolute Surrender*, 2nd ed., Marshall Brothers, London, 1895.

Redford, George (ed.). *Lectures on Systematic Theologyßby the Rev. Charles G. Finney*, rev. ed., William Tegg and Co., London, 1851.

Romaine, W. *A Treatise upon the Walk of Faith*, 7th ed., Printed for G. and W.B. Whitaker, London, 1822.

Stevenson, Herbert F. (ed.). *Keswick's Authentic Voice. Sixty-Five Dynamic Addresses Delivered at the Keswick Convention 1875 - 1957*, Marshall, Morgan & Scott, London, 1959.

Upham, Thomas C. *Principles of the Interior or Hidden Life*, Richard D. Dikkinson, London, 1895.

Wesley, John and Fletcher, John. *Entire Sanctification Attainable in This Life*, Charles H. Kelly, London, s.a.

Biographien

Anderson, Courtney. *To the Golden Shore. The Life of Adoniram Judson*, Judson Press, Valley Forge, 1987.

Begbie, Harold. *Life of William Booth the Founder of the Salvation Army*, 2 vols., Macmillan & Co., London, 1926.

Benson, Joseph. *The Life of the Rev. John W. de la Flechere*, Carlton & Phillips, New York, 1855.

Bergin, G. Fred. (ed.). *Autobiography of George Müller*, J. Nisbet & Co., London, 1905.

Beyreuther, Erich. *Der junge Zinzendorf*, Verlag der Francke-Buchhandlung, Marburg, 1957.

— *Zinzendorf und die sich allhier beisammen finden*, Verlag der Francke-Buchhandlung, Marburg, 1959.

— *Zinzendorf und die Christenheit*, Verlag der Francke-Buchhandlung, Marburg, 1961.

Bonar, Andrew A. *Memoir and Remains of Robert Murray M'Cheyne*, The Banner of Truth Trust, Edinburgh, 1892/1966.

Carr, E. G. *Praying Hyde*, Pickering & Inglis, London, s.a.

Dorsett, Lyle Wesley. *E.M. Bounds: Man of Prayer*, Zondervan Publishing House, Grand Rapids, 1991.

Douglas, W.M. *Andrew Murray and His Message*, Oliphants, London, s.a.

Edwards, Jonathan. *The Life of the Rev. David Brainerd, Missionary to the Indians*, rev. ed., Printed for Burton & Smith and E.W. Morris (High Wycombe), London, 1818.

Graham, Billy. *Just As I Am*, Harper Collins Publishers, London, 1997.

Hall, Clarence, W. *Samuel Logan Brengle. Portrait of a Prophet*, The National Headquarters The Salvation Army Inc., New York, 1933.

Lyall, Leslie T. *John Sung*, China Inland Mission Overseas Missionary Fellowship, London, 1956.

Mahan, Asa. *Autobiography: Intellectual, Moral and Spiritual*, T. Woolmer, London, 1882.

Moody, W.R. *The Life of Dwight L. Moody*, Morgan & Scott, London, s.a.

Murray, Iain H. *Jonathan Edwards*, The Banner of Truth Trust, Edinburgh, 1987.

Parker, Mrs. Arthur. *Sadhu Sundar Singh. Called of God*, Student Christian Movement, London, 1927.

Paton, James (ed.). *John G. Paton, Missionary to the New Hebrides, An Autobiography*, 9th ed., Hodder and Stoughton, London, 1902.

Memoir of the Late Rev. Edward Payson, Johnstone & Hunter, Edinburgh, 1852.

Rosell, Garth M., and Dupuis, Richard A.G. (eds.). *The Memoirs of Charles G. Finney. The Complete Restored Text*, Academie Books, Grand Rapids, 1989.

The Life of Christian F. Swartz, Missionary at Travancore, Seeley, Jackson & Halliday and B. Seeley, London, 1855.

Taylor, Dr. And Mrs. Howard. *Hudson Taylor in Early Years: The Growth of a Soul*, China Inland Mission, London, 1911.

— *Hudson Taylor and the China Inland Mission: The Growth of a Work of God*, China Inland Mission, London, 1918.

Taylor, Mrs. Howard. *Behind the Ranges. Fraser of Lisuland S. W. China*, Lutterworth Press and the China Inland Mission, London, 1944.

Telford, John. *The Life of John Wesley*, rev. and enlarged ed., Wesleyan Methodist Book Room, London, 1902.

Witte, Leopold. *Das Leben D. Friedrich August Gotttreu Tholuck's*, 2 Bde, Verlag von Velhagen & Klasing, Bielefeld und Leipzig, 1884 und 1886.

Young, James. *Life of John Welsh, Minister of Ayr*, John Maclaren, Edinburgh, 1866.

hänssler

Leighton Ford
Leiten wie Jesus
Tb., 496 S., Nr. 392.691
ISBN 3-7751-2691-0

Lernen Sie, nach dem Vorbild Jesu Menschen zu leiten: als Stratege, Visionär, Redner, Kämpfer, Unterstützer, Hirte, der beruft und ausbildet ...

Weitere Titel in der Reihe ANSPRUCH UND HERAUSFORDERUNG:

Trevor Chandler
Anderen vergeben können
Tb., 248 S., Nr. 392.695
ISBN 3-7751-2695-3

R. C. Sproul
Gott gefällig leben
Tb., 224 S., Nr. 392.693
ISBN 3-7751-2693-7

William MacDonald
Wahre Jüngerschaft
Tb., 128 S., Nr. 392.600
ISBN 3-7751-2600-7

W. I. Thomas
Christus in Euch — Dynamik des Lebens
Tb., 120 S., Nr. 392.598
ISBN 3-7751-2598-1

Bitte fragen Sie in Ihrer Buchhandlung nach diesen Büchern!
Oder schreiben Sie an den Hänssler Verlag, D-71087 Holzgerlingen.